Der Bürgerkrieg in Nordamerika

G. Schomaekers

Der Bürgerkrieg in Nordamerika

Welsermühl

Umschlagentwurf: Chris de Goede.
Layout: Joop Konings.

Bild am Schutzumschlag: Die Schlacht bei Gettysburg (Juli 1863), Detail des Gemäldes von Paul Philippoteaux, Gettysburg, National Military Park.

Frontispiz: US-General Grant in City Point, dem großen Nachschublager der Potomac-Armee während der Belagerung von Petersburg.

Rechts: Geschützturm der ›Monitor‹ nach dem Duell mit der CS-›Virginia‹, der ersten Schlacht zwischen Panzerschiffen in der Weltgeschichte am 9. 3. 1862. Deutlich sieht man die Einschläge der ›Virginia‹.

Originaltitel: »De Amerikaanse Burgeroorlog«.
Gesamtherstellung: Druck- und Verlagsanstalt Welsermühl, Wels/Austria.
ISBN 3-85339-141-9

Inhalt

Vorwort

◁ *Fort Sedgwick / Petersburg erinnert an den Grabenkrieg im Westen (Frankreich) 1914–1918.*

Nur 85 Jahre nach der Unabhängigkeitserklärung der Vereinigten Staaten von Nordamerika wurde der noch junge Staat von einem der größten Bürgerkriege der Neuzeit erschüttert, doch wurde die Union erhalten.

Vier Jahre zog sich das erbitterte Ringen hin, das heute von einer gewissen Romantik verklärt ist, aber Amerika doch mehr Opfer kostete als der Erste und der Zweite Weltkrieg.

In Europa ist die Geschichte dieses Krieges kaum bekanntgeworden – mit einigen Ausnahmen, wie die Schlacht bei Gettysburg oder das Gefecht zwischen der ›Monitor‹ und der ›Virginia‹.

In den Vereinigten Staaten dagegen ist die Erinnerung an den blutigen Krieg bis heute noch nicht verblaßt, und es vergeht wohl kaum eine Woche, in der nicht ein Buch über diese ereignisreichen Jahre erscheint.

Aber nicht nur die Erinnerung an 1861–1865 ist in den USA lebendig geblieben, sondern auch die Folgen dieses Krieges. Die Union wurde von Präsident Lincoln und den Armeen des Nordens gerettet, aber das Problem der schwarzen Bevölkerung Amerikas wurde bis auf den heutigen Tag nicht gelöst – der durch die Nachkriegswirren aufgekommene Rassenhaß ist geblieben.

Es ging 1861 nicht um die Abschaffung der Sklavenwirtschaft des Südens, sondern um die Verhinderung einer weiteren Ausbreitung derselben in den neuen Territorien und Staaten. Seit Jahren standen sich zwei verfeindete Lager gegenüber, deren Wirtschaft auf unterschiedlichen Formen beruhte und deren politische Vorstellungen über die Rechte des einzelnen Bundesstaates weit auseinandergingen. Nach der Wahl von Abraham Lincoln zum neuen Präsidenten erschien nur noch der Krieg als Ausweg aus dieser Lage, die keinen Kompromiß mehr zuließ.

Die Bevölkerung des Nordens zog nicht für die Sklavenbefreiung in den Krieg – diese ergab sich vielmehr durch den Vormarsch der Armeen des Nordens –, sondern für die Erhaltung der Union. Durch die militärische Besetzung der abgefallenen Südstaaten wurde man aber mit der Negerfrage konfrontiert, denn die Sklaven liefen ihren Herren fort und folgten den als Befreier angesehenen Armeen des Nordens.

Präsident Lincoln befürchtete aufgrund der schlechten militärischen Lage des Nordens eine Einmischung seitens Großbritanniens und Frankreichs zugunsten der Konföderation und erließ daher die Emanzipations-Erklärung zum 1. 1. 1863. Jetzt war den beiden europäischen Großmächten eine Intervention für den Süden nicht mehr möglich, der für die Erhaltung der Sklaverei – ein Anachronismus in der zweiten Hälfte des 19. Jahrhunderts – eintrat. Mit Beendigung des Bürgerkrieges und durch die Ermordung von Präsident Lincoln blieb aber die Frage ungelöst, was mit der schwarzen Bevölkerung, die jetzt zu den US-Bürgern zählte, geschehen oder wie man sie integrieren sollte. Man kümmerte sich einfach nicht darum und ließ den Dingen mehr oder weniger ihren Lauf.

Die Wirtschaft des Südens, die zum großen Teil auf Sklaverei basierte, war zerschlagen, und ein Großteil der schwarzen Bevölkerung strömte nach Norden, wo sie aber nur geduldet wurde, denn man sah sie als Konkurrenz an. Die Masse der Neger konnte weder lesen noch schreiben; sie hatten keinen Beruf erlernt und mußten daher die niedrigsten und schlechtest bezahlten Arbeiten verrichten. Aus dieser Lage ist der Schwarze nicht mehr herausgekommen, wenigstens nicht die große Mehrheit.

Im Süden haßte man den Schwarzen, da er von den Militärregierungen des Nordens als Wahlstimme benutzt wurde und in den gesetzgebenden Versammlungen den Ton angab. Die Folge war der Rassenhaß, der besonders von der unteren weißen Bevölkerungsschicht angeheizt wurde und noch wird.

Wenn noch jetzt in den Staaten, die 1861–1865 der Konföderation angehörten, die alte Südstaaten-Flagge neben dem Sternenbanner weht, so ist dies nicht nur ein Mahnmal an glorreiche Zeiten, sondern auch dafür, daß man gegen die Schwarzen eingestellt ist.

Der amerikanische Bürgerkrieg war der erste moderne Wirtschaftskrieg. In Europa hat man aber nicht nur hieraus keine Folgerungen gezogen, sondern auch nicht aus den militärischen Operationen. Der deutsche Generalstab, bekannt durch seine Überheblichkeit, glaubte, keine Lehren aus diesem Krieg ziehen zu müssen. Generalfeldmarschall Helmuth von Moltke meinte, hier auf amerikanischem Boden hätte doch nur der Mob gekämpft. Sicherlich fochten auf den amerikanischen Schlachtfeldern keine dem Drill – besonders dem preußischen – unterworfenen Soldaten, sondern freiheitliche Menschen. Man verwechselte Drill und bedingungslosen Gehorsam mit Taktik und Strategie.

Der amerikanische Bürgerkrieg war in vielem ein Vorläufer des Ersten Weltkrieges. Es zeigte sich, daß

Die alte Flagge der Konföderation, die am 4. 3. 1861 eingeführt wurde. Sie bestand aus einem weißen (Mitte) und zwei roten Querstreifen sowie sieben weißen Sternen im blauen Feld.

bei gesteigerter Feuerkraft selbst große Armeen nicht mehr in der Lage waren, stark und gut ausgebaute Stellungen des Gegners in frontalem Angriff zu nehmen. Es blieben nur noch der Flankenangriff und die Ermattungsstrategie – verbunden mit der wirtschaftlichen Abschnürung des Feindes. Der wirtschaftlich Schwächere mußte schließlich bei noch so glänzenden militärischen Anfangserfolgen dem Würgegriff der Übermacht erliegen. Zum ersten Mal in der modernen Geschichte führte außer der militärischen Überlegenheit – die sich im Norden erst in den letzten Kriegsjahren fühlbar bemerkbar machte – die wirtschaftliche Erdrosselung des Gegners zu seinem totalen Zusammenbruch. Wer die Seewege beherrschte und ein riesiges Industriepotential mobilisieren konnte, mußte selbst nach anfänglichen militärischen Niederlagen den Sieg erringen.

Niemand in Europa beachtete diese Faktoren, denn nur noch ein Bewegungskrieg konnte aus dem Stellungskrieg wieder herausführen. Ein Studium des amerikanischen Bürgerkrieges hätte also wertvolle Erfahrungen gebracht.

Das vorliegende Werk stellt keinen Versuch dar, eine vollständige Darstellung des amerikanischen Bürgerkrieges in militärischer, politischer und wirtschaftlicher Hinsicht zu bringen, was auch den Rahmen dieses Buches gesprengt hätte. Vielmehr kam es darauf an, einen Gesamtüberblick über alle Aspekte zu geben. Wer den einen oder anderen Feldzug oder die politische und soziale Geschichte näher studieren möchte, der sei auf das Literaturverzeichnis verwiesen. In diesem werden nur die wichtigsten und auch in den europäischen Bibliotheken leicht zugänglichen Werke angeführt, da es angesichts der Flut der Veröffentlichungen über diese Jahre unmöglich ist, alle Erscheinungen und auch die vor 1900 zu berücksichtigen.

Das über den Bürgerkrieg vorhandene Photomaterial ist gewaltig. Es ist daher schwer, eine entsprechende Auswahl zu treffen, doch glaubt der Autor, die Photos ausgewählt zu haben, die für das Verständnis dieses großen Krieges von Bedeutung sind. Der größte Teil der Bilder stammt von Photographen der Union; leider hat man im Süden kaum photographiert. Natürlich darf der Leser keine Photos des eigentlichen Kampfgeschehens erwarten, denn das war aufgrund der damaligen Technik nicht möglich. Es sind daher Standbilder, die nach den Gefechten aufgenommen wurden, doch vermitteln sie ein bedrückendes Bild des Krieges. Vergessen sollte man bei Betrachtung der Aufnahmen nicht, daß in Europa kein derartiges Bildmaterial über die Kriege des 19. Jahrhunderts in dieser Einmaligkeit existiert.

Günter Schomaekers

Unversöhnliche Gegner

◁ *Truppen der Union in den Gräben vor Petersburg.*

Die USA vor dem Bürgerkrieg

Vor 1861 setzte in den Vereinigten Staaten von Nordamerika wie in den übrigen europäischen Staaten die industrielle Revolution ein. Noch war Nordamerika das Land der Farmer, und es war das letzte Mal in der amerikanischen Geschichte, daß die Erzeugnisse der Landwirtschaft die der Industrie übertrafen. Entscheidend an dieser Entwicklung war jedoch, daß sich in den USA bis 1860 zwei Gesellschaften entwickelt hatten: die des Nordens und die des Südens. Jede versuchte, sich der beginnenden Industrialisierung mit anderen Mitteln anzupassen oder sie sogar voranzutreiben. Die sich daraus ergebenden Unterschiede wurden verschärft durch die Sklavenwirtschaft des Südens, so daß es unmöglich schien, daß sich beide Auffassungen über die kommende Entwicklung wieder anpaßten. Eine kriegerische Auseinandersetzung in den Jahren vor 1861 rückte immer näher.
Wahrscheinlich wäre ohne das Sklavenproblem die Union nicht auf die Probe gestellt worden. Zunächst hatte man geglaubt, daß wie im Norden auch im Süden die Sklaverei verschwinden würde, denn sie machte sich nicht mehr bezahlt. Aber die Erfindung der Baumwoll-Entkörnungsmaschine, die eine Verarbeitung der kurzen Baumwollfaser ermöglichte, veränderte die Situation vollkommen. Baumwolle war überall in der Welt gefragt, und der Süden der USA lieferte diese in gewaltigen Mengen, da sie mit Hilfe der Sklaven billig gepflanzt und gepflückt werden konnte. Im Jahre 1860 hatte der Baumwollexport der USA einen Wert von 191 Millionen Dollar erreicht und betrug 57 % der gesamten Ausfuhr Nordamerikas. Vier Millionen Sklaven sorgten dafür, daß das Baumwollreich blühte. Es schien also, als ob die Sklaverei für die wirtschaftliche Existenz des Südens – aber auch für die politische Entwicklung – unentbehrlich wäre.
Der Norden der USA war gegen die Sklaverei eingestellt, machte sich aber keine Gedanken darüber, wie man dieses System ohne finanziellen Ruin für den Süden abschaffen könnte. Immerhin belief sich der Wert des Sklaveneigentums vor 1861 auf etwa zwei Billionen Dollar. Die Reaktion des Südens auf die Abolitionisten-Bewegung (Abschaffung der Sklaverei) war, daß man sich in der Verteidigung dieses Systems nur noch fester zusammenschloß.
Aber nicht nur der Streit um die Sklaverei vertiefte die Kluft zwischen den beiden Sektionen der Union mehr und mehr. Es hatten sich zwei unterschiedliche Gesellschaften entwickelt, und jede hatte eine andere Vorstellung, was vom Staat zu fordern war.

Der Streit um die Sklaverei verbreiterte den Riß zwischen Norden und Süden und trug auch zum Bürgerkrieg bei.

In den Häfen des Nordens kamen jeden Tag Hunderte von Emigranten an, die größtenteils nach dem Westen gingen, wo riesige Gebiete in Besitz genommen und besiedelt wurden. Die Bewohner bauten neue Industrien auf und verlangten Schutzzölle gegen die billigen Einfuhren aus dem Ausland, um somit im Inland ihre Waren verkaufen zu können. Das Verkehrswesen nahm jetzt einen ungeahnten Aufschwung, so daß die aufstrebende Gesellschaft des Nordens die Bundesregierung in Washington um Hilfe jeglicher Art bat.
Dagegen lagen im Süden die Verhältnisse völlig anders. Die dortige Gesellschaft war starr, sie veränderte sich kaum. Die Einwanderung war unbedeutend, denn der Emigrant hatte hier eine nur geringe Chance, in die Schicht der Plantagenbesitzer aufzusteigen. Städte gab es nur wenige, und das Wachstum der Industrie hielt sich in bescheidenen Grenzen.
Während der Norden einen Schutzzolltarif gegen die billigen Einfuhren wünschte und verlangte, wollte man im Süden dagegen so viele billige Einfuhren wie nur möglich. Auch dieser Gegensatz nahm mit den Jahren unüberbrückbare Ausmaße an. Besonders der Süden fürchtete, daß bei einem stärker werdenden Einfluß des Nordens in der Regierung in Washington Gesetze zum Ruin des Südens beschlossen werden würden. Um sich dagegen zu schützen, entwickelte der Süden die Theorie, daß der einzelne Bundesstaat das Recht hätte, jedes Gesetz der Bundesregierung für nicht verfassungsmäßig zu erklären, wenn man glaubte, es wäre für den betreffenden Bundesstaat nachteilig.
Es wäre sicherlich möglich gewesen, während der weiteren demokratischen Entwicklung der USA diese ernsthaften Differenzen beizulegen, aber die Sklaverei verhinderte dies entscheidend.
Verschiedene Kompromisse wurden in den Jahren vor 1860 geschlossen, um einen Weg zur friedlichen Lösung der Probleme zu finden. Aber beide Seiten waren mit den jeweiligen Abkommen nicht zufrieden. Explosiv wurde die Lage durch das Fugitive Slave Act vom 18. 9. 1850. Um dem Süden entgegenzukommen, sollten alle geflohenen Sklaven wieder an ihre Eigentümer ausgeliefert werden. Die Empörung im Norden war groß, und die Untergrundbewegung, geflüchtete Negersklaven nach Kanada zu bringen, wuchs immer mehr an. Als dann im Jahre 1852 Harriet Beecher Stowe »Onkel Toms Hütte« veröffentlichte – im ersten Jahr des Erscheinens wurden 300 000 Exemplare verkauft –, erregten sich die Gemüter im Norden, aber mehr noch im Süden.

Kansas-Nebraska-Act

Senator Stephen A. Douglas aus Illinois, der dem Süden freundlich gesinnt war und sich nicht um die Sklaverei kümmerte, wünschte den Bau einer transkontinentalen Eisenbahn, die von Chicago nach Westen führte, also den Norden der Union durchquerte. Um diesen Plan verwirklichen zu können, mußten zunächst das Gebiet westlich von Iowa und Missouri vermessen und neue Territorien geschaffen werden. Der Süden forderte dagegen, daß die Bahn von Texas und New Mexico nach Westen zum Pazifik gebaut werden würde. Senator Douglas war daher auf die Unterstützung des Südens zur Verwirklichung seines Plans angewiesen. Er brachte im Jahre 1854 einen Gesetzentwurf zur Schaffung der Territorien von Nebraska und Kansas ein. Danach sollte die Bevölkerung, sobald der neue Staat in den Bund aufgenommen wurde, sich für oder gegen die Einführung der Sklaverei entscheiden. Hierdurch wurde jedoch der Missouri-Kompromiß von 1820 aufgehoben, in dem es hieß, daß es nördlich des Längengrades 36° 30′ (südliche Grenze von Missouri) keine weiteren Sklavenstaaten geben sollte – ausgenommen Missouri selbst.
Durch dieses Gesetz wurde die Stimmung der Bevölkerung im Norden der Union gegen die Sklaverei noch gereizter. Beide Parteien versuchten, besonders in Kansas, ihren Einfluß mit Gewalt zu verstärken. Sogar im Senat in Washington beschuldigte man sich gegenseitig und ging mit Stöcken aufeinander los.

Abraham Lincoln

In dieser politisch bewegten Zeit fielen auch die beiden bisherigen amerikanischen Parteien auseinander: Whigs und die demokratische Partei. Durch die sich anbahnende industrielle Revolution entstand im Norden die republikanische Partei, die sich aus alten Anhängern der Whigs zusammensetzte, und Geschäftsleuten, die wünschten, daß Washington die Industrie schützte. Vor allen Dingen war das einfache Volk für die Republikaner, da man von ihnen ein Heimstätten-Gesetz erwartete, das ihnen freies Land im Westen zuwies.
Verschiedene Kandidaten der Republikaner hofften, bei der nächsten Wahl Präsident zu werden, darunter Abraham Lincoln. Dieser stammte aus ärmlichen Verhältnissen. Am 12. 2. 1809 wurde er in Hodgenville (Kentucky) in einer Blockhütte geboren. Hier lebte er sieben Jahre, ehe die Familie im

Abraham Lincoln (1809–1865), der 16. Präsident der Vereinigten Staaten von Nordamerika, im Weißen Haus mit seinem Sohn Thomas (Ted), während er in der Bibel liest.

Jahre 1816 nach Indiana zog. Eine Schulbildung hatte Lincoln nicht genossen; das Leben der Grenzer war zu hart, um an diese Dinge überhaupt zu denken. Lincoln bildete sich selbst, während er seinen vielen Berufen nachging, so als Fährmann, Steuermann, Kaufmann usw. Im Jahre 1830 zog die Familie nach Illinois, wo Lincoln in New Salem wohnte. Er nahm an den Grenzkriegen gegen die Indianer teil, war Postmeister, bis er schließlich 1837 als Rechtsanwalt zugelassen wurde. Ein Jahr (1847–1848) gehörte er dem Repräsentanten-Haus an. Als Rechtsanwalt besaß Abraham Lincoln einen guten Ruf. Seit 1854 beteiligte er sich erneut aktiv am politischen Leben. Er wandte sich gegen die Ausdehnung der Sklaverei, aber nicht gegen die Einrichtung selbst. Im Jahre 1856 trat Lincoln der Republikanischen Partei bei. Zwei Jahre später bewarb er sich um den Senatorenposten von Illinois gegen den berühmten Stephen A. Douglas. Beide stritten in ihren berühmt gewordenen Reden um den Kansas-Nebraska-Act und über die Frage der Sklaverei. Obwohl Lincoln in der Wahl unterlag, wurde er jetzt überall bekannt, so daß er die Präsidentschaft anstrebte.

Im Sommer 1857 wurden die USA wiederum von einer schweren Wirtschaftskrise heimgesucht, so daß im Norden der Ruf nach einem höheren Schutzzolltarif und dem Heimstättengesetz immer lauter wurde. Der Süden wurde von der Krise kaum betroffen, denn Baumwolle blieb weiterhin gefragt. Dies bestärkte den Süden nur in seiner Überzeugung, daß seine Ordnung doch stabiler als die des Nordens sei. Die Regierung in Washington war durch den sich vertiefenden Streit beider Parteien nahezu lahmgelegt, zumal Präsident James Buchanan (1857–1861) große Sympathien für den Süden zeigte.

Am 16. 10. 1859 bemächtigte sich John Brown mit wenigen Anhängern des Bundesarsenals bei Harpers Ferry, um mit den hier entnommenen Waffen einen Sklavenaufstand im Süden zu entfachen. Er wurde aber verhaftet und im Dezember hingerichtet, jedoch machte seine Tat sowohl im Süden als auch im Norden tiefen Eindruck, obwohl John Brown kein Held war, sondern vielmehr ein Mörder. Der Süden glaubte aber, daß die Yankees – die Bewohner im nördlichen Teil der Union – eine Insurrektion planten, während der Norden John Brown als einen Märtyrer ansah. Hierzu lag aber keine Veranlassung vor.

Die politische Lage der Union war demnach im Jahre 1860 zum Zerreißen gespannt. Es war außerdem ein Wahljahr. Abraham Lincoln wurde von der Republikanischen Partei zum Präsidentschaftskandidaten nominiert. Man war auf ihn gekommen, weil er kein Extremist war, in der Sklavenfrage eine besonnene Haltung einnahm und vor allen Dingen der Überzeugung war, daß die Bundesregierung in Washington nicht über genügend Macht verfügte, um in den einzelnen Bundesstaaten eingreifen zu können. Für den Süden bedeutete jedoch die Wahl eines Republikaners zum Präsidenten insofern eine Gefahr, da diese Partei für eine Erhöhung des Schutzzolltarifs eintrat, für freie Farmen im Westen und den Eisenbahnbau im Norden der Union befürwortete.

Lincoln gewann nur knapp die Wahl; er selbst hatte nicht in den Wahlkampf eingegriffen. Die Republikaner erhielten 1 866 452 Stimmen, die Demokratische Partei (Northern Democrats) 1 375 157 Stimmen, die Demokratische Partei (Southern Democrats) 847 953 Stimmen und schließlich die Constitutional Union Party 590 631 Stimmen.

Die Südstaaten befürchteten nun das Schlimmste, obwohl hierfür kein begründeter Anlaß vorlag. Abraham Lincoln als neuer Präsident dachte nicht daran, die Sklaverei mit Gewalt abzuschaffen.

Der Süden trennt sich

South Carolina machte den Anfang, aus der Union auszuscheiden. Die gesetzgebende Versammlung dieses Bundesstaates bereitete diesen weitreichenden Schritt vor.

Am 20. 12. 1860 trat South Carolina aus der Union aus und erklärte, daß die Union hiermit aufgelöst sei. Ein Staat alleine konnte jedoch nicht bestehen, und bald folgten die anderen Baumwoll-Staaten:

9. 1. 1861 Mississippi	1. 2. 1861 Texas
10. 1. 1861 Florida	17. 4. 1861 Virginia
11. 1. 1861 Alabama	6. 5. 1861 Arkansas
19. 1. 1861 Georgia	20. 5. 1861 North Carolina
26. 1. 1861 Louisiana	8. 6. 1861 Tennessee.

Wären sie dem Beispiel von South Carolina nicht gefolgt, hätte Washington den Staat mit Gewalt in die Union zurückgeholt, und der Süden würde nicht mehr von einer Loslösung gesprochen haben.

Den elf aus der Union ausgeschiedenen Staaten standen gegenüber: Maine, Vermont, New Hampshire, Massachusetts, Rhode Island, Connecticut, New York, New Jersey, Pennsylvania, Ohio, Indiana, Illinois, Iowa, Michigan, Wisconsin, Minnesota, California, Oregon, Missouri, Kentucky, Maryland, Delaware. Die letzten vier Staaten betrieben auch Sklavenwirtschaft, blieben aber in der Union oder wurden mit Gewalt zurückgehalten, sich dem Süden anzuschließen.

Die Südstaaten traten am 4. 2. 1861 in Montgomery zusammen, um eine provisorische Regierung zu bilden. Vier Tage später wurde die Verfassung der Provisorischen Regierung, der Confederate States of America, angenommen. Am 9. 2. 1861 wählte die Versammlung Jefferson Davis zum neuen Präsidenten.

Jefferson Davis wurde 1808 in Kentucky geboren und stammte aus einer kleinen Farmerfamilie. Er besuchte die Militärakademie West Point, von der er 1828 abging. Davis tat dann Dienst auf kleineren Armeeposten in Wisconsin und Illinois, trat aber aus dem Heer aus, um ein zurückgezogenes Leben als Pflanzer und Sklavenhalter in Missouri zu führen. Während dieser Zeit beschäftigte sich Jefferson Davis viel mit politischen Ideen und Theorien. Im Jahre 1845 kam er in den Senat, um anschließend am Krieg gegen Mexiko teilzunehmen. Von 1853 bis 1857 war Davis Kriegsminister unter dem Präsidenten Franklin Pierce. Er galt als einer der fähigsten Verwalter dieses Amtes. Später gehörte Davis wiederum dem

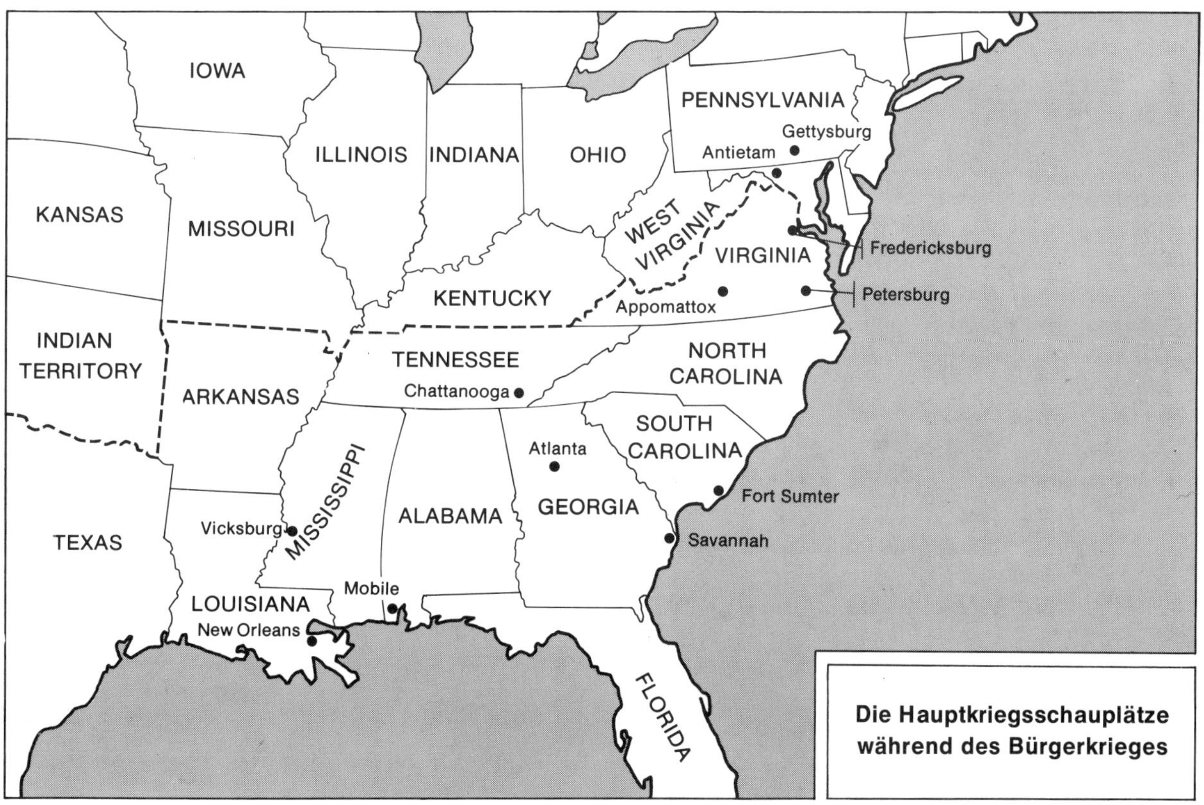

Die Hauptkriegsschauplätze während des Bürgerkrieges

Senat an. In seinen Reden verteidigte er stets die Sklaverei und das Recht des einzelnen Bundesstaates, jederzeit aus der Union austreten zu können. Zu Beginn der Sezession hatte er gehofft, den Befehl über die neue Armee der Südstaaten zu erhalten, denn er hielt sich für einen tüchtigen und befähigten Heerführer.
Noch bemühte man sich, den sich anbahnenden Konflikt mit friedlichen Mitteln beizulegen. Besonders Senator John J. Wittenden aus Kentucky versuchte eine Verständigung auf der Basis des Missouri-Kompromisses zu erreichen, aber Präsident Lincoln lehnte ab, denn damit wäre die Sklaverei verewigt worden. Somit war die letzte Chance vertan, einen Bürgerkrieg zu verhüten. Jetzt kam es nur noch darauf an, wer den ersten Schuß abgab.

Jefferson Davis, Präsident der Konföderation. Davis war seiner Aufgabe nicht gewachsen. Er war keine große Persönlichkeit und besaß keine Fähigkeiten, die Südstaaten während ihrer schweren Zeit zu führen. Ihm gelang es auch nicht, die Unstimmigkeiten innerhalb der Konföderation beizulegen und die Reserven zu mobilisieren, um dem Sieg der Union Einhalt zu gebieten.

Die ersten Schüsse fallen – Fort Sumter

Bisher hatte es sich zwischen dem Norden und dem Süden nur um Unterschiede in den politischen Auffassungen gehandelt, aber keine Seite glaubte von der anderen, daß sie mit der Verwirklichung ihrer Ideen und Anschauungen Ernst machen würde. Jeder meinte vom anderen, daß er nur bluffen würde. So nahm man auch nicht an, daß, als Abraham Lincoln am 4. 3. 1861 als Präsident der Vereinigten Staaten vereidigt wurde und in seiner Antrittsrede sagte, daß er alles Eigentum und Plätze der Union im Süden halten, besetzen und deren Besitz verteidigen würde, dem auch Taten folgten.
Lincoln bezog sich in seiner Rede besonders auf Fort Sumter, das auf einer Insel vor der Einfahrt in den Hafen von Charleston (South Carolina) lag.
Major Robert Anderson befehligte die Bundesstreitkräfte in Charleston, zog sich aber angesichts der angespannten Lage in der Nacht vom 26. 12. 1860 von Fort Moultrie nach Fort Sumter zurück. Anderson verfügte über 76 Offiziere und Mannschaften und 43 zivile Arbeiter und hatte genügend Lebensmittel, um einige Wochen standhalten zu können, ehe er Entsatz bekam.
Das über dem Fort wehende Sternenbanner war eine Beleidigung für die Konföderation, die Washington drängte, das Fort zu evakuieren. Am 5. 1. 1861 hatte der Dampfer ›Star of the West‹ New York mit Soldaten an Bord verlassen, um die Garnison von Fort Sumter zu verstärken. Die Konföderierten hatten inzwischen um das Fort herum Batterien aufgestellt, die am 9. 1. 1861 das Feuer auf die ›Star of the West‹ eröffneten, so daß diese unverzüglich wieder abdrehte. Brigadegeneral P. G. T. Beauregard von den Südstaaten befehligte die Streitkräfte in Charleston und forderte am 10. 4. 1861 die Evakuierung von Fort Sumter, die Major Anderson am folgenden Tag ablehnte.
Am 12. 4. 1861 eröffneten daraufhin die Konföderierten gegen 04.30 Uhr morgens das Feuer, das aber von Fort Sumter erst nach drei Stunden erwidert wurde. Das Fort war – wie sich herausstellte – nur unzureichend für eine ernsthafte Verteidigung eingerichtet, auch war der Munitionsvorrat nicht sehr groß, so daß nur wenige Geschütze schossen. Am gleichen Tag erschienen vor Charleston die US-Kriegsschiffe ›Pawnee‹ und ›Harriet Lane‹ sowie der Dampfer ›Baltic‹, die aber jetzt nichts mehr ausrichten konnten. Im Fort Sumter wütete ein Brand, so daß die Lage für die Unions-Truppen unhaltbar wurde. Major Anderson kapitulierte daher am fol-

genden Tag und wurde am 14. 1. 1861 von den drei Schiffen der US-Marine evakuiert.
Durch die Beschießung waren zwei Tote zu beklagen, während ein Soldat Verwundungen erlitt. Die ersten Soldaten der Union waren im Bürgerkrieg gefallen. In den konföderierten Staaten war der Jubel über den Erfolg groß. Im Norden war man sich aber dessen bewußt, daß die Jahre der Spannung und Unentschlossenheit vorüber waren. Die Bevölkerung begrüßte auf beiden Seiten den Krieg mit Begeisterung. Niemand ahnte, daß dieser Krieg bis zur totalen Erschöpfung der Südstaaten geführt werden würde und in vier Jahren die Verluste selbst die des Zweiten Weltkrieges übersteigen sollten.
Präsident Lincoln erklärte auf die Nachricht von der Beschießung und Räumung von Fort Sumter, daß die mächtige Kombination, die die Kontrolle in einigen Staaten des Südens übernommen hätte, nicht von einer gewöhnlichen Regierungsmaschinerie unterdrückt werden könnte. Um die Ordnung wiederherzustellen und diesen gefährlichen Zusammenschluß zu unterdrücken, erklärte Lincoln den Zustand der Insurrektion und rief am 15. 4. 1861 75 000 Mann zum dreimonatigen Waffendienst auf, um die Rebellion niederzuschlagen. Der Norden eilte daraufhin zu den Waffen, aber die Folge war, daß jetzt Virginia, North Carolina, Tennessee und Arkansas aus der Union austraten. Bis jetzt hatte man in diesen Staaten noch auf eine friedliche Beilegung des Konflikts gehofft.
Präsident Jefferson Davis von der Konföderation hatte aber schon am 6. 3. 1861 einen Aufruf für 100 000 Freiwillige erlassen, die ein Jahr dienen sollten. Bereits Mitte April 1861 standen davon 35 000 Mann unter Waffen, d. h. eine Streitmacht, die zweimal so groß war wie die aktive US-Armee. Niemand hatte sich militärisch auf einen Krieg vorbereitet. Auch hatte man keine Vorstellung, welche Anforderungen ein Krieg stellen würde.

Major Robert Anderson befehligte Fort Sumter im Hafen von Charleston/South Carolina, das nur ungenügend befestigt und versorgt war. Nach kurzer Beschießung durch die Konföderierten am 12. 4. 1861 kapitulierte Major Anderson am folgenden Tag. Damit begann der Bürgerkrieg.

Als die Südstaaten nach der Wahl von Abraham Lincoln zum Präsidenten Anstalten machten, sich von der Union zu trennen, verlegte Major R. Anderson seine Truppen nach Fort Sumter, das den Zugang nach Charleston beherrschte.

Die strategischen Ausgangspunkte

Die Armeen des Nordens und des Südens

Anfang des Jahres 1861 verfügte die US-Armee über 16 367 Offiziere und Mannschaften. Diese waren aber so über das ganze Land verteilt, daß eine Mobilisierung dieser kleinen und unbedeutenden Streitmacht nicht in Betracht kam. Mit der Marine sah es auch nicht besser aus. Einsatzbereit waren nur wenige Schiffe.

Selbst wenn man in der Lage gewesen wäre, die reguläre Armee zusammenzuziehen und massiert einzusetzen, hätte sie die vor ihr liegende Aufgabe nicht bewältigen können. Folglich mußte die Last des kommenden Kampfes von den Freiwilligen, zunächst der Miliz, getragen werden. Aber noch gab es nicht genügend Waffen, Uniformen und Offiziere, um die neu aufzustellende Armee auszurüsten. Die Miliz hatte keinen großen militärischen Wert. Ihre Ausbildung galt als mangelhaft; einmal im Jahr wurde eine Musterung abgehalten – mehr eine Parade als eine militärische Übung. Vor allem konnte die Miliz keine Gefechtsmanöver ausführen, d. h. sich von der Marschkolonne in die Gefechtslinie zu formieren, besonders in Regimentsstärke.

Jede Kompanie trug die ihr genehme Uniform, die Offiziere wurden von den Mannschaften gewählt. Viele Offiziere verdankten ihre Stellung nur ihrem politischen Einfluß oder weil sie zu den tonangebenden Bürgern gehörten. Eine Befähigung zur Führung hatten die meisten nicht, erst im Kampf stellte sich dann heraus, wer sich dazu eignete. Man kann daher sowohl vom Norden als auch vom Süden sagen, daß zunächst Amateure von Amateuren geführt wurden. Die Erfahrungen der ersten Zeit wurden besonders von der Union nur zögernd ausgewertet, und erst in den letzten Kriegsjahren erdrückte die Armee des Nordens die Konföderation durch eine gewaltige Übermacht an Menschen und Material.

Hier zeigte sich zum ersten Mal in der neueren Geschichte, über welches unerschöpfliche Potential die Vereinigten Staaten verfügten. Es brauchte jedoch eine lange Zeit, die Wirtschaft in den Dienst des Krieges zu stellen, aber einmal mobilisiert, wurde der Gegner von der Übermacht überwältigt. Das gleiche wiederholte sich nach dem Kriegseintritt der USA in den Jahren 1917 und 1941.

Armee und Marine der Union wurden ebenso wie das Land von der Sezession erfaßt. Die aktiven Soldaten, welche nur für eine bestimmte Zeit dienten, blieben entweder in der Armee oder desertierten. Aber noch nicht einmal 50 Soldaten oder Matrosen wählten den letzten Weg. Mit den Offizieren sah es anders aus. Sie konnten aus dem Dienst scheiden, und von diesem Recht machten viele Gebrauch.

Von den 1036 Offizieren schieden 286 aus und dienten in der Südstaaten-Armee, während von den 1300 Marineoffizieren 200 sich für den Süden entschieden. Diejenigen Offiziere, die die Armee der Union verließen, blieben bis zuletzt auf ihrem Posten, um in aller Förmlichkeit ihr Amt zu übergeben.

Den Oberbefehl über die Armee der Union hatte Winfield Scott, der aber bereits 75 Jahre alt war und sich seiner Aufgabe nicht mehr gewachsen zeigte. In den früheren Feldzügen hatte er sich ausgezeichnet, besonders im Krieg gegen Mexiko. Seit 1841 war Scott Oberbefehlshaber der US-Armee und wurde 1855 als zweiter amerikanischer Offizier (neben George Washington) zum Generalleutnant befördert. Scott war es von Beginn des Krieges an klar, welcher Anstrengungen es bedürfte, um den Süden niederzuringen. Er schlug sogleich die Blockade des Südens vor, befürwortete jedoch vor allem die Aufstellung einer Armee von 300 000 Mann. Sobald diese vollständig ausgerüstet waren, wollte er längs des Mississippi nach Süden bis zum Golf von Mexiko marschieren, so daß durch diese Operation die Südstaaten im Westen von der Armee und im Osten von der Marine vollkommen von der Außenwelt abgeschnitten würden.

Der Gedanke an einen langen und blutigen Krieg schien Washington abwegig. Die Politiker verlangten einen billigen und schnellen Sieg, ohne darüber nachzudenken, wie dies praktisch ohne Mittel zu erreichen wäre. General Scotts Ideen, die Anaconda-Plan genannt wurden, also die Erdrosselung des Opfers wie bei der Schlange gleichen Namens, verwarf man. Trotzdem wurde später dieser Plan von der Union, wenn auch nicht buchstabengetreu, in die Tat umgesetzt. Der Süden erlag schließlich doch dem Würgegriff der Union.

Die Union wußte zunächst nicht, wie sie ihre aktiven Offiziere richtig einsetzen sollte und konnte. Dagegen war man in der Konföderation in dieser Hinsicht viel umsichtiger. Präsident Jefferson Davis hielt sich zwar für einen größeren Kenner der Kriegskunst, als er wirklich war, aber er setzte soweit wie möglich erfahrene und tüchtige Offiziere als Generale ein.

Der Süden verfügte daher gleich zu Beginn des Krieges über außergewöhnlich begabte Generale, wie Robert E. Lee, Pierre Gustave Toutant Beauregard, Albert Sidney Johnston und Joseph E. Johnston.

◁ *Die 1. Pennsylvania Leichte Artillerie vor Petersburg.*

Alle Generale beider Seiten kannten sich aus der Zeit vor 1861, denn die Armee war klein gewesen. Ihre taktischen und strategischen Entscheidungen wurden daher teilweise aus der Kenntnis des ihnen gegenüberstehenden Generals beeinflußt.
Die Kriegsziele des Nordens und des Südens waren einfach und klar. Der Süden verteidigte seine Unabhängigkeit, während der Norden für die Erhaltung der Union kämpfte. Die Konföderation stellte sich deshalb auf die Defensive ein und griff die Union nicht an, denn dann würde es ihrer Auffassung nach auch keinen Krieg geben. Der Norden mußte also der Angreifer sein und ständig die Offensive ergreifen, um seine Ziele zu verwirklichen und um den Krieg zu gewinnen.

Bedingungen für einen Sieg der Union

Im Norden lebten nach der Zählung von 1860 ca. 18 936 579 Weiße, dagegen in den aus der Union ausgeschiedenen Südstaaten nur 5 449 467 Weiße. Hinzu kamen noch 2 589 533 Weiße der Sklavenstaaten Delaware, Maryland, Kentucky und Missouri, die in der Union blieben, aber doch viele Sympathien für den Süden zeigten. Zählt man die der Union treu gebliebene Bevölkerung von Virginia und Tennessee noch hinzu, dann verblieben der Konföderation ungefähr 5 Millionen Weiße und 3 521 111 Sklaven. Diese Negersklaven gehörten 384 000 Weißen, wobei nur 1800 mehr als 100 Neger besaßen.
In den vier erwähnten Sklavenstaaten des Nordens gab es 429 401 Sklaven. Diese sogenannten Grenzstaaten stellten während des Krieges für die Union ungefähr 100 000 Soldaten.
Die Wirtschaft der Vereinigten Staaten war zu 90 Prozent im Norden konzentriert, die auch über zwei Drittel der Eisenbahnlinien verfügte einschließlich aller Fabriken und Werkstätten zum Bau und zur Ausbesserung von Lokomotiven, Waggons und des Schienenmaterials.
Die Union war reich an Bodenschätzen, ganz im Gegensatz zur Konföderation, vor allem an Eisen, Kohle, Kupfer u. a. Der Norden produzierte gewaltige Mengen an Lebensmitteln, so Getreide, das nach Europa exportiert wurde. Die Einnahmen hierfür verwendete man für die Munitionsherstellung.
Wie stark die Konföderation im Nachteil war, zeigt schon der Vergleich mit dem Staat New York, der Güter produzierte, die wertmäßig viermal so hoch waren wie die gesamte Warenproduktion des Südens.
Dies alles bedeutete jedoch nicht, daß der Sieg automatisch der Union zufallen würde. Der Norden mußte in den Süden einmarschieren, d. h. der Angreifer hatte, wie in allen Kriegen, stets über die größere Zahl an Menschen und Material zu verfügen. Die Nachschublinien des Nordens wurden dadurch mit der Zeit länger und länger, die im feindlichen Land auch eines Schutzes bedurften. Die Konföderation brauchte nur in der Defensive zu bleiben, bis der Norden schließlich kriegsmüde war. Die Union mußte, um den Krieg zu gewinnen, ein Gebiet erobern, das so groß wie Westeuropa war. Der Süden verteidigte seine Heimat, mit dessen Geographie er bestens vertraut war. Die Soldaten der Union kämpften für einen abstrakten Begriff, der sich schnell abnutzen konnte, sobald die Kriegsmüdigkeit um sich griff.

Kentucky, Maryland und Missouri

Abraham Lincoln hatte zunächst die schwierige Aufgabe zu bewältigen, die Grenzstaaten in der Union zu halten, um die Grundlage für einen Sieg der Union zu schaffen.
Kentucky wurde von einem Sezessions-Gouverneur beherrscht, während die gesetzgebende Versammlung des Staates für die Union eintrat. Die Lage schien verzweifelt, so daß Kentucky sich für die Neutralität entschloß, die beide Seiten respektierten, aber inoffiziell doch Truppen anwarben.
In Maryland herrschte große Sympathie für die Konföderation. Washington griff in diesem Staat hart durch, nachdem am 19. 4. 1861 ein durch Baltimore marschierendes Regiment beschossen wurde. Die der gesetzgebenden Versammlung angehörenden Südstaaten-Sympathisanten wurden verhaftet und ins Gefängnis geworfen.
Missouri wurde gleichfalls mit militärischer Gewalt in der Union gehalten, aber im südwestlichen Teil des Landes konnten sich die Konföderierten festsetzen. Der westliche Teil von Virginia hielt loyal zur Union und trennte sich von der Konföderation. Als West-Virginia trat der neue Bundesstaat am 20. 6. 1863 der Union bei.
Diese Erfolge brachten der Union im Augenblick nicht viel ein. Die Konföderation setzte ihre Anstrengungen, unberührt von diesen Ereignissen, fort. Seit dem 20. 7. 1861 versammelte sich der Kongreß der Südstaaten in Richmond, Virginia, das seitdem als Hauptstadt der Konföderation galt. Zur Verteidigung der Stadt wurden Truppen herangezogen.

Niederlagen der Union

Die erste Schlacht bei Bull Run

Wenn es nach Generalleutnant Scott gegangen wäre, hätte man das erste Kriegsjahr mit der Aufstellung und Aufrüstung der Armee verbracht. Es war nicht zu verantworten, mit den ungenügend ausgebildeten freiwilligen Truppen die Offensive zu beginnen. Vom militärischen Standpunkt aus hatte Scott durchaus recht, aber politische Motive bestimmten im amerikanischen Bürgerkrieg das Geschehen oft anders, als es die Logik erforderte.
Die Konföderierten handelten wohl einsichtiger, aber nach den militärischen Regeln befand man sich in einem hoffnungslosen Zustand. Es meldeten sich Tausende von Soldaten, die es nach ihrer bisherigen Erfahrung verstanden, mit Waffen umzugehen, die ihnen aber die Armee nicht in ausreichender Zahl zur Verfügung stellen konnte.
Zu Beginn der Feindseligkeiten waren in den US-Arsenalen ca. 560 000 Vorderlader mit glattem Lauf und 49 000 Gewehre (Hinterlader mit gezogenem Lauf) vorhanden. Der Konföderation fielen davon 260 000 bzw. 22 000 Stück in die Hände. Für die Ausrüstung der Südstaaten-Armee war diese Zahl nicht genügend, zumal viele Waffen noch aus der Zeit des Revolutionskrieges stammten – 110 000 vollkommen veraltete Modelle.
Den Mangel an Waffen hätte die Konföderation leicht und schnell beheben können, wenn man die Baumwolle in großen Mengen nach Europa exportiert hätte. Noch war die Blockade der US-Marine nicht so wirkungsvoll wie in den kommenden Monaten und Jahren, und für den Erlös gab es in Europa Waffen jeder Art zu kaufen. Der Süden glaubte aber an den Slogan »Baumwolle ist König« und daß, falls England und Frankreich keine Baumwolle bekämen, beide Staaten zugunsten der Konföderation intervenierten und schließlich deren Unabhängigkeit anerkennen würden. Die Südstaaten begingen daher den nicht wiedergutzumachenden Fehler, in den ersten und entscheidenden Monaten des Krieges die Baumwolle zurückzuhalten, damit England und Frankreich den Mangel deutlich spüren sollten (80 % der Einfuhr kam aus den USA). Beide Mächte reagierten aber nicht wie erwartet darauf, und am 13. 5. 1861 erklärte England seine Neutralität, gefolgt von Frankreich am 10. 6. 1861 und von Spanien am 17. 6. 1861.
In den Südstaaten hatte man übersehen, daß bereits vor Kriegsausbruch aufgrund der guten Ernte ein Überangebot an Baumwolle herrschte, so daß man besonders in England für längere Zeit eingedeckt war – mehr als 50 % des sonst üblichen Bedarfs. Im Süden der USA hatte man im Jahre 1860 3 841 000 Ballen Baumwolle geerntet. Auch hatte man vergessen, daß England die Baumwolle aus Ägypten und Indien beziehen konnte und von der Union! Letztere exportierte in den Jahren 1860–1865 ungefähr 5 Millionen Ballen nach England. England und Frankreich benutzten nun die Gelegenheit, ihren Überschuß erst einmal zu verarbeiten und sich von Amerika unabhängig zu machen. Gleichfalls war die Konföderation davon überzeugt, daß die englischen Arbeiter, am härtesten von ihrer Maßnahme betroffen, auf ihre Regierung einen Druck zugunsten des Südens ausüben würden. Obwohl im Winter 1861 ungefähr 330 000 Arbeiter ohne Beschäftigung waren, versicherten die von Manchester Präsident Lincoln, daß die Interessen der Union auch die ihrigen wären. Überall in Europa nahm die arbeitende Bevölkerung Partei für die Union, denn deren Sieg bedeutete den Sieg der Demokratie.

◁ Am 14. 2. 1862 griffen vier Ironclads und zwei Kanonenboote unter Flagg-Officer Andrew H. Foote Fort Donelson am Cumberland an, konnten das Fort jedoch nicht bezwingen. Die Schiffe selbst erlitten teilweise schwere Beschädigungen.

Blick von Harper's Ferry auf den Potomac. Harper's Ferry nahm eine wichtige Schlüsselstellung in West Virginia ein. Hier befanden sich Waffenfabriken der Union, doch wurden die Maschinen bei der Räumung am 18. 4. 1861 nur teilweise zerstört, so daß später die Konföderierten diese abtransportieren konnten.

Mit der Bewaffnung der konföderierten Soldaten sah es 1861 schlecht aus, aber mit der Zeit konnten diese Mängel einigermaßen durch eigene Produktion oder trotz der Blockade durch Waffenkäufe in Europa ausgeglichen werden.
Die Union war in den meisten Schlachten des Bürgerkrieges nicht siegreich, und den Konföderierten fielen daher besonders im Jahre 1862 gewaltige Mengen an Gewehren in die Hände – in diesem Jahr waren es ca. 100 000 Stück, ebenfalls im Jahr 1863. Seit 1864 wurde die Situation jedoch kritisch, es fehlte an Waffen aller Art.
Die Truppen der Union waren zunächst schlecht organisiert und ausgebildet, besaßen aber wesentlich mehr Waffen. So gab der Norden bis Mitte 1862 über 10 Millionen Dollar für Gewehre, Karabiner usw. aus. Darunter fielen 116 740 Enfield-Gewehre; 48 108 kamen aus Frankreich; 170 255 aus Österreich; 111 549 aus Preußen; 57 194 aus Belgien und weitere 203 831 aus anderen Ländern.
Zur Standardausrüstung der Unions-Soldaten gehörte das Enfield-Gewehr, von dem 250 000 Stück im Ausland gekauft wurden, ehe die eigene Produktion den Bedarf deckte, sowie das berühmte Springfield-Gewehr. Dieses wurde im Springfield-Arsenal in Massachusetts hergestellt. Im Jahre 1864 betrug die Produktion nahezu 300 000 Gewehre (insgesamt 793 434 von Januar 1861 bis Ende 1865).
Die erste große Schlacht des Bürgerkriegs war eine Folge der Gefechte unter Generalmajor George Brinton McClellan, der mit 20 000 Mann von West-Virginia nach Osten vorrückte. Am 3. 6. 1861

Pierre Gustave Toutant de Beauregard (1818–1893) spielte als General der Konföderierten auf nahezu allen Kriegsschauplätzen eine Rolle. Er befehligte die Truppen, die Fort Sumter unter Feuer nahmen, kämpfte bei Bull Run, führte den taktischen Befehl bei Shiloh, leitete die Verteidigung von Charleston, und gegen Ende des Krieges überwachte er mit seinen Truppen die südlichen Zugangswege nach Richmond. Nach dem Kriege erwarb er sich ein kleines Vermögen als Eisenbahndirektor und Manager der Louisiana-Lotterie.

Der kleine Fluß Bull Run, Szene der ersten Schlacht im Bürgerkrieg am 21. 7. 1861, in der die Unions-Truppen geschlagen wurden, aber die Konföderierten ihren Sieg nicht ausnutzen konnten.

wurden 1500 Konföderierte in die Flucht geschlagen, und am 11. 7. 1861 ergaben sich bei Rich Mountain 553 Offiziere und Soldaten. McClellan meldete, daß er zwei Armeen vernichtet hätte, worauf man in der Union meinte, daß die unter Brigadegeneral Irwin McDowell um Washington lagernden Truppen, die wie die von McClellan genauso schlecht ausgebildet waren, in der Lage sein müßten, die Konföderierten zwischen Washington und Richmond zu schlagen.
Am 1. 6. 1861 erhielt McDowell den Befehl, gegen

Generalleutnant Thomas Jonathan Jackson (1824–1863), genannt »Stonewall« Jackson, war einer der bedeutendsten und fähigsten Generale des Südens. Durch seine ungewöhnliche Energie, die er allerdings während der Sieben-Tage-Schlacht vor Richmond nicht bewies, durch gewagte taktische Manöver und große Strapazen, die er von seinen Soldaten verlangte, besiegte er stets die Truppen der Union. Diesem fast preußisch zu nennenden General der Südstaaten wurde während der Schlacht von Chancellorsville am 2. 5. 1863 versehentlich von einem eigenen Soldaten in den Arm geschossen, so daß er amputiert werden mußte. Infolge einer Lungenentzündung starb General Jackson am 10. 5. 1863.

die Armee der Konföderierten unter Brigadegeneral P. G. T. Beauregard, die sich um Manassas Junction, einem wichtigen Eisenbahnknotenpunkt, massiert hatte, vorzugehen und sie zu vertreiben. Manassas ist ca. 40 km von Washington entfernt und liegt hinter dem kleinen Fluß Bull Run. Trotz der Proteste, daß die Armee noch nicht für eine Offensive gerüstet wäre, blieb es dabei, denn einer der Gründe für den Angriffsbefehl lag darin, daß die Miliz nach drei Monaten wieder nach Hause gehen würde. Man wollte daher die Zeit noch schnell zu einem Schlag gegen die Konföderierten ausnutzen.

In der Nähe von Harpers Ferry am Potomac standen 16 000 Mann der Union unter Generalmajor Robert Patterson. Ihnen gegenüber lagen ungefähr 12 000 Konföderierte unter Generalmajor Joseph (Joe) Eggleston Johnston.

Patterson sollte auf die Konföderierten Druck ausüben, daß diese sich nicht mit Brigadegeneral Beauregard vereinigten, bzw. keine Verstärkungen schikken konnten. Beauregard verfügte über 20 000 Mann hinter dem Bull Run. Seine Armee sollte von McDowell angegriffen werden, da sie einem Vormarsch der Unions-Truppen auf Richmond im Wege stand. Gelang es Patterson, die Konföderierten zu fesseln, so sah man für die zahlenmäßig überlegene Armee (30 600 Mann) eine Chance, die Konföderierten entscheidend zu schlagen.

Am 16. 7. 1861 setzte sich McDowell in Marsch und erreichte Centreville zwei Tage darauf. Er hätte sofort am folgenden Tag angreifen sollen, dann hätte noch die Möglichkeit eines Sieges bestanden. Aber die Nachschublage war so schlecht, daß McDowell keinen Angriff wagte. Seine Offiziere waren viel zu unerfahren, um die Lage beurteilen zu können, und außerdem war die Disziplin der Milizsoldaten erschreckend schlecht.

In der kommenden Schlacht lief für die Union alles falsch. Beide Seiten zogen aber daraus die Erkenntnis, daß der Krieg nicht kurz und glorreich sein würde. Nach dieser Schlacht ging die Union daran, sich auf einen langen Krieg einzustellen.

Die Armee unter McDowell war aus Washington in einem farbenprächtigen Bild ausgezogen. Jedes Regiment hatte seine eigenen Uniformen. Der Troß war ungeheuer. Die Soldaten verließen ihre Marschkolonnen, um aus Bächen und Brunnen zu trinken, sie pflückten Beeren oder ruhten sich vor der sengenden Hitze unter einem Baum aus.

Brigadegeneral Beauregard war über den Vormarsch der Unions-Truppen gut unterrichtet, nicht nur durch ausgezeichnete Spionage, sondern auch durch die Zeitungen des Nordens, die alles genau beschrieben hatten, was die Union plante.

Beauregard wollte seinen rechten Flügel über den Bull Run werfen und McDowell in der linken Flanke angreifen, ehe dieser mit seinen Vorbereitungen fertig war. McDowell wiederum beabsichtigte, über den Fluß zu setzen und die linke Flanke der Konföderierten zurückzuwerfen.

Am 18. 7. 1861 wurde eine Division der Union, die eine Demonstration versuchte, unter leichten Verlusten vertrieben. Die Moral der Konföderierten stieg. Inzwischen war es Joe Johnston gelungen, 9500

Mann mit der Eisenbahn nach Manassas zu verladen, wo die Truppen am 20. 7. 1861 eintrafen.
Am anderen Tag begann die Schlacht. McDowell gelang es, gegenüber dem linken Flügel der Konföderierten über den Bull Run zu setzen, und wollte diesen nun aufrollen. Die Konföderierten kämpften hinhaltend, bis Johnston und Beauregard mit Verstärkungen ankamen. Zwei gut ausgebildete Batterien der Union eröffneten das Feuer, und die Infanterie drang bis zu dem bewaldeten Hügel von Henry House Hill vor. Die Konföderierten begannen zu weichen. Eine Brigade aus Virginia unter Brigadegeneral Thomas Jonathan Jackson hielt stand, und Brigadegeneral Barnard Bee, der einige der wankenden konföderierten Regimenter sammelte, rief in diesem Augenblick: »Da steht Jackson wie eine Mauer« (Stonewall). Seitdem hieß dieser nur noch Stonewall Jackson, der als einer der fähigsten Generale der Konföderierten galt.
Jackson, geboren in Clarksburg/Virginia, legte 1846 in West Point sein Examen ab und zeichnete sich bereits während des mexikanischen Krieges aus. Im Jahre 1851 schied er aus der Armee aus und unterrichtete am Virginia Military Institute. Mit Beginn des Krieges wurde er im Rang eines Brigadegenerals nach Harpers Ferry geschickt.
Inzwischen hatten sich die Konföderierten wieder gesammelt und erhielten laufend Verstärkungen von Johnstons Truppen, die direkt von der Eisenbahn in die Schlacht geworfen wurden. Die beiden Batterien der Union wurden erobert, weil die Kanoniere dachten, daß es sich bei den Angreifern um eigene Soldaten handelte, denn die Konföderierten trugen blaue Uniformen, die später die Truppen des Nordens auszeichneten, während grau die Farbe des Südens war. Gegen 16.00 Uhr zogen sich die Unions-Truppen, ohne Panik, geordnet zurück. Erst als sie wieder über den Bull Run gelangten, artete der Rückzug in eine

Generalmajor George Brinton McClellan (1826–1885) befehligte vom 20. 8. 1861 bis 5. 10. 1862 die bedeutende Potomac-Armee. Obwohl diese Armee stets der Army of Northern Virginia unter General Robert E. Lee weit überlegen war, verstand es McClellan nicht, mit seiner gut ausgerüsteten Armee der Union den Sieg zu bringen. Er war wohl ein fähiger Organisator und bei den Soldaten beliebt, konnte aber nie sein ewiges Zaudern überwinden. Lee hatte daher in militärischer Hinsicht keinen Respekt vor ihm. Immer wieder glaubte McClellan, daß Washington ihn nicht genügend unterstützen würde.

wilde Flucht aus. Einmal wurde dies durch die Schlachtenbummler aus Washington ausgelöst und zum anderen durch die Unerfahrenheit der Soldaten, die es noch nicht verstanden, sich aus einem Kampf zu lösen und wieder neu zu formieren.
Die Einwohner von Washington, die dem kommenden Sieg der Union nahe sein wollten und Picknicks veranstalteten, räumten schnell das Feld, als sie die zurückströmenden Soldaten sahen. In diesem Augenblick explodierte eine Granate der Konföderierten auf einer Brücke; es entstand jetzt ein fürchterliches Gedränge, denn jeder, ob Zivilist oder Soldat, versuchte als erster über diese Brücke zu kommen oder seitlich auszuweichen. Noch schlimmer wurde die Lage als der Ruf erscholl, daß die Kavallerie der Konföderierten dichtauf folgte. Nun warfen die Soldaten ihre Waffen fort, und alle wollten zuerst den Potomac erreichen. Gegen Abend bestand McDowells Armee nicht mehr.
Die Südstaatler setzten nicht zur Verfolgung an, denn sie waren ebenso wie die Truppen des Nordens desorganisiert und zu erschöpft; außerdem besaßen ihre Offiziere noch nicht genügend Erfahrung in der Ausnützung einer solchen Lage. Man gab sich zufrieden, einen Sieg errungen und große Beute gemacht zu haben.
Die Verlustzahlen für die Union beliefen sich auf ungefähr 418 Gefallene, während die Konföderierten 387 Tote zu beklagen hatten. Dies schien für die damalige Zeit ungewöhnlich hoch, obwohl man sich später an viel höhere Zahlen gewöhnen mußte.
Die Ernüchterung kam schnell. Von einer Romantik konnte keine Rede mehr sein. Die Miliz hatte ausgedient, ihr militärischer Wert war gleich null. Jetzt mußte man daran denken, sich auf einen langen Krieg einzustellen.
Im Süden hatte der Sieg, der eigentlich keiner war, die gegenteilige Wirkung. Die Yankees schätzte man von jetzt an als schlechte Kämpfer und Soldaten ein, so daß nach dieser Schlacht an einem endgültigen Sieg der Konföderierten keine Zweifel mehr bestanden. Dies war eine gefährliche Unterschätzung.
Ehe der nächste Feldzug begonnen werden konnte, mußte die Union eine kampfkräftige Armee aufstellen und die Organisation, Disziplin und Ausbildung auf den Höchststand bringen.

Der eigentliche Krieg beginnt

Lincoln ernannte infolge der verlorenen Schlacht von Bull Run Generalmajor George Brinton McClellan zum Befehlshaber der Potomac-Armee. McClellan, der 1826 in Philadelphia geboren wurde, war der zweitbeste Offiziersschüler des Jahrgangs 1846 in West Point. Er machte den Krieg in Mexiko mit und nahm am Krimkrieg als Beobachter teil. Im Jahre 1857 schied er wieder aus der Armee aus und wurde Chefingenieur und Vizepräsident der Illinois Central Railway, später Präsident der Ohio- und Mississippi-Railroad. Nach Ausbruch des Bürgerkrieges übernahm McClellan das Department of Ohio und errang am 11. 7. 1861 bei Rich Mountain in West-Virginia einen an sich unbedeutenden Sieg über die Konföderierten, den er aber propagandistisch für sich auszuwerten verstand.
Die Union glaubte daher, in McClellan den richtigen General zur Niederwerfung des Südens gefunden zu haben. Er bewährte sich auch als brillanter Organisator und Ausbilder der Armee. Er besaß wohl strategische Fähigkeiten, überschätzte aber stets die Stärke seines Gegners, so daß McClellan nie das letzte wagte. Er war eitel, von sich selbst überzeugt und hielt sich für einen Napoleon. Bei seinen Soldaten, die buchstäblich für ihn durchs Feuer gingen, war er äußerst beliebt. Diese Beliebtheit erreichte kein General der Union mehr während des Bürgerkrieges, selbst Grant nicht, der als unpersönlich galt.
Zunächst verschafften sich beide Seiten eine Atempause. Die Konföderierten waren der Meinung, daß die Union den nächsten Schritt machen würde, die aber im Augenblick dazu nicht in der Lage war.
Die Südstaatler bauten in der Zwischenzeit ihre Stellungen bei Manassas aus. General Joe Johnston errichtete Scheinbatterien, um die Truppen des Nordens von einem Angriff abzuhalten. Am Südufer des Potomac errichteten die Konföderierten gleichfalls Befestigungen, so daß sie im Sommer und Herbst des Jahres 1861 Washington von diesem Wasserweg nahezu abschnitten. Im Shenandoah-Tal stand Stonewall Jackson mit einer Division Infanterie.
Die Union reorganisierte währenddessen die Armee. Die Miliz wurde aufgelöst und die Männer, die sich für drei Monate verpflichtet hatten, nach Hause geschickt. McClellan plante eine nationale Armee. Freiwilligen-Regimenter, die sich für drei Jahre verpflichteten, bildeten zusammen mit der kleinen aktiven Armee die neue Streitmacht. Obwohl es sich um Bundestruppen handelte, war der Einfluß der Gouverneure der einzelnen Staaten auf die Aufstellung dieser Regimenter groß. Von Washington erging an den jeweiligen Gouverneur der Befehl, soundsoviele Regimenter aufzustellen, wobei die Rekrutierung in seinen Händen lag. Darüber hinaus übte der Gouverneur durch die Ernennung der Offiziere poli-

tischen Einfluß aus. Dieses System war umständlich, aber es funktionierte im Jahre 1861 einigermaßen zufriedenstellend.

Überall im Norden entstanden jetzt Militärlager, wo eifrig geübt und gedrillt wurde. Paraden wurden abgehalten, und McClellan inspizierte die neu aufgestellten Truppenverbände. Die neue Armee nahm langsam Gestalt an, und in Washington konnte man wieder aufatmen.

An eine schnelle Wiederaufnahme des Feldzuges in Virginia dachte der übervorsichtige McClellan nicht, denn erst mußte alles bereit sein; auch waren nach seiner Auffassung die Konföderierten der Union überlegen. In dieser Ansicht wurde er noch bestärkt durch Allan Pinkerton, den berühmten Detektiv, der den Geheimdienst leitete. Dessen Informationen waren aber während des Bürgerkrieges meistens

Generalleutnant Winfield Scott (1786–1866) war seit 1841 Oberbefehlshaber der US-Armee. Der 75jährige General trat im Oktober 1861 unter Druck von seinem Posten zurück.

falsch, denn er gab die Zahlen der Konföderierten stets viel zu hoch an.

Unterdessen unternahm die Union am 21. 10. 1861 einen Erkundungsvorstoß über den Potomac, um herauszufinden, was die Konföderierten hier in der Nähe von Washington beabsichtigten. Mehrere Regimenter kamen auch über den Fluß, gerieten aber bei Ball's Bluff, einem kleinen bewaldeten Hügel, in einen Hinterhalt und wurden aufgerieben. Die Konföderierten nahmen 714 Mann gefangen, während 48 Mann gefallen waren und 158 verwun-

det wurden. Die Südstaatler verloren nur 33 Tote. Militärisch war dieses Gefecht bedeutungslos, aber es diente nun als Vorwand, nichts zu überstürzen, bis man glaubte, stark genug zu sein.
General Winfield Scott war zu alt, um noch den Befehl über die Armee führen zu können, so daß er schließlich auf Druck zurücktrat und McClellan am 11. 1. 1861 zu seinem Nachfolger ernannt wurde. Als Oberbefehlshaber (Commander-in-Chief) behielt er das Kommando über die Potomac-Armee.

Der Krieg im Westen

Im Sommer 1861 kam es in Virginia nach der ersten Schlacht bei Bull Run zu keinen größeren Kampfhandlungen mehr. Währenddessen bahnten sich schon Entscheidungen im Westen der USA an; hier sicherte sich die Union für den weiteren Krieg bereits bedeutende Vorteile.
In Cairo, Illinois, wo der Ohio in den Mississippi mündet, lagen die Truppen der Union bereit, nach Süden vorzustoßen, entweder längs des riesigen Flusses oder des Cumberland und Tennessee.
Generalmajor John Charles Frémont befehligte das neugeschaffene Western Department. Er wurde aber mit der hier vorherrschenden Situation nicht fertig. Präsident Lincoln enthob ihn deshalb am 2. 11. 1861 seines Kommandos wegen Unfähigkeit und Ungehorsams. Trotz der bisherigen Mißerfolge Frémonts hatte er aber zwei Dinge eingeleitet, die für die Zukunft wichtig waren. Er begann den Bau von Kanonenbooten und setzte Brigadegeneral Ulysses Simpson Grant in Cairo als Befehlshaber der dortigen Truppen ein.
Grant stammte aus Ohio, wo er am 27. 4. 1822 bei Point Pleasant geboren wurde. Er begann seine militärische Laufbahn am 30. 5. 1839 mit dem Eintritt in die berühmte Militärakademie West Point. Niemand hätte zu Beginn des Bürgerkrieges gedacht, daß Grant neben Lee von den Südstaaten der berühmteste General werden würde. Als Grant im Jahre 1843 die Akademie verließ, hatte er sich durch nichts ausgezeichnet oder hervorgetan. Im Krieg gegen Mexiko bewies er große Tapferkeit. Anschließend tat Grant Dienst an der Westküste der USA. In dieser Zeit – ohne seine Familie – vernachlässigte er seine Pflichten und begann zu trinken. Er schied deshalb 1854 aus der Armee aus, um nicht vor ein Kriegsgericht gestellt zu werden. Bis zum Ausbruch des Bürgerkrieges versuchte Grant erfolglos in verschiedenen Berufen sein Glück. Als Präsident Lincoln im Jahre 1861 Freiwillige für die Armee aufrief, meldete sich auch U. S. Grant. Zunächst erhielt er als Oberst das 21. Illinois-Regiment und schlug dann im August 1861 als Brigadegeneral sein Quartier in Cairo auf. In West-Tennessee befehligte Generalmajor Leonidas Polk die konföderierten Truppen. Polk (1806 in Raleigh/North Carolina geboren) hatte 1827 West Point als Offizier verlassen, schied aber bereits nach sechs Monaten wieder aus der Armee aus, um Theologie zu studieren. Er wurde Bischof in Louisiana, trat jedoch am 25. 6. 1861 als Generalmajor in die konföderierte Armee ein.
Polk erkannte, daß die Union das »neutrale« Kentucky besetzen würde, und nahm daher am 4. 9. 1861 Columbus ein, wo er die Anhöhen des Mississippi befestigen ließ. Grant eroberte daraufhin am 6. 9. 1861 mit Unterstützung von Kanonenbooten Paducah an der Mündung des Tennessees in den Ohio. Kentucky war damit Kriegsgebiet geworden.
Präsident Jefferson Davis hatte Generalmajor Albert Sidney Johnston, einen sehr befähigten Offizier, zum Befehlshaber des Department of the West ernannt – hierzu gehörten Tennessee, West-Mississippi (östlich des Flusses), Missouri, Arkansas und das Indianer-Territorium westlich davon.
Obgleich Johnston nur über insgesamt 45 000 Mann verfügte – gegenüber 65 000 Mann der Union – konzentrierte er um Columbus ca. 20 000 Mann und befestigte mit schweren Geschützen die Ufer des Mississippi, um den Fluß unter seine Kontrolle zu bekommen. Die restlichen Truppen von ungefähr 25 000 Mann lagen in oder um Bowling Green. Wichtig für die Verteidigung des Südens waren der Cumberland und der Tennessee, die das Tor zum Süden bildeten, also nach Tennessee, Nord-Mississippi und Alabama. Da die Konföderierten Columbus besetzt hatten, mußte ein Vormarsch der Union zunächst dem Tennessee und dem Cumberland folgen.
Um den Truppen des Nordens diesen Weg zu versperren, hatten die Konföderierten Fort Henry am Tennessee und Fort Donelson am Cumberland errichtet.
Brigadegeneral Grant und Andrew H. Foote, Befehlshaber der Mississippi-Flottille, hatten sogleich erkannt, daß man die großen Ströme im Westen als Operationslinien benutzen könnte, wobei Armee und Marine eng zusammenarbeiten mußten.
Anfang 1862 erhielt Grant den Befehl, mit 15 000 Mann und den neuen Ironclads (gepanzerte Fluß-Kanonenboote) gegen Fort Henry vorzugehen und es einzunehmen. Fort Henry war nicht mehr als eine Feldbefestigung in Nähe des Tennessee-Ufers, das

von 100 Mann und 17 Geschützen unter dem Befehl von Brigadegeneral Lloyd Tilgman verteidigt wurde. Am 6. 2. 1862 standen die Kanonenboote vor Fort Henry, das durch die Flut teilweise unter Wasser stand. Nach kurzer Beschießung durch die Kriegsschiffe kapitulierte Tilghman. Grants Truppen, die durch das schlechte Wetter aufgehalten worden waren, brauchten nicht mehr in den Kampf einzugreifen.
Brigadegeneral Grant marschierte daraufhin sofort nach Osten auf Fort Donelson zu, und bereits eine Woche nach dem Fall von Fort Henry begann der Angriff der Union gegen Fort Donelson. Generalmajor Albert Sidney Johnston hatte nach der Übergabe von Fort Henry beschlossen, die Kentucky-Armee nach Süden zurückzuziehen, und um diese Bewegung zu decken, wollte er Fort Donelson unter allen Umständen halten. Über 15 000 Mann wurden daher zur Verstärkung in das Fort entsandt.
Am 14. 2. 1862 eröffneten die Kanonenboote unter Foote die Beschießung, wurden jedoch zurückgeschlagen. Drei Tage dauerten die Kämpfe an Land, ehe sich die Konföderierten Grant am 16. 2. 1862 ergaben. Dieser wurde hierbei durch seine harten Kapitulationsbedingungen bekannt, die bis zum bitteren Ende des Bürgerkrieges für die Union oberstes Ziel blieben: »Keine Bedingungen außer einer sofortigen und bedingungslosen Kapitulation können angenommen werden.«
Der Sieg Grants hatte weitreichende Folgen. Die Konföderierten mußten den von ihnen besetzten Teil Kentuckys räumen, ebenso einen Teil von Tennessee. Am wichtigsten war es jedoch, daß mit dem Fall dieser beiden Forts der Anfang zu einer Trennung der Konföderation in zwei Teile gemacht wurde.
General Beauregard eilte als Stellvertreter von Johnston nach Westen. Beide Generale planten, in einem Marsch nach Süden ihre Streitkräfte bei Corinth (Mississippi) zu vereinigen.
Corinth war ein wichtiger Eisenbahnknotenpunkt, den es jetzt zu verteidigen galt. Die Konföderierten entblößten daher ihre Garnisonen an der Atlantikküste, um Johnstons Armee auf 50 000 Mann zu verstärken, gegenüber 20 000, die die US-Generale Halleck und Buell in Marsch setzen konnten.
Auf seiten der Union aber ließ man sich mit dem weiteren Vormarsch Zeit. Grant zog mit ca. 45 000 Mann längs des Tennessee, während sich Buell mit ungefähr 25 000 Mann von Nashville in Marsch setzte. Grant forderte ständig, den einmal angeschlagenen Gegner hart zu bedrängen, aber Halleck, der jetzt den Oberbefehl im Westen führte, ließ sich nicht davon beeindrucken.

Ulysses Simpson Grant (1822–1885) und George Gordon Meade (1815–1872), die als Oberbefehlshaber bzw. als Befehlshaber der Potomac-Armee zusammen die Union zum Sieg führten.

Die Schlacht von Shiloh 6. 4.–7. 4. 1862

Durch diese Verzögerungen gelang es den Konföderierten, sich bei Corinth umzugruppieren und neu zu organisieren. Grants Armee hatte ihr Lager nur ca. 35 km von Corinth an den Ufern des Tennessees, unterhalb von Savanah/Tennessee, in der Nähe bei der Pittsburgh-Landestelle, aufgeschlagen. Das Zentrum lag nahe einem Versammlungshaus, genannt Shiloh-Kirche.
General Johnston erkannte die Gefahr, daß Grant bald mit überlegener Übermacht gegen ihn vorgehen würde. Er griff daher am 6. 4. 1862 an, ehe Grant

Geschützstellung auf der Yorktown-Halbinsel. Im Hintergrund Nelson House in Yorktown, das als Lazarett diente.

Verstärkungen von Buell erhalten konnte. Die Truppen der Union wurden überrascht und fast in den Tennessee geworfen. Aber die Soldaten fingen sich wieder, und Buell erschien am Abend des ersten Kampftages. General Johnston fiel während der Kämpfe.

Bereits am folgenden Tag wendete sich das Blatt zugunsten der Union. General Beauregard zog sich geschlagen nach Corinth zurück. Allerdings verfolgten die Unions-Truppen den sich zurückziehenden Gegner nicht.

Beide Seiten erlitten in dieser ersten größeren Schlacht des Bürgerkrieges beträchtliche Verluste. Die Union hatte an Toten und Verwundeten ungefähr 13 000 Mann zu beklagen, die Konföderierten etwa 10 000 Mann.

Der Griff der Konföderation nach dem westlichen Teil von Tennessee war fehlgeschlagen.

Für die Konföderierten war die Zeit der Niederlage im Westen noch nicht zu Ende. In Arkansas hatte Generalmajor Samuel Curtis vor einem Monat – am 6. 3. 1862 – die CS-Armee unter Generalmajor Earl Van Dorn geschlagen.

Kanonenboote der Union unterstützten die Operation des Heeres unter Brigadegeneral John Pope bei der Eroberung von New Madrid und der Insel Nr. 10 (Mississippi) am 7. 4. 1862.

Am 6. 6. 1862 wurde auf dem Mississippi bei Memphis die konföderierte Fluß-Verteidigungs-Flottille ebenfalls vernichtend geschlagen.

General Halleck marschierte jetzt mit mehr als 100 000 Mann auf Corinth, und General Beauregard wagte sich nicht zur Schlacht zu stellen, da er nicht einmal über 50 000 Mann verfügte. Halleck rückte aber wie immer äußerst vorsichtig vor und ging kein Risiko ein, selbst dann nicht, wenn er überlegen war. General Beauregard mußte aber doch am 29./30. 5. 1862 Corinth aufgeben und zog sich nach Mississippi zurück.

Die weiteren Kämpfe in Virginia

Im Westen schien es, als ob die Union bald das gesamte Mississippi-Tal in Besitz nehmen würde.

Dagegen sah es für den Norden auf dem Kriegsschauplatz in Virginia nicht gut aus. General McClellan war nicht nur viel zu vorsichtig, sondern wurde auch von Washington ständig wegen seiner Handlungsweise kritisiert. Schließlich enthob man ihn im März 1862 seines Kommandos als Oberbefehlshaber (Commander-in-Chief); er blieb nur noch Befehlshaber der Potomac-Armee.

McClellan plante, Richmond nicht mehr über Manassas zu erobern, sondern die Armee mit Transportern nach Fort Monroe auf der Virginia-Halbinsel zu überführen und von dort nach der Hauptstadt der Konföderierten vorzustoßen. Washington stimmte diesen Plänen nicht begeistert zu, denn die Politiker befürchteten dann einen plötzlichen Angriff auf die Hauptstadt der Union, dem man schutzlos preisgegeben sein würde. McClellan versprach also, genügend Truppen zurückzulassen. Als man jedoch herausfand, daß dies nicht der Fall war, nahm man McClellan daraufhin ein Armeekorps ab.

Endlich schifften sich am 17. 3. 1862 siebzehn Divisionen – ca. 90 000 Mann – nach Fort Monroe ein. Den James-River wagten die Schiffe der Union nicht zu befahren, denn inzwischen beherrschte das CS-Panzerschiff ›Virginia‹ die Gewässer.

Am 4. 4. 1862 begann der Vormarsch, doch schon am folgenden Tag ließ sich McClellan vor Yorktown täuschen. Hier hatte CS-Generalmajor John Bankhead Magruder eine Reihe von Erdbefestigungen aufgeworfen, die von 15 000 Soldaten verteidigt wurden. McClellan ließ sich aber durch Truppenbewegungen und viel Lärm davon überzeugen, mehr

Am 5. 4. 1862 stand Generalmajor George B. McClellan während des Halbinsel-Feldzuges vor Yorktown, griff aber trotz großer Überlegenheit nicht an, sondern richtete sich auf eine Belagerung ein. Schwere Belagerungsartillerie wurde herangebracht, so wie hier 32 cm-Mörser.

gegnerische Soldaten als angenommen vor sich zu haben. Folglich wagte er keinen Angriff und richtete sich auf eine Belagerung der schwachen Streitkräfte der Konföderierten ein. Er hätte mit mehr Energie und Wagemut die Konföderierten schlagen können. So verging vor Yorktown ein Monat, ehe McClellan überhaupt etwas unternahm. Die Konföderierten hatten inzwischen Zeit gewonnen, Verstärkungen heranzuführen, aber am 4. 5. 1862 zog sich General Joseph Eggleston Johnston, der die konföderierten Truppen in Virginia befehligte, auf Richmond zurück, wo man gut ausgebaute Verteidigungsstellungen bezog.
In Richmond wußte man, wie besorgt Washington um seine Sicherheit war. Folglich wurde ein Ablenkungsvorstoß in das Shenandoah-Tal unternommen, das sich zwischen den Alleghenies im Westen und dem Blue Ridge-Gebirge im Osten erstreckt. Hier lag seit März 1862 einer der fähigsten Generale der Konföderierten, Generalmajor Thomas Jonathan »Stonewall« Jackson mit 7000 Mann Infanterie, 600 Mann Kavallerie und 27 Geschützen in Winchester. Fiel das Tal in die Hände der Konföderierten, dann war nicht nur Washington bedroht, sondern auch die östlichen Industriegebiete der Union. Der südliche Teil des Shenandoah-Tals war für die Konföderierten besonders wegen der Ernährung wichtig.
Die Union hatte nach hier Generalmajor Nathaniel Prentiss Banks mit 15 000 Mann verlegt, der die Bedrohung ausschalten sollte und deshalb nach Süden vorrückte. »Stonewall« Jackson erhielt jedoch 8000 Mann Verstärkung, um zu verhindern, daß Banks sich mit McClellan auf dem Marsch nach Richmond vereinigte oder das gesamte Shenandoah-Tal in Besitz nehme.
Jackson griff am 8. 5. 1862 die von Westen anrückenden Truppen unter Generalmajor John Charles Frémont an und schlug sie bei McDowell in die Flucht. Danach drängte er am 23. 5. 1862 die Unions-Truppen bei Front Royal in einem heftigen Gefecht nach Norden. General Banks sah sich nun

im Rücken bedroht und mußte sich unter Zurücklassung von Vorräten und Kriegsmaterial vor den Konföderierten nach Winchester absetzen. Hier versuchte er hinhaltenden Widerstand zu leisten, wurde jedoch am 25. 5. 1862 besiegt und floh über den Potomac. Die Südstaatler nahmen über 3000 Soldaten gefangen, erbeuteten 10 000 Gewehre und große Mengen an Vorräten jeder Art. Über 1500 Mann der Union waren gefallen.
Kriegsminister Edwin McMasters Stanton gelangte daraufhin zur Überzeugung, daß die Konföderierten durch das Shenandoah-Tal in den Norden der Union einfallen würden. Generalmajor McDowell, der bei Fredericksburg stand und sich mit McClellan – dieser lag am Chickahominy-River in der Nähe von Richmond – vereinigen sollte, mußte sofort 20 000 Mann detachieren, um den Vormarsch der Konföderierten aufzuhalten.
Nach seinen Erfolgen zog sich »Stonewall« Jackson mit unermeßlicher Beute langsam nach Süden auf Winchester und Strasburg zurück. Die beiden Generale der Union verpaßten allerdings ihre Chance, Jackson durch Flankenangriffe aufzureiben. Am 5. 6. 1862 hatte Jackson wieder Harrosburg im Süden erreicht. Am 8. 6. 1862 kam es zur Schlacht bei Cross Keys, in der die Union trotz zahlenmäßiger Überlegenheit geschlagen wurde. Am folgenden Tag konnte Jackson nochmals die Truppen des Nordens bei Port Republic in die Flucht jagen. Anschließend marschierten die Südstaatler nach Richmond. »Stonewall« Jackson hatte seine Aufgabe glänzend er-

Artillerie der Union bei Fair Oaks Station, wo die Konföderierten unter General Joseph E. Johnston am 31. 5. 1862 angriffen und die Sieben-Tage-Schlacht eingeleitet wurde, die Generalmajor McClellan zum Rückzug von Richmond zwang.

füllt, und der Shenandoah-Feldzug ist als brillantes Unternehmen in der Militärgeschichte unvergessen geblieben. Mit weniger als 18 000 Mann hatte Jackson zwischen dem 30. 4. und dem 9. 6. 1862 ungefähr 70 000 Mann der Union aufgehalten und geschlagen. Durch seinen Feldzug brachte Jackson den Plan der Union, Richmond einzunehmen und damit den Krieg zu beenden, zu Fall.

McClellans Armee war vor Richmond durch den Chickahominy geteilt, und die Konföderierten sahen hierin eine Chance, die Truppen der Union einzeln zu vernichten. Sie verfügten gegenüber der Union mit 100 000 Mann nur über 62 000 Mann, aber sie ergriffen im Gegensatz zur Potomac-Armee die Offensive. Sie mußten McClellan schlagen, ehe er von McDowell Verstärkungen erhielt. Ansonsten hätte man Richmond räumen müssen. Am 31. 5. 1862 griffen die Konföderierten unter Johnston bei Fair Oaks den linken Flügel der Union an, aber es fehlte ihnen noch die nötige Erfahrung. Am Abend des gleichen Tages wurde Johnston schwer verwundet, als dieser versuchte, die Situation persönlich zu retten. Die Union konnte sich anderntags wieder fangen, so daß die Konföderierten den Angriff aufgaben. Der Norden verlor in dieser Schlacht ungefähr 5000 Mann, die Konföderierten ca. 6100 Mann.

Die Verwundung von Johnston war ein harter Schlag für den Süden. Präsident Jefferson Davis übergab daraufhin am 1. 6. 1862 General Robert Edward Lee den Befehl über die Army of Northern Virginia. Mit dieser Ernennung betrat einer der größten Generäle die Bühne der Geschichte.

Robert E. Lee wurde am 19. 1. 1807 in Stratford, Virginia, geboren. Im Jahre 1825 kam er auf die Militärakademie von West Point, die er 1829 als Zweitbester seiner Klasse verließ. Danach diente Lee im Corps of Engineers (Pionierkorps), nahm als Captain mit Auszeichnung am Krieg gegen Mexiko teil und war von 1852 bis 1855 Superintendent von West Point. Lee war mit der Urgroßenkelin von George Washington verheiratet. In Virginia verbrachte er die meiste Zeit seines Lebens als typischer Gentleman des Südens. Im Jahre 1855 gehörte Lee als Oberstleutnant zur Second Cavallery. Als John Brown seinen berühmt-berüchtigten dilettantischen Aufstand bei Harpers Ferry im Jahre 1859 machte, schlug Robert E. Lee diesen nieder.

Obwohl Lee zur Aristokratie des Südens gehörte, zeigte er kein Verständnis für die Sezessionsbestrebungen. Seine Sklaven hatte er sogar freigelassen.

Mit Beginn der Feindseligkeiten bot ihm Präsident Lincoln am 18. 4. 1861 den Oberbefehl über die Truppen der Union an. Nachdem aber Virginia, sein Heimatland, aus der Union austrat, lehnte Oberst Robert E. Lee am 20. 4. 1861 das Angebot ab und reichte zugleich seinen Abschied ein.

Im Rang eines Generals versuchte Lee im September 1861 vergeblich, die Union aus West-Virginia zu vertreiben. Von November 1861 bis März 1862 baute er Verteidigungsstellungen an der Küste des Südatlantiks aus. Dann war Lee bis Ende Mai 1862 militärischer Berater von Präsident Jefferson Davis.

General Robert E. Lee (1807–1870) war nicht nur der berühmteste Feldherr der Konföderierten im Bürgerkrieg, sondern er gehört auch zu den größten Generalen der Geschichte.

Die Sieben-Tage-Schlacht

Sofort ging der neue Befehlshaber der Army of Northern Virginia nach der Ankunft von »Stonewall« Jackson zum Angriff über. Jetzt verfügte Robert E. Lee über ungefähr 90 000 Mann.

Am 25. 6. 1862 begann die Sieben-Tage-Schlacht bei Mechanicsville. Die Truppen der Union befanden sich in einer ungünstigen Lage. Zu dieser Zeit lagen ca. 30 000 Mann nördlich des Chickahominy und 60 000 Mann südlich dieses kleinen Flusses.

Kriegsschiff der US-Marine mit einem Beobachtungsballon auf dem James.

Am 30. 6. 1862 griff die Army of Northern Virginia unter General Robert E. Lee bei Frayser's Farm an und versuchte, durch das versumpfte Gelände von White Oak Swamp durchzustoßen.

Die Union hielt den Angriffen der Südstaatler stand – die Ausführung von Lees Plan wurde durch die Unerfahrenheit der Offiziere und Soldaten vereitelt – aber sie mußte sich nach Gaines' Mill zurückziehen, denn der Druck war zu stark.
Am 27. 6. 1862 standen 65 000 Konföderierte den Soldaten der Union gegenüber, die unter ständigen schweren Abwehrkämpfen nach Süden über den Chickahominy zurückgingen.
McClellan ließ sich wiederum täuschen, daß der Hauptangriff von Lee im Norden und nicht im Süden erfolgen würde, obwohl man ihm sagte, daß er im Süden die Chance hätte, ohne große Gegenwehr direkt auf Richmond zu stoßen und die Hauptstadt der Konföderierten einzunehmen. Er blieb allerdings bei seiner Überzeugung und gab der Potomac-Armee den Befehl, nach Süden auf den James-River zu gehen und dort mit Unterstützung der Kriegsschiffe eine neue Verteidigungsstellung aufzubauen. General Robert E. Lee erkannte bald, daß McClellan die Eroberung von Richmond aufgegeben hatte, und setzte daher alles daran, den Rückzug der Unions-Truppen nach dem James-River zu unterbinden. Bei Savages Station kam es wiederum zu einer Schlacht, aber die Linien der Union hielten stand. Den Konföderierten gelang es ebenfalls nicht, die Nordstaatler am 30. 6. 1862 bei Frayser's Farm und Glendale zu schlagen.

Am 1. 7. 1862 griff Lee bei Malvern Hill am James die Unions-Truppen an. Die vorzüglich aufgestellte Artillerie konnte aber alle Angriffe der Konföderierten abschlagen. Letztere verloren hierbei über 5000 Mann. Die Schlacht von Malvern Hill war ein Sieg der Union, aber McClellan, der sich auf einem Kanonenboot auf dem James-River aufhielt, befahl der siegreichen Armee, nach Harrison's Landing abzumarschieren.

Damit war die Sieben-Tage-Schlacht beendet. Die Union hatte die angreifenden Konföderierten stets zurückgeschlagen, aber McClellan war überzeugt, daß er besiegt werden würde und zurückgehen müsse. Er ließ eine einmalige Chance vorübergehen, mit mehr Entschlossenheit und Mut Richmond zu erobern.

Die Verlustzahlen beider Seiten sprechen für sich. Die Union verlor 1734 Gefallene, 8062 Verwundete und 6053 Gefangene; die Konföderierten dagegen 3478 Gefallene, 16 261 Verwundete und 875 Gefangene.

Obwohl die Truppen der Union nicht geschlagen wurden – die Moral der Potomac-Armee blieb trotz des teilweise unverständlichen Rückzuges hervorragend – konnten die Konföderierten den Sieg für sich buchen. General Lee war es gelungen, die Armee des Nordens von Richmond zu vertreiben.

Ohne Marine wäre es McClellan aber nicht gelungen, vom 1. bis 2. 7. 1862 nach Harrison's Landing zurückzugehen, denn das schwere und genaue Feuer der Kanonenboote trug dazu bei, daß McClellans Plan nicht vollständig fehlschlug.

Für den Süden hatte der Sieg bedeutende Folgen. Die unerfahrenen Truppen der Konföderation hatten in diesen Tagen große Erfahrung gewonnen und galten nach Beendigung der Kämpfe als Veteranen. General Robert E. Lee lernte seine Generale kennen und wußte nun, was er von deren Fähigkeiten halten durfte. Alle bewunderten ihn als tapferen, klugen und einfallsreichen Offizier. Zum ersten Mal bewies Lee seine großen taktischen und strategischen Fähigkeiten, und bis zum Ende des Krieges blieb er unschlagbar.

Der Süden war sich bewußt, daß er der Sieger sei und daß man jetzt selbst die Offensive ergreifen könne. Unter General Lee erreichte die militärische und politische Lage der Konföderation in den nächsten Monaten ihren Höhepunkt.

Doch machten sich bereits jetzt die ersten Anzeichen der Abschnürung der Konföderation durch die Seemacht der Union bemerkbar.

Am 29. 6. 1862 griffen die Konföderierten bei Savage Station an und drängten die Unions-Truppen zurück. Hier ein Feldlazarett der Union bei Savage Station am 30. 6. 1862.

Der Krieg auf den Flüssen und Meeren

Stephen Russell Mallory, Marineminister der Konföderation, baute trotz unüberwindlicher Schwierigkeiten aus dem Nichts eine konföderierte Marine auf.

Der Krieg zur See

In diesem Kampf auf den großen Flüssen Nordamerikas, vor der Küste und auf den Weltmeeren ging es der Union nicht darum, große Seeschlachten zu schlagen, sondern die Konföderation von der Zufuhr über See abzuschneiden und sie wirtschaftlich lahmzulegen. Der Wille der Südstaaten, den Krieg weiterzuführen, sollte hierdurch gebrochen werden. Zu Beginn des Krieges besaß die Union kein festes Konzept für eine bestimmte Seestrategie. Sie war für die vor ihr liegenden Aufgaben vollkommen unvorbereitet. Die Marine befand sich wie die der anderen Flotten zu diesem Zeitpunkt im Stadium der Umstellung vom Segelschiff zum Dampf-Kriegsschiff. Im Jahre 1862 verfügte die US-Marine über 90 Schiffe aller Klassen, aber nur 42 Fahrzeuge befanden sich in Dienst und 21 galten als veraltet. Im März 1862 verteilte sich die Flotte wie folgt: 12 Schiffe gehörten zur Home Squadron, vier Einheiten lagen in nördlichen Häfen, die restlichen mußten von ihren Auslandsstationen zurückgerufen werden.

Die Schiffe waren für den Einsatz auf hoher See gebaut und nicht für eine Verwendung in den engen und gefährlichen Küstengewässern und auf den inneramerikanischen Flüssen. Auf diese Kriegführung mußte man sich erst umstellen.

Die Konföderation besaß bei Ausbruch der Feindseligkeiten kaum ein einsatzfähiges Kriegsschiff. Präsident Jefferson Davis ernannte bereits am 21. 2. 1861 Stephen Russell Mallory zum Marineminister der Confederate States Navy (CS), der sich energisch an seine schier unlösbare Aufgabe machte, aus dem Nichts eine Marine aufzubauen.

Mallory war mit den Fragen der Seefahrt bestens vertraut, denn seit 1853 war er Vorsitzender des Senate Naval Affairs Committee gewesen und hatte sich besonders für die Modernisierung der Marine eingesetzt.

Ungefähr 200 Marineoffiziere der Union stellten sich der neuen konföderierten Marine zur Verfügung, was Mallorys Aufgabe etwas erleichterte. Allerdings verfügten die Südstaaten zu Beginn nur über 12 Schiffe, wie Zollkutter und kleinere Handelsfahrzeuge, die man beschlagnahmt hatte. Außerdem fehlte es dem Süden an erfahrenen und geschulten Besatzungen, denn die Ein- und Ausfuhr lag bis 1861 in den Händen des Nordens. Es war daher nicht verwunderlich, daß man hier mehr Verständnis für die Marine aufbrachte.

Der Süden machte im Verlauf des Krieges aus der Not eine Tugend; die Nachteile konnten allerdings aufgrund der wirtschaftlichen und industriellen Verhältnisse nicht überwunden werden. Im Gegensatz zur US-Marine, die mit Ausnahme der Monitore nur wenig zur Entwicklung neuer Schiffstypen oder Waffensysteme beitrug, schickte die konföderierte Marine gepanzerte Schiffe – sogenannte Ironclads – in den Kampf, sie erfand unter Wasser elektrisch zu zündende Minen (Torpedos genannt) und baute das erste Unterwasserfahrzeug der Welt, das ein gegnerisches Schiff versenkte. Außerdem versah man die Kriegsschiffe mit einem Rammsporn, den man mit dem Aufkommen der großen Segelkriegsschiffe wieder vergessen hatte. Dampfschiffe der Konföderation kreuzten auf allen Weltmeeren und fügten

◁ *Am 6. 6. 1862 fand auf dem Mississippi die letzte größere Schlacht auf den Flüssen des Westens statt. Commodore Charles Davis mit fünf mächtigen Ironclads, darunter die hier abgebildete U. S. ›Cairo‹, und vier Rammschiffen vernichtete acht konföderierte Schiffe unter Captain James E. Montgomery. Nur ein CS-Schiff entkam.*

der Handelsmarine des Nordens unermeßlichen Schaden zu.
Doch wie zu Lande unterlag die Konföderation auch zu Wasser der letztlich erdrückenden Übermacht der Union. Die Konföderation war nicht nur wirtschaftlich der Union unterlegen, sondern auch vom geographischen und strategischen Blickpunkt her gesehen. Die lange Küste des Südens hatte unzählige Buchten, Einschnitte, Flußmündungen und Deltas. Aber nur wenige waren von Bedeutung, weil sie lediglich von flachgehenden Schiffen befahren werden konnten. Eisenbahnverbindungen mit dem Hinterland hatten zehn Häfen, aber von nur sechs Häfen – Wilmington, Charleston, Savannah, Pensacola, Mobile und New Orleans – führte eine Anschlußverbindung zu den anderen Bundesstaaten. Norfolk konnte als einziger Hafen von Schiffen mit größerem Tiefgang angelaufen werden. Werften gab es ausschließlich in Pensacola, New Orleans und Norfolk.

Die ersten Kampfhandlungen zur See

Sobald einer der Südstaaten aus der Union austrat, beschlagnahmte man die hier liegenden Schiffe sowie die Einrichtungen der Union. Mit dem Amtsantritt von Präsident Lincoln am 4. 3. 1861 befanden sich daher nur Fort Sumter im Hafen von Charleston (South Carolina) und Fort Pickens in der Hafeneinfahrt von Pensacola (Florida) in den Händen des Nordens.
South Carolina schied am 20. 12. 1860 aus der Union aus, und die Flagge der Union auf Fort Sumter wurde als eine »ausländische« angesehen, so daß die Spannung zwischen den beiden feindlichen Lagern von Tag zu Tag wuchs. Präsident Lincoln hatte am 29. 3. 1861 nach längeren Beratungen beschlossen, Fort Sumter durch Kriegsschiffe zu unterstützen und gab am 4. 4. 1861 seine entsprechende Zustimmung. Noch an diesem Tag erteilte der neue Marineminister der Union, Gideon Welles, den Kriegsschiffen ›Powhatan‹, ›Pawnee‹, ›Pocahontas‹ sowie dem Zollkutter ›Harriet Lane‹ den Befehl, Fort Sumter, wenn nötig mit Waffengewalt, zu entsetzen.
Gideon Welles, geboren 1802 in Glastenburg/Connecticut, hatte Rechtswissenschaft studiert und sich bereits früh mit Politik befaßt. Er galt als Anti-Sklaverei-Demokrat und gehörte der Republikanischen Partei an. Obwohl Welles in Marineangelegenheiten relativ unerfahren war, schuf er doch im Verlauf des Krieges eine mächtige Marine, die maßgebenden Anteil an der Niederringung des Südens hatte.
Die Schiffe der Union standen am 12. 4. 1861 vor Fort Sumter, aber an diesem Tag eröffneten die Konföderierten das Feuer auf das Fort, womit der Bürgerkrieg seinen Anfang nahm.
Die Kriegsschiffe griffen nicht in den Kampf ein, übernahmen nach der Kapitulation die Garnison unter Major Robert Anderson und kehrten nach New York zurück.
Präsident Jefferson Davis erließ am 17. 4. 1861 ei-

Ein Blockadebrecher versucht den rettenden Hafen zu erreichen.

Commander James Dundwoody Bulloch war Beauftragter der konföderierten Marine in England, wo er u. a. die Hilfskreuzer bauen und teilweise ausrüsten ließ. Aufgrund seiner Erfahrung und großen diplomatischen Geschicklichkeit verdankt ihm die konföderierte Marine viel.

nen Aufruf an die Schiffseigentümer des Südens, sich Kaperbriefe ausstellen zu lassen und die Schiffahrt der Union auf hoher See zu stören. Diese Maßnahme war darauf zurückzuführen, daß die Konföderation bis jetzt noch über keine eigenen bewaffneten Schiffe verfügte. Der Süden glaubte, daß aufgrund des Einsatzes der Kaperschiffe und deren Erfolge die dadurch entstehende Unterbrechung des Handelsverkehrs Europa auf die Seite der Konföderation gezogen werden würde. Darüber hinaus gab man sich der Hoffnung hin, daß die Kaperschiffe (und später die Hilfskreuzer) die Union zwingen würden, die Blockade der Südstaaten wieder aufzuheben.
Präsident Lincoln verkündete daraufhin am 19. 4. 1861 die Blockade aller abgefallenen Staaten von South Carolina bis Texas. Mit der Verhängung der totalen Blockade beging die Union jedoch einen Fehler, denn nach dem internationalen Recht konnte man nur die Häfen des Südens sperren; es handelte sich nämlich um von der Union abgefallene Staaten und nicht um einen fremden Staat. Somit bestand durchaus die Gefahr der Anerkennung des Südens durch andere Mächte. England und Frankreich zögerten deshalb auch nicht, der Konföderation das Recht einer kriegführenden Macht einzuräumen. Beide Seiten waren zu dieser Zeit aber noch nicht in der Lage, ihre jeweiligen Ziele durchzusetzen. Die Union mußte die Blockade aufrechterhalten können, und die Konföderation hatte diese zu umgehen oder zu beweisen, daß sie nicht wirksam war und nur auf dem Papier stand.
Marineminister Mallory besaß keine Schiffe, um diese gegen die Schiffahrt der Union wirksam einzusetzen. Ein Ausweg bestand darin, Kriegsschiffe im Ausland zu kaufen. Allerdings versäumte die Konföderation gleich zu Beginn der Feindseligkeiten, mit dem Geld aus dem Verkauf von Baumwolle eine kampfkräftige Flotte zu erwerben sowie die Schiffe der britischen East India Company zu übernehmen, die ihre Geschäfte an die britische Krone abgegeben hatte.
Aus alledem und dem Embargo über die Ausfuhr der Baumwolle, das die Südstaaten verhängten, zeigte sich, daß Mallory trotz seines Organisationstalents die Bedeutung des kommenden Seekrieges nicht erfaßt hatte. Er war vielmehr der Überzeugung, daß nur Panzerschiffe (Ironclads) die Blokkade der Südstaaten brechen und die hölzernen Schiffe der Union vertreiben würden. Anfang Mai 1861 wurde James D. Bulloch nach England gesandt, um dort Kriegsschiffe zu kaufen und zu versuchen, von Frankreich ein Schiff der »Gloire«-Klasse zu bekommen.

Die Räumung Norfolks

Durch das Ausscheiden von Virginia am 17. 4. 1861 aus der Union wurde besonders der bedeutende Marinestützpunkt Norfolk bedroht. Hier lag u. a. die moderne Dampf-Fregatte ›Merrimack‹ von 3200 Tonnen mit 40 Geschützen, die einer Reparatur unterzogen wurde. Angesichts der angespannten Lage wurde alles versucht, dieses noch nicht fünf Jahre alte Schiff rechtzeitig nach Philadelphia zu verlegen. Der Werftkommandant und die Werftarbeiter, die mit dem Süden sympathisierten, verstanden es jedoch, das Auslaufen des Schiffes zu verzögern. Marineminister Welles setzte alles daran, daß kein Schiff in die Hände des Südens fallen würde sowie die im Arsenal lagernden schweren Geschütze und die Munition. Die anwesenden US-Marineoffiziere waren aber davon überzeugt, daß man die Werft nicht verteidigen könnte. Man begann deshalb am 20. 4. 1861 mit der Räumung. Neun Kriegsschiffe wurden in Brand gesteckt und sanken im Hafen. Nur die Fregatte ›Pawnee‹ entkam mit der ›Cumberland‹, die von einem Schlepper in der Nacht auf den 21. 4. 1861 herausgeholt wurde. Ein Teil der Kriegsschiffe sank jedoch nur bis zur Waśserlinie, darunter die Fregatte ›Merrimack‹. Dem Süden fiel durch die nicht gründlich und in aller Eile vorgenommene Zerstörung eine beträchtliche Menge an Geschützen und Material in die Hände, die man angesichts der fehlenden industriellen Möglichkeiten dringend brauchte. Man erbeutete mehr als 1000 Geschütze sowie 2000 Fässer Pulver. Wichtig war vor allem, daß das Trockendock unbeschädigt blieb, so daß man größere Schiffe reparieren konnte.

Die Blockade

Inzwischen verstärkten die Kriegsschiffe der Union die ausgerufene Blockade. Anfänglich standen nur drei Schiffe zur Verfügung, aber Marineminister Welles kaufte Hunderte von Schiffen auf, um seinen Plan einer Abschnürung des Südens zu verwirklichen. Die Blockade bereitete jedoch große Schwierigkeiten. Die Union besaß keinen Hafen an der südlichen Küste, um dort die Blockadeschiffe überholen zu lassen oder Kohle und Verpflegung zu übernehmen. Man plante deshalb die Eroberung dieser Häfen sowie eine Aufteilung der Blockadestreitkräfte in zwei Geschwader, um die Durchführung der gestellten Aufgaben wesentlich zu erleichtern.

Bedeutung des Mississippi

Dieser gewaltige Strom teilte die Konföderation in zwei Hälften. Für die Union war es von größter Bedeutung, die Kontrolle über diesen strategisch wichtigen Seeweg zu gewinnen und dadurch die Südstaaten vom Westen abzuschneiden. Sofort kaufte die Union drei hölzerne Raddampfer, die man zu Kanonenbooten umbaute und mit schweren Außenplanken gegen Beschuß schützte. Schon am 9. 8. 1861 waren diese Boote einsatzbereit und operierten erfolgreich auf dem Mississippi.
Den Kern der Union-Seestreitkräfte auf diesem Fluß bildeten sieben gepanzerte Kanonenboote (Ironclads), und zwar ›Cairo‹, ›Carondolet‹, ›Cincinnati‹, ›Mound City‹, ›St. Louis‹, ›Louisville‹ und ›Pittsburg‹. Den Befehl über diese kampfkräftige Seestreitmacht übernahm am 5. 9. 1861 Captain Andrew H. Foote.
Gegen Ende Januar 1862 waren diese Ironclads einsatzbereit. Hinzu kamen später noch 38 Mörser-Schoner mit je einem 32 cm-Mörser.

Kaperschiffe und Hilfskreuzer der Konföderation

In der Zwischenzeit erhielt am 18. 5. 1861 der Schoner ›Savannah‹ als erstes Schiff der Südstaaten einen Kaperbrief. Damit begann eine der legendärsten Epochen des Bürgerkrieges.
Die Hauptstützpunkte der Kaperschiffe waren Charleston und New Orleans. In den ersten Monaten erzielten diese Fahrzeuge beträchtliche Erfolge. Die berühmte Brigg ›Jefferson Davis‹ brachte vom Juni bis August 1861 neun Schiffe auf. Doch konnten die Konföderierten ihre Prisen nicht gewinnbringend verkaufen. Es war aufgrund der Blockade kaum möglich, die Schiffe in die Südstaaten-Häfen zu bringen; außerdem verschlossen England und andere Staaten Europas ihre Häfen für Prisen. Deshalb hörten schon gegen Ende 1861 die Kaperfahrten auf.
Trotzdem waren die Fahrten der Kaperschiffe und der Hilfskreuzer von weitreichenden Folgen. In der amerikanischen Handelsmarine – die zweitgrößte nach England – brach nach dem Bekanntwerden der ersten Kaperungen Panik aus. Die Versicherungsprämien und Frachtraten stiegen in die Höhe, so daß die Engländer wesentlich günstigere Raten anbieten konnten und mit der Zeit den Handel mit Amerika an sich rissen. Außerdem verkauften die Nordstaatler ihre Handelsschiffe an Neutrale, um weiteren Verlusten zu entgehen. Hiervon sollte sich die US-Handelsmarine bis zum Ausbruch des Ersten Weltkrieges 1914 nicht mehr erholen.

CS-Hilfskreuzer ›Sumter‹

Zu den berühmtesten Marineoffizieren und Hilfskreuzer-Kommandanten der Konföderation gehörte Raphael Semmes. Er wurde am 27. 9. 1809 in Piscaraway/Maryland geboren und trat 1826 in die Marine ein. Semmes studierte zwischendurch Rechtswissenschaft und tat dann Dienst auf verschiedenen Schiffen. Als Commander war Semmes Sekretär des Lighthouse Board (Leuchtturm-Amt) in Washington. Am 15. 2. 1861 schied er aus der US-Marine aus und erhielt am 18. 4. 1861 das Kommando über den Dampfer ›Habana‹, der in Friedenszeiten zwischen Cuba und New Orleans gefahren war.
Semmes beschloß sogleich, den ungefähr 347 Tonnen großen Schraubendampfer, der in New Orleans lag, in einen Hilfskreuzer umzubauen. Nach zwei Monaten war unter seiner unermüdlichen Aufsicht der Umbau beendet, und am 3. 6. 1861 erfolgte die Indienststellung als CS-Hilfskreuzer ›Sumter‹.

CS-Hilfskreuzer ›Sumter‹ greift einen Segler an. Dieser erste Hilfskreuzer der Konföderierten unter Commander Semmes kaperte zwischen Juli 1861 und Januar 1862 mehrere Schiffe der Union.

Die Bewaffnung der ›Sumter‹ bestand aus einem 20,3 cm-Geschütz und vier 32-Pfündern. Die Besatzung setzte sich zusammen aus 11 Offizieren, 72 Matrosen und 20 See-Soldaten. Der Durchbruch durch das Mississippidelta war nicht nur navigatorisch schwierig, sondern auch wegen der engen Blockade durch die Kriegsschiffe der Union. Captain Semmes gelang es aber, am 30. 6. 1861 das offene Meer zu erreichen.
Sein Auftrag lautete, dem Feind in kürzester Zeit den größtmöglichen Schaden zuzufügen.
Bereits am 3. 7. 1861 fiel dem Hilfskreuzer der US-Segler ›Golden Rocket‹ in die Hände, dessen Schicksal besiegelt war. Semmes ließ ihn in Brand stecken, da man keine Prisen nach Hause schicken konnte. Im Norden herrschte über das Auftreten der ›Sumter‹ und die Aufbringung beträchtliche Aufregung, und Marineminister Welles wurde aufgefordert, den Südstaaten-Kreuzer mit allen verfügbaren Mitteln zu jagen, selbst unter Schwächung der Blockade. Es wurden auch einige Kriegsschiffe auf die ›Sumter‹ angesetzt – wie auf die anderen CS-Hilfskreuzer – aber die Nachrichtenübermittlung war damals schlecht, und die Kriegsschiffe erschienen immer zu spät auf dem Schauplatz des Geschehens.
Südlich von Cuba kaperte ›Sumter‹ am 4. 7. 1861 zwei Schoner, am 5. 7. 1861 weitere zwei Prisen und anderntags nochmals drei Schiffe, die alle nach Cienfuegos gebracht wurden. Aufgrund der spanischen Neutralität mußten die aufgebrachten Fahrzeuge jedoch freigelassen werden.
Der Hilfskreuzer übernahm Kohle, um seine Operation fortsetzen zu können, und verließ am 7. 6. 1861 Cienfuegos mit Kurs auf Nordwestbrasilien. In Curaçao konnte man trotz Schwierigkeiten wiederum Kohle ergänzen. Semmes mußte feststellen, daß die Union den Südstaaten-Schiffen in allen Häfen der Welt die größten Hindernisse in den Weg legte.
Am 25. 7. 1861 kaperte ›Sumter‹ den Schoner ›Abbey Bradford‹, der mit einer Prisenbesatzung einen Hafen der Südstaaten erreichen sollte, aber am 13. 8. 1861 durch die US-›Powhatan‹ in die Hände des Nordens fiel. Am 8. 8. 1861 legte Semmes in Port of Spain in Trinidad an, um dann am folgenden Tag Kurs auf Brasilien zu nehmen. Unterwegs wurde in Cayenne und in Paramaribo Kohle übernommen.
Zwischendurch fielen dem Hilfskreuzer nochmals zwei Schiffe zur Beute. Als ›Sumter‹ in St. Pierre auf Martinique lag, erschien der US-Kreuzer ›Iroquois‹, dem Semmes aber entkommen konnte.

›Sumter‹ mußte nun überholt werden, und Commander Semmes beschloß, nach Frankreich zu laufen. Unterwegs wurden drei weitere Schiffe verbrannt und ein Schiff freigelassen.
Am 3. 1. 1862 ankerte der Hilfskreuzer in Cadiz/Spanien, mußte aber nach Gibraltar weitermarschieren, da die Spanier Schwierigkeiten bereiteten und mehrere Besatzungsmitglieder desertierten. In der Straße von Gibraltar vernichtete die ›Sumter‹ ihr letztes Schiff, während ein zweites seine Fahrt fortsetzen durfte.
In Gibraltar sah Commander Semmes keine Möglichkeit, sein Schiff zu überholen, außerdem warteten draußen auf See drei US-Kreuzer, um die ›Sumter‹ nach dem Auslaufen in den Grund zu bohren. Semmes schlug deshalb vor, das Schiff zu verkaufen oder außer Dienst zu stellen. Am 7. 4. 1862 erhielt er aus London die Weisung, die ›Sumter‹ abzugeben und nach den Südstaaten zurückzukehren.
Aufgrund seiner Erfolge hatte man Semmes inzwischen zum Captain befördert.
Die Union atmete auf, daß der erste Südstaaten-Kreuzer außer Gefecht gesetzt war, wenn auch nicht durch US-Kriegsschiffe. Die ›Sumter‹ hatte während ihrer Operation 18 Schiffe gekapert und davon sieben in Brand gesteckt.

Eroberung von Flottenstützpunkten

Die Blockadebrecher der Konföderierten benutzten besonders Hatteras Inlet/North Carolina, einen Hauptfahrweg in den Pamlico-Sund. Für die Union besaß Hatteras Inlet große strategische Bedeutung, so daß man beschloß, ihn so schnell wie möglich in Besitz zu nehmen.
Am 13. 8. 1861 erhielt Brigadegeneral Thomas John Wood den Befehl, zusammen mit dem Flagg-Officer Silas Horton Stringham, Marinebefehlshaber für das Landungsunternehmen, Hatteras Inlet zu erobern. Am 28. 8. 1861 eröffneten die Kriegsschiffe das Feuer auf die Forts Hatteras und Clark, während die Truppen kurze Zeit später an Land gingen. Bis zum folgenden Nachmittag kapitulierten beide Forts. Die Union besaß jetzt ihren ersten Stützpunkt im Süden, um ihre Blockadeschiffe mit Kohlen und Proviant usw. zu versorgen.
Am 29. 10. 1861 verließ der bisher größte Verband an Kriegsschiffen (77 Fahrzeuge) unter Flagg-Officer Samuel Francis Du Pont Fort Monroe mit 16 000 Soldaten an Bord. Sein Ziel war Port Royal in South Carolina. Die Konföderierten waren nicht in der Lage, dieser Massierung von Truppen und Material gleichwertige Streitkräfte entgegenzustellen. Am 7. 11. 1861 begann die Beschießung der Forts, die die Einfahrt nach Port Royal schützten. Noch am gleichen Tag kapitulierten die Südstaatler. Die Kanonenboote der Union beherrschten seitdem die Küste des Südens zwischen Savannah und Charleston. Bei ihren Fahrten stießen sie zum erstenmal auf Minen, damals Torpedos genannt.
Die Union sah als nächsten Schritt die Landung auf der Insel Roanoke nördlich von Hatteras Inlet vor. Unter Flagg-Officer L. M. Goldsborough liefen die Kriegsschiffe der Union am 12. 1. 1862 von Hampton Roads (Fort Monroe) aus, um am 7. 2. 1862 mit der Beschießung zu beginnen.
Die Truppen landeten nachmittags, als die Forts ausgeschaltet waren. Die Insel nahm man anderntags in Besitz. Norfolk war damit abgeschnitten, da die Kanonenboote jetzt auch den Albemarle-Sund beherrschten. Drei Monate später räumten die Konföderierten Norfolk, ihre größte Marinebasis.
Die Truppen des Nordens besetzten mit Unterstützung der Kriegsschiffe fast alle Häfen in North Carolina, so daß der Süden am Atlantik nur noch über zwei Häfen verfügte: Charleston und Wilmington, die für die Blockadebrecher von großer Bedeutung waren.
Die Marine der Union hatte in dieser kurzen Zeit weitreichende strategische Erfolge errungen, obwohl das Heer zu Lande Niederlagen hinnehmen mußte.

US ›Monitor‹ und CS ›Virginia‹

Mit dem Bau und der nachfolgenden Schlacht dieser beiden gepanzerten Schiffe war das Ende des hölzernen Kriegsschiffes gekommen, obwohl während des Bürgerkrieges letztere weiterhin die Hauptlast des Kampfes trugen. Die sogenannten Monitore waren hauptsächlich für den Einsatz auf den Flüssen und in den flachen Küstengewässern gedacht, auf hoher See bewährten sie sich nicht.
Die Idee eines gepanzerten Schiffes war zu dieser Zeit nicht mehr neu. England und Frankreich besaßen bereits derartige Schiffe: die ›Warrior‹ und die ›Gloire‹.
Im Bürgerkrieg begannen die Konföderierten mit dem Bau von Panzerschiffen. Als erstes Schiff wurde die ›Manassas‹, ein ehemaliges Dampfschraubenschiff, mit Eisenplatten versehen sowie mit Holzplanken verstärkt. Das Deck hatte eine konvexe Form, so daß die ›Manassas‹ wie eine schwimmende Zigarre aussah.

Das erste Panzerschiff im amerikanischen Bürgerkrieg war die ›Manassas‹, die bereits am 12. 10. 1861 die US-Kriegsschiffe an der Mississippi-Mündung im Head of Passes angriff. Am 24. 4. 1862 nahm der Ironclad die US-Kriegsschiffe unter Feuer, als diese an den Sperrforts Jackson und St. Philip im Mississippi vorbeiliefen. Während des Gefechts wurde die ›Manassas‹ schwer beschädigt und explodierte.

Am 12. 10. 1861 griff die ›Manassas‹ zusammen mit zwei weiteren Kriegsschiffen die in der Nähe der Mississippi-Mündung liegenden US-Kriegsschiffe an und beschädigte zwei Fahrzeuge.
Nahezu gleichzeitig hatten die Union und die Konföderierten die Bedeutung von Panzerschiffen erkannt. Marineminister Welles wurde am 3. 8. 1861 ermächtigt, ein Gremium mit drei erfahrenen Marineoffizieren einzusetzen, die Pläne für den Bau von gepanzerten und dampfangetriebenen Schiffen prüfen sollten. Bereits am 16. 9. 1861 wurde der Bau von drei Panzerschiffen empfohlen: ›Galena‹, ›New Ironsides‹ und ›Monitor‹.
Berühmtheit sollte aber nur die ›Monitor‹ erlangen. Ihr Erbauer, John Ericsson, hatte mit beträchtlichen Schwierigkeiten zu kämpfen, ehe man sein vorgelegtes Modell annahm. Schließlich erhielt er den Auftrag mit der Verpflichtung, das Schiff in 100 Tagen abzuliefern.
Am 25. 10. 1861 wurde auf der Continental Iron Works-Werft in Greenpoint / New York der Kiel der ›Monitor‹ gelegt, und am 30. 1. 1862 lief sie vom Stapel. Anderntags standen die Kessel unter Dampf. Am 19. 2. 1861 ging die ›Monitor‹ nach der Brooklyn-Marinewerft, um mit Geschützen und allen weiteren Anlagen ausgerüstet zu werden. Gleichzeitig machte der Ironclad die ersten Probefahrten. Schwierigkeiten bereitete der Einbau der zwei 28 cm-Geschütze (Vorderlader) in den drehbaren Turm, da dieser zu klein war. Deshalb erhielt der Turm zunächst keine Decke, wurde dann aber später mit Eisenbahnschienen abgedeckt.
Kommandant der ›Monitor‹ wurde Lieutenant John Lorimer Worden, der das Schiff am 25. 2. 1862 in Dienst stellte. Am 6. 3. 1862 machte die ›Monitor‹ die Leinen los mit Kurs auf Hampton Roads, wo drei Tage später das berühmte Seegefecht mit der CS ›Virginia‹ stattfand.
Die Versuche der Konföderierten, Panzerschiffe im Ausland zu kaufen, hatten bis jetzt (auch in Zukunft) nicht zum Erfolg geführt. Als man am 30. 5. 1861 die in Norfolk gesunkene Dampf-Fregatte ›Merrimack‹ gehoben hatte, legte Lieutenant John M. Brooke einen Plan für ein Panzerschiff vor, den der Schiffs-

Captain Franklin Buchanan (1800–1874) befehligte die ›Virginia‹ während des Gefechtes bei Hampton Roads. Als Admiral mußte er am 5. 8. 1864 während des Gefechtes in der Mobile Bay auf dem Ironclad ›Tennessee‹ die Flagge streichen.

konstrukteur Lieutenant John L. Porter wiederum für seine Ideen benutzte. Daraufhin entstand die ›Virginia‹, die geneigte gepanzerte Seiten hatte und deren Bug und Heck unter Wasser lagen. Am 11. 7. 1861 erging der Befehl, die ›Merrimack‹ nach diesen Entwürfen zu bauen und fertigzustellen.

Folglich bauten nahezu gleichzeitig die Union und die Konföderation ein Panzerschiff, so daß ein Wettlauf entstand, wer zuerst fertig wurde und somit den anderen mit dessen Einsatz bedrohte.

Tag und Nacht wurde an der ›Virginia‹ gearbeitet, die Captain Franklin S. Buchanan am 17. 2. 1862 in Dienst stellte.

Um das kommende Gefecht zwischen den Panzerschiffen besser verstehen zu können, hier ein Vergleich beider Fahrzeuge. ›Virginia‹ war im Gegensatz zur ›Monitor‹ ein Monster, zu langsam und sehr schwer zu manövrieren. Sie sah wie ein schwimmender Dachgiebel aus. Ihre Länge betrug ca. 83 m und die Breite ca. 12 m. Das »Dach« bestand aus ca. 50 cm starken Pinien-Planken, darüber lagen ca. 10 cm starke Eichenbalken. Gepanzert war das ganze mit zwei Lagen von ca. 5 cm dicken Eisenplatten. Die Seiten fielen 45° nach unten ab und erstreckten sich ca. 21 cm über dem Geschützdeck. Die Bewaffnung setzte sich zusammen aus je einem 17 cm-Geschütz am »Giebel«, ferner an den Seiten jeweils ein 15 cm gezogenes Geschütz und drei 22 cm-Geschütze mit glattem Lauf. (Die ursprüngliche ›Merrimack‹ verdrängte 3200 Tonnen.)

Die ›Monitor‹ sah dagegen mit ihrer Verdrängung von 987 Tonnen sehr klein aus: wie eine Käseschachtel auf einem Floß. Auf dem Deck stand in der Mitte nur der drehbare Turm mit einem Durchmesser von ca. 1,9 m. Vorne befand sich das Ruderhaus, das aus Eisenstäben bestand und ungefähr 1 m hoch war. Der Schornstein wurde vor dem Gefecht zusammengeklappt.

Beide Panzerschiffe besaßen große Nachteile. Der Rammsporn der ›Virginia‹ war ungenügend befestigt und sollte sich als Hindernis erweisen. Ruder und Schrauben hatten keinen ausreichenden Schutz. Die Maschinenanlagen leisteten nur 5 Knoten.

Gefährdet war auf der ›Monitor‹ besonders das Steuerhaus, denn der Steuermann konnte bei einem Treffer sofort außer Gefecht gesetzt werden, da er im Schiff auf einer Plattform saß und sich Kopf und Schultern im Steuerhaus befanden. Ein ungefähr 2,5 cm breiter Schlitz diente zur Beobachtung. Die Verbindung zwischen dem Kommandanten und dem Artillerieoffizier galt als nicht befriedigend gelöst. Das am Boden befindliche Sprachrohr öffnete sich nur bei Ruhestellung des Turmes. Ein Rad und eine Stange, verbunden mit einer Maschine, drehten den Turm; dieser Vorgang war jedoch so kompliziert, daß der Turm nur sehr schwer gedreht und mit Mühe zum Halten gebracht werden konnte.

Der größte Nachteil der ›Virginia‹ war ihr Tiefgang von ca. 6 m, so daß sie für die flachen Küstengewässer und Flüsse nicht geeignet war, aber auch nicht für den Einsatz auf hoher See.

Captain Buchanan beabsichtigte, am 7. 3. 1862 vor Newport News zusammen mit fünf kleineren Kriegsschiffen zu erscheinen. Hier lagen die US-Fregatten ›Congress‹ und ›Cumberland‹. Wegen des schlechten Wetters konnte Buchanan aber erst am folgenden Tag seinen Plan durchführen. Die ›Virginia‹ war bisher noch nicht eingefahren worden, und die Besatzung unausgebildet, trotzdem wollte der Kommandant das Wagnis eingehen.

Im Norden wußte man, daß jeden Tag die ›Virginia‹

erscheinen würde, so daß unter den US-Kriegsschiffen in Hampton Roads eine gewisse Spannung und Unruhe herrschte. Die Fregatte ›Cumberland‹ (1726 Tonnen, 50 Geschütze) ankerte am Morgen des 8. 3. 1862 vor Newport News Point, und etwas weiter entfernt die ›Congress‹ (1867 Tonnen, 50 Geschütze). Nahe bei Fort Monroe lagen ›Roanoke‹ (46 Geschütze), ›Minnesota‹ (46 Geschütze) und die Segel-Fregatte ›St. Lawrence‹ (52 Geschütze) sowie sechs Kanonenboote. Weiterhin ankerten hier mehrere Transporter und Versorgungsschiffe.
Gegen 09.00 Uhr hatte man von der ›Cumberland‹ ein im James-River vor Anker liegendes Schiff gesehen, aber bis Mittag blieb alles ruhig. Die ›Mount Vernon‹ signalisierte dann um 12.40 Uhr, daß sich das feindliche Fahrzeug nähern würde. Die Blockadefahrzeuge der Union achteten jedoch nicht auf das Signal, sondern erst, als die ›Mount Vernon‹ einen Schuß abfeuerte. Inzwischen umrundete die ›Virginia‹ die Craney-Insel vor der Mündung des James. Zu spät eilten ›Minnesota‹, ›Roanoke‹ und ›St. Lawrence‹ den Fregatten ›Congress‹ und ›Cumberland‹ zu Hilfe, wobei sie auf Grund gerieten.

Captain Buchanan wollte vor allen Dingen die ›Cumberland‹ mit ihren gezogenen Geschützen ausschalten. Um 14.10 Uhr eröffnete die ›Congress‹ das Feuer auf das sich nähernde Ungeheuer, aber die Geschosse prallten wirkungslos von diesem ab. Nun richtete die ›Virginia‹ ihre Geschütze auf die ›Congress‹, die schon nach kurzer Zeit ein Trümmerhaufen war. Zweimal rammte der Ironclad die Fregatte ›Cumberland‹, die schnell sank. Dann wiederum schoß das Panzerschiff auf die sich auf Grund gesetzte ›Congress‹, während die Batterien an Land versuchten, das konföderierte Fahrzeug außer Gefecht zu setzen, aber alle Treffer richteten nur geringfügigen Schaden an. Die Panzerung bewährte sich. Die ›Virginia‹ versenkte noch einen Transporter und einen Schoner, als sie in den engen Gewässern erneut auf die ›Congress‹ zudrehte. Diese hißte jetzt die weiße Flagge als Zeichen zur Übergabe, und konföderierte Matrosen stiegen an Bord des US-Kriegsschiffes. Aber die ›Virginia‹ wurde in diesem Augenblick so heftig von allen Seiten beschossen – selbst von der ›Congress‹ – so daß Captain Buchanan die Fregatte mit Brandkugeln beschoß. Gegen Mitternacht flog sie schließlich in die Luft.
In der Dunkelheit lief das Panzerschiff zurück. In den Südstaaten war der Jubel über den Erfolg groß. Das Gefecht hatte bewiesen, daß von nun an höl-

Gefecht zwischen der US-›Monitor‹ und der CS-›Virginia‹ bei Hampton Roads am 9. 3. 1862.

zerne Kriegsschiffe keine Chance mehr gegenüber gepanzerten Fahrzeugen hatten. Das Blatt sollte sich bereits am folgenden Tag wenden.
Am 6. 3. 1862 war die ›Monitor‹ aus New York mit Kurs auf Hampton Roads ausgelaufen. Unterwegs geriet sie in einen schweren Sturm und entging nur knapp dem Untergang. Am 8. 3. 1862 konnte die ›Monitor‹ um 21.00 Uhr in Nähe der Fregatte ›Roanoke‹ Anker werfen und lief anschließend zur ›Minnesota‹ weiter, um diese vor weiteren Angriffen der ›Virginia‹ zu schützen.
Gegen 06.00 Uhr des 9. 3. 1862 erschien das Südstaaten-Panzerschiff erneut in Hampton Roads, um die anderen US-Kriegsschiffe in den Grund zu bohren. Aber von der ›Minnesota‹ rief man sofort die ›Monitor‹ herbei. Lieutenant Worden hatte sich einen Gefechtsplan ausgedacht, wonach er die ›Virginia‹ ständig umkreisen und aus nächster Nähe mit den 28 cm-Geschützen außer Gefecht setzen wollte. Doch prallten die Geschosse beider Schiffe wirkungslos voneinander ab. Dichter Pulverqualm hüllte die Panzerschiffe ein. ›Virginia‹ versuchte vergeblich, die ›Monitor‹ zu rammen. In diesem Gefecht hatte die ›Monitor‹ den großen Vorteil, daß sie außer ihrem Geschützturm nur schwer zu treffen war. Als die ›Virginia‹ während eines Drehmanövers auf Grund geriet, lief Lieutenant Worden auf sie zu, um das Ungeheuer endgültig zu vernichten. Aber bei beiden Fahrzeugen hatten die Granaten nicht die erhoffte Wirkung. So stellte sich heraus, daß die Pulverladung der ›Monitor‹ viel zu schwach war, während die Stahlgranaten für die ›Virginia‹ in Norfolk zurückgeblieben waren.
Als jetzt die ›Monitor‹ abdrehte, feuerte die ›Virginia‹ mit ihrem Heckgeschütz genau in das Steuerhaus ihres Gegners und verletzte den Kommandanten. Lieutenant Green übernahm daraufhin das Kommando, der auf flaches Gewässer zusteuerte, wohin die ›Virginia‹ nicht folgen konnte. Schließlich kam das Südstaaten-Schiff wieder frei und lief nach Norfolk, um Munition zu übernehmen und die erlittenen Schäden auszubessern. Das Gefecht sollte so bald wie möglich wiederaufgenommen werden. Doch waren die Beschädigungen ernsthafter, als man angenommen hatte. Der Bug war durch den abgerissenen Rammsporn beschädigt, und die ›Virginia‹ nahm Wasser auf. Selbst die Eisenplatten waren teilweise durch die Treffer der ›Monitor‹ aufgerissen. Dagegen trug die ›Monitor‹ außer dem Steuerhaus keine nennenswerten Schäden davon. Der Turm wies nur 21 Einbuchtungen durch die Einschläge der ›Virginia‹ auf.
Die erste Schlacht zwischen Panzerschiffen war beendet, und die Geschichte der Segel-Kriegsschiffe war endgültig vorüber.
Taktisch gesehen, war der Kampf beider Panzerschiffe ein Stillstand mit weitreichenden strategischen Folgen für die Union.
Die ›Monitor‹ durfte in den folgenden Wochen keinen Kampf mehr mit der ›Virginia‹ aufnehmen, denn die Union verfügte bis jetzt nur über dieses Panzerschiff, das unter keinen Umständen verlorengehen durfte. Die weiteren Schiffe dieses Typs waren noch nicht fertig, und nach dem Gefecht bei Hampton Roads gab die US-Marine weitere Einheiten in Auftrag, die mit 38 cm-Geschützen bewaffnet waren.

Gefechte auf dem Mississippi

Das nächste Ziel der Ironclads auf dem Mississippi war die Insel Nr. 10 unterhalb der Mündung des Ohio in den Mississippi. Am 14. 3. 1862 verließen sieben Kanonenboote und zehn Mörserschiffe den Stützpunkt Cairo, um die Insel unter Feuer zu nehmen. Das Bombardement begann am 16. 3. 1862, aber der Kampf zog sich über mehrere Wochen hin, ohne einen Erfolg für die Union zu bringen. Schließlich liefen erst ein und dann die anderen Ironclads an der Insel vorbei, um diese vom Rücken her anzugreifen, da auch die Armee nicht weiterkam. Am 7. 4. 1862 kapitulierten die Konföderierten, so daß der obere Mississippi für den Süden verloren war.
Südlich der Insel Nr. 10 lag das mächtige Fort Pillow, das wiederum durch die Armee und die Ironclads ausgeschaltet werden sollte. Am 10. 5. 1862 griff die Confederate River Defense Fleet mit acht Schiffen die Ironclads der Union an, um diese zu vertreiben. Der US-Ironclad ›Cincinnati‹ wurde gerammt und sank, während die ›Mound City‹ auf Grund lief. Nach den Erfahrungen dieses Gefechtes verstärkte man die Ironclads nochmals mit Eisenbahnschienen, um gegen alle Fälle gerüstet zu sein.
Die Armee unter General Grant verstärkte in den folgenden Wochen ihren Druck auf Fort Pillow, das am 4./5. 6. 1862 geräumt werden mußte. Die Kriegsschiffe, die seit dem 9. 5. 1862 unter dem Befehl von Captain Charles H. Davis standen, dampften anschließend nach Memphis, wo es am 6. 6. 1862 zu einem Seegefecht kam. Fünf Kanonenboote und zwei Rammschiffe der Union griffen die Confederate River Defense Fleet unter Captain Montgomery an und vernichteten diese endgültig. Daraufhin übergab sich die Stadt Memphis kampflos den US-

Kanonenbooten. Der Weg nach Vicksburg, dem bedeutendsten strategischen Punkt der Konföderierten am Mississippi, war frei geworden.

Eroberung von New Orleans

Der Norden beabsichtigte seit längerem, die wichtige Stadt an der Mündung des Mississippi den Konföderierten wieder zu entreißen, wodurch diese ihren letzten großen Hafen für Blockadebrecher verlieren würden. Nur die US-Marine konnte diese Absicht verwirklichen. Zunächst mußten jedoch die Forts St. Philip und Jackson, die den Zugang nach New Orleans im Mississippidelta beherrschten, niedergekämpft werden. Zu diesem Zweck waren Mörser-Schoner mit 30,5 cm-Mörsern gedacht, die Lieutenant David D. Porter befehligte. Den Gesamtbefehl über die Seestreitkräfte führte Captain David Glasgow Farragut. Dieser arbeitete seit Februar 1862 an den entsprechenden Plänen zum Durchbruch und zur Besetzung von New Orleans. Die Kriegsschiffe der Union versammelten sich vor dem Head of Passes im Mississippidelta.
Porter begann am 18. 4. 1862 mit 20 Mörser-Schonern die fünftägige Beschießung der Forts, die aber ohne nachhaltige Wirkung blieb. Captain Farragut entschloß sich daher, mit seinen 17 Schiffen mit insgesamt 154 Geschützen des Nachts an den Forts vorbeizulaufen und durchzubrechen.

Auf konföderierter Seite traf man die entsprechenden Gegenmaßnahmen. Das Panzerschiff ›Louisiana‹ unter Commander John K. Mitchell ging mit Werftarbeitern an Bord von New Orleans nach den Forts. Außerdem kamen zur Verstärkung noch das Panzerschiff ›Manassas‹, zwei bewaffnete Dampfer sowie vier kleinere Kanonenboote heran.
Am 24. 4. 1862 gab Captain Farragut um 02.00 Uhr das Signal zum Durchbruch. Sechs Kanonenboote (Ironclads) und zwei Sloops führten den Verband an. In dem folgenden Artillerieduell geriet das Flaggschiff, der Kreuzer ›Hartford‹ auf Grund, kam aber wieder frei.
Mehrere Kriegsschiffe der Konföderierten wurden vernichtet. Die ›Manassas‹ ging ebenfalls unter. Um 04.00 Uhr war Farragut der Durchbruch gelungen, und am folgenden Tag erschien dieser vor New Orleans. Die Stadt ergab sich der Union. Am 1. 5. 1862 besetzte die Armee die Stadt. Die Forts Jackson und St. Philip kapitulierten am 28. 4. 1862. Am gleichen Tag flog auch der Ironclad ›Louisiana‹ in die Luft, der von seiner Besatzung aufgegeben worden war.

Einer der US-Mörser-Schoner unter dem Befehl von David D. Porter, die seit dem 18. 4. 1862 Fort Jackson und Fort St. Philip unterhalb von New Orleans unter Beschuß nahmen.

Konteradmiral David Glasgow Farragut (1801–1870), Sieger von New Orleans und Mobile Bay. Im Juli 1862 wurde er zum ersten Admiral der US-Marine befördert, 1864 zum Vizeadmiral und 1866 zum Admiral.

Captain Farragut lief den Mississippi aufwärts, aber es gelang ihm nicht, Vicksburg einzunehmen. Er mußte bald darauf zurückkehren, denn es bestand die Gefahr, daß seine Schiffe bei Niedrigwasser hier liegenbleiben mußten.

Die Konföderierten hatten jetzt im Yazoo-River unter unermeßlichen Schwierigkeiten den Ironclad ›Arkansas‹ mit 10 Geschützen fertiggestellt. Lieutenant Isaac N. Brown stieß mit der ›Arkansas‹ am 15. 7. 1862 auf die US-Ironclads ›Carondelet‹, das Kanonenboot ›Taylor‹ und das Rammschiff ›Queen of the West‹, die in dem folgenden Gefecht schwer beschädigt wurden. Die ›Arkansas‹ erreichte trotz der Schiffe von Farragut, die vor Vicksburg ankerten, überraschenderweise die belagerte Stadt. Alle Versuche der Union, die ›Arkansas‹ auszuschalten, schlugen fehl.

Farragut lief am 24. 7. 1862 nach Baton Rouge am Mississippi zurück. Hier griffen die Konföderierten am 5. 8. 1862 mit Unterstützung der ›Arkansas‹ an. Diese war aufgrund ihrer schlechten Maschinenlage nicht voll einsatzfähig, so daß sie am anderen Tag von einem US-Ironclad zusammengeschossen wurde und der Kommandant, Lieutenant Henry Stevens, das Schiff sprengte. David Glasgow Farragut wurde am 16. 6. 1862 als erster Offizier der US-Marine zum Rear-Admiral (Konteradmiral) befördert.

Die US-Kriegsschiffe auf dem Mississippi, die bisher unter dem Befehl der Armee gestanden hatten, wurden am 30. 9. 1862 zur Mississippi-Squadron zusammengezogen. Sie unterstellte man jetzt der Marine, und ihr Befehlshaber wurde Rear-Admiral David Dixon Porter.

Konteradmiral David Dixon Porter (1813–1891) befehligte die US-Kriegsschiffe auf dem Mississippi und unterstützte Generalmajor U. S. Grant bei der Eroberung von Vicksburg. Im Jahre 1870 wurde er als Nachfolger seines Stiefbruders Farragut zum Admiral der US-Marine befördert.

Triumph des Südens

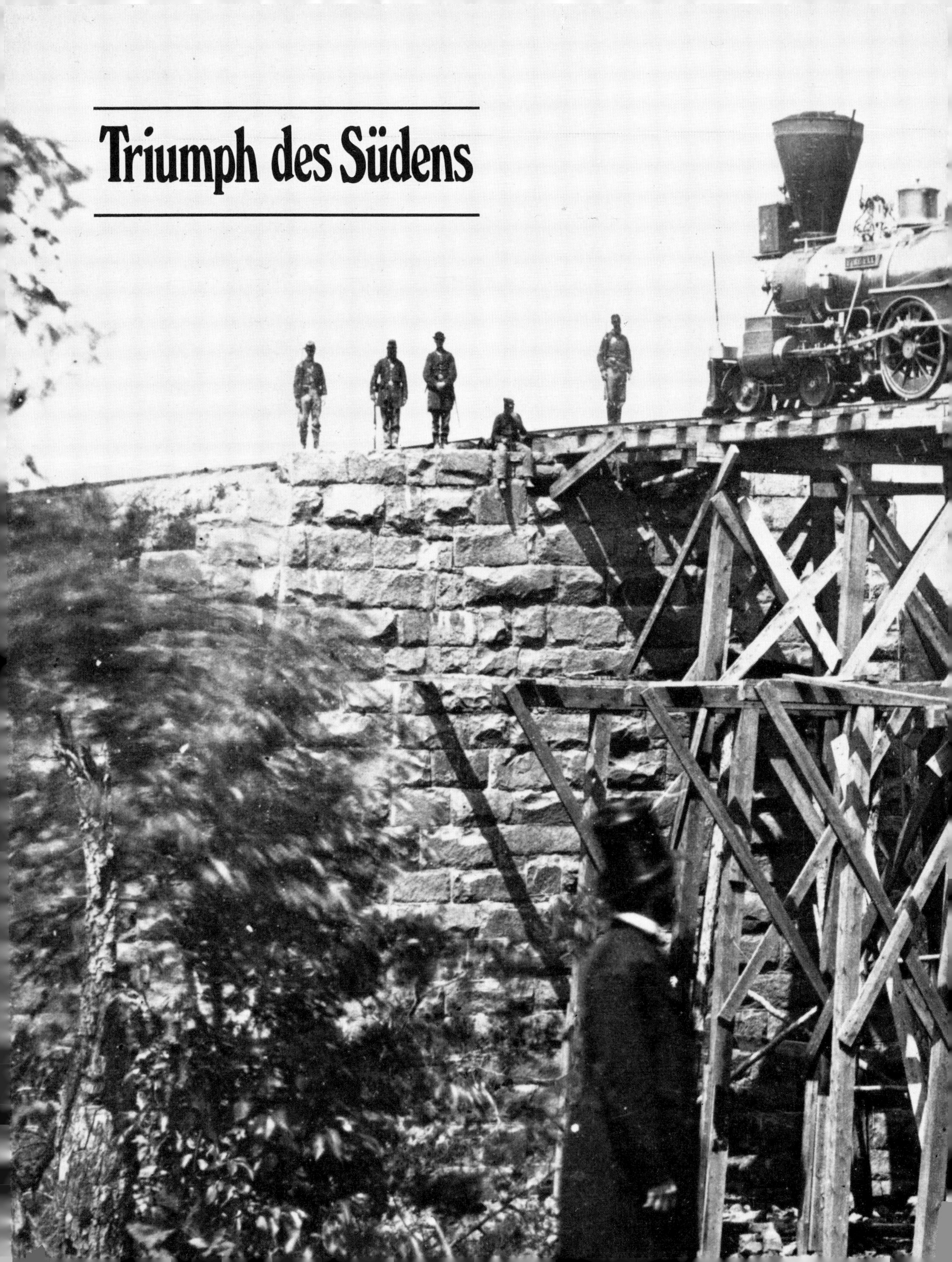

No 1258
U.S.M.R.R.

Siege der Konföderierten

Obwohl die US-Marine nicht nur taktische, sondern auch große strategische Erfolge errang, die sich zwar nicht sofort bemerkbar machten, erreichten die Konföderierten zu dieser Zeit auf dem Land den Höhepunkt ihrer militärischen Siege. Im Sommer 1862 hatte es den Anschein, als ob der Süden durch seine Offensive im Norden der Union dem Sieg nahe wäre. Der Grund hierfür lag einmal in der brillanten Führung der Südstaaten-Truppen, und zum anderen darin, daß die der Unions-Armee mehr oder weniger in unfähigen Händen lag. Lange Zeit hatten die Nordstaaten keinen Oberbefehlshaber. Wohl wußten Präsident Lincoln und sein Kriegsminister Edwin McMasters Stanton, daß man einen tüchtigen General oder Feldherrn für dieses Amt brauchte, aber nicht, wen man dazu ernennen sollte. Schließlich besann man sich auf Generalmajor Harry Wager Halleck, der bisher im Westen erfolgreich gewesen war. Er hatte die Konföderierten aus Kentucky und Missouri vertrieben und den westlichen Teil von Tennessee erobert.

Generalmajor Henry Wager Halleck (1815–1872), auf den Präsident Lincoln anfänglich große Hoffnungen setzte. Halleck besaß keine große Entschlußkraft und keine taktischen und strategischen Fähigkeiten. Er wurde aus dem Westen zurückgerufen und am 11. 7. 1862 zum Oberbefehlshaber ernannt. Er besaß nicht immer eine glückliche Hand, wohl aber gute administrative Fähigkeiten. Am 12. 3. 1864 wurde er zum Generalstabschef ernannt, doch beschränkte sich seine Tätigkeit mehr auf die Verwaltung. Auf diesem Posten blieb er bis zum Kriegsende.

General Halleck (geboren 1815) hatte wie viele andere Offiziere West Point besucht und als Drittbester seines Jahrganges die Schule verlassen. Er beschäftigte sich früh mit der militärischen Wissenschaft und hatte einige Bücher geschrieben. Im Jahre 1854 schied er als Captain aus der Armee aus und studierte anschließend Rechtswissenschaft. Im August 1861 holte ihn Präsident Lincoln aus dem zivilen Leben zurück und ernannte Halleck zum Generalmajor. Er bewährte sich auch anfangs im Westen als fähiger Organisator und Verwalter, doch besaß Halleck nicht die Eigenschaften, die großen Heere des Bürgerkrieges zu befehligen.

Generalmajor Halleck sollte jetzt weiteres Unheil verhindern. McClellan lag noch immer am James und hätte durchaus die Offensive ergreifen können, um doch noch Richmond einzunehmen. In Nord-Virginia stand eine neue Armee der Union (Army of Virginia) mit ungefähr 50 000 Mann, die Brigadegeneral John Pope seit dem 26. 6. 1862 befehligte. Pope hatte sich besonders durch die Eroberung von New Madrid am Mississippi und der Insel Nr. 10 einen Namen gemacht. Seine Armee marschierte nun längs der Orange and Alexandria Railroad von Gordonsville auf Richmond zu. Gleichzeitig hatte er Washington zu decken und den Norden des Shenandoah-Tals zu halten. Auf seiten der Union nahm man an, daß es General Lee nicht möglich sein würde, mit beiden Armeen der Union gleichzeitig fertig zu werden.

General Robert E. Lee besaß aber die Fähigkeit, sein Gegenüber richtig einzuschätzen. Er blieb daher mit der Hauptmacht seiner Armee vor Richmond, denn er wußte, daß McClellan ein Zauderer war, und schickte General »Stonewall« Jackson nach Norden, um Pope anzugreifen.

General Halleck erkannte die Gefahr, daß, wenn beide Unions-Armeen nicht zügig vorgingen, ihnen ihre zahlenmäßige Überlegenheit nicht viel nützte, sondern von den viel energischeren Konföderierten einzeln geschlagen werden würden.

McClellan ließ sich aber nicht bewegen, auf Richmond vorzugehen, denn stets waren seiner Meinung nach die Konföderierten ihm weitaus überlegen, und

Während des glänzenden Umgehungsmanövers vom 25. bis 26. 8. 1862 vor der Schlacht von Manassas oder der Zweiten Schlacht von Bull Run zerstörten Jacksons Truppen einen Teil der Orange & Alexandria Railroad. Pioniere der US-Armee reparierten sofort eine Brücke (Bild S. 52/53), während Truppen neue Gleisanlagen legten.

die gewünschten Verstärkungen schickte ihm Washington nicht.
Am 3. 8. 1862 befahl daher Präsident Lincoln den Rücktransport der Potomac-Armee per Schiff nach Washington. General Lee nutzte die Chance, um Pope anzugreifen. Jackson wollte unter allen Umständen verhindern, daß Pope den Rappahannock überschritt, und stieß am 9. 8. 1862 westlich von Cedar Mountain auf die Vorausabteilungen der Kavallerie der Union. Das Gefecht entwickelte sich zur Schlacht, und es schien, als ob die Union diese gewinnen würde. Aber gegen Abend trieben die Konföderierten die Unions-Truppen nach Culpeper zurück. Jetzt rückte Pope gegen Jackson vor, der erkennen mußte, daß daraufhin keine Chance mehr bestand, die Virginia-Armee vereinzelt zu schlagen.
Popes Armee bedeutete für die Konföderierten eine größere Gefahr, als man angenommen hatte, zumal diese von McClellan Verstärkungen erhalten sollte. Diese Vereinigung wollte General Lee auf jeden Fall verhindern. Er ließ daher nur 20 000 Mann vor Richmond zurück und marschierte mit seiner Armee nach Gordonsville, wo er am 15. 8. 1862 eintraf. Zusammen mit Jackson verfügte er über ungefähr 55 000 Mann.

Zweite Schlacht von Bull Run oder von Manassas

General Robert E. Lee wird für seine folgende Handlungsweise oft kritisiert, denn er teilte seine Truppenmacht in zwei Korps auf, was man angesichts des Gegners nach den militärischen Lehrbüchern nicht machen durfte. CS-Brigadegeneral James Longstreet erhielt Corps I oder den rechten Flügel, und »Stonewall« Jackson Corps II oder den lin-

Am 22. 8. 1862 fand längs des Antietam Creek eine der blutigsten Schlachten des Bürgerkriegs statt. Über diese Brücke rückte Generalmajor Ambrose E. Burnside gegen die südliche (rechte) Flanke der Konföderierten vor, wurde aber von der in diesem Augenblick eintreffenden Leichten Division unter Generalmajor Ambrose P. Hill zurückgeschlagen.

ken Flügel. General Pope hatte sich am 19. 8. 1862 über den Rappahannock zurückgezogen, um nicht im Osten von den Konföderierten umfaßt zu werden. Doch mußte Lee, nachdem er am 24. 8. 1862 von den anrückenden Verstärkungen (zwei Korps von McClellan) Kenntnis erhalten hatte, schnell handeln, um doch noch Pope in die Flucht zu schlagen. Deshalb sollte Longstreet die Unions-Truppen am Rappahannock fesseln, während »Stonewall« Jackson nach Norden marschierte, um die Eisenbahnverbindungen hinter den Linien der Union abzuschneiden. Lee und Longstreet folgten im Abstand von einem Tag, um Pope vollständig zu überraschen und dessen Depot bei Manassas zu bedrohen.

Jackson marschierte am 25. 8. 1862 nach Norden, und am Abend des folgenden Tages besetzten die Konföderierten bereits das Versorgungsdepot bei Manassas. Am 27. 8. 1862 plünderte man die Eisenbahnzüge mit Verpflegung usw. Dann ließ Jackson alles andere verbrennen und zog sich von Manassas zurück. Pope wollte sich die günstige Gelegenheit nicht entgehen lassen, um mit seiner gesamten Armee die hinter seinem Rücken operierenden wenigen konföderierten Streitkräfte aufzureiben.

Am 29. 8. 1862 griffen die Truppen der Union westlich des alten Schlachtfeldes von Bull Run die Konföderierten an, die sich hinter einer unfertigen Eisenbahnlinie verschanzt hatten. Die Südstaatler wurden hart bedrängt, doch sie wichen nicht, denn sie wußten, daß Longstreet von Westen vorrückte und Jackson verstärkte. General Pope verkannte aber vollkommen die Gefahr, daß seine linke Flanke aufs äußerste gefährdet war – hinzu kamen noch Mißhelligkeiten mit Brigadegeneral Fitz John Porter –, und als die Nordstaatler am 30. 8. 1862 erneut Jackson angriffen, faßte sie Longstreet in die Flanke, so daß die Unions-Truppen zurückgehen mußten. Die Soldaten überquerten den Bull Run in verhältnismäßig guter Ordnung, nicht in Panik, wie nach der ersten Schlacht von Bull Run. Bei Chantilly stießen die weiter vorrückenden Konföderierten auf

die Verstärkungen von McClellan und wurden zum Stehen gebracht. General Lee rückte nicht weiter auf Washington vor, obwohl er nur 9197 Mann gegenüber 16 054 der Union verloren hatte.
Lees Erfolge waren in diesem Sommer erstaunlich. Erst vor drei Monaten, im Juni 1862, hatte er den Befehl über die Army of Northern Virginia übernommen. Ihm war es in dieser verhältnismäßig kurzen Zeit gelungen, den Krieg von der Hauptstadt der Konföderation bis vor die Tore von Washington zu führen. Die Union zog sich nach der verlorenen Schlacht von Manassas oder der zweiten Schlacht von Bull Run auf die Befestigungen um Washington zurück, und Virginia mußte den Konföderierten überlassen werden.
Washington blieb ruhig und ließ sich trotz der Niederlage nicht erschüttern. Man traf sofort die erforderlichen Gegenmaßnahmen. Im Frühjahr 1862 hatte die Union aufgrund eines vorherrschenden Optimismus bereits die Rekrutierungsbüros geschlossen, die man aber jetzt wieder öffnete. Die Virginia-Armee wurde aufgelöst und McClellan unterstellt, der nochmals das Kommando über diese erhielt. General Pope enthob man seines Postens und schickte ihn in den Westen. Erneut glaubte man, daß McClellan der Mann der Stunde sei, obwohl viele an seinen Fähigkeiten zweifelten. Aber die Soldaten hatten großes Vertrauen zu diesem General wie zu keinem anderen während des Bürgerkrieges.

Schlacht bei Antietam

McClellan reorganisierte die Potomac-Armee und marschierte Anfang September 1862 mit 97 000 Mann (sechs Korps und eine Kavallerie-Division sowie 300 Geschütze) von Washington nach Nordwesten, um General Robert E. Lee zu finden und aufzuhalten, der in der Zeit vom 4. bis 7. 9. 1862 den Potomac in Richtung auf Maryland überschritten hatte. Am 7. 9. 1862 stand letzterer mit seiner Armee von ca. 55 000 Mann und 284 Geschützen bei Frederick, Maryland, etwa 65 km nordwestlich von Washington. Seine neun Divisionen, in zwei Korps

Soldaten der Kompanie C., 41. New Yorker-Infanterie, nach der Schlacht von Manassas am 29. 8. 1862.

Auf dem rechten Flügel der Union tobte während der Schlacht bei Antietam ein heftiger Kampf im Kornfeld. Hier auf dem Bild gefallene Konföderierte.

unter Longstreet und »Stonewall« Jackson unterteilt, waren schlecht ausgerüstet. Die Uniformen der Soldaten waren zerschlissen, die Bewaffnung mangelhaft. Mit Nachschub konnte man kaum rechnen. Die konföderierten Soldaten mußten sich vom Land ernähren. Aber ihr Kampfgeist war ungebrochen; sie fühlten sich den Yankees weitaus überlegen.
Dagegen waren die Soldaten der Union mit allem reichlich versorgt. Sie operierten in Nähe ihrer Stützpunkte und schauten zu General McClellan empor. Warum aber entschloß man sich unter diesen für Robert E. Lee und die konföderierte Armee so ungünstigen Umständen, in den Norden der Union einzufallen? Einmal lag die Ursache hierfür in der genialen Führung unter diesem großen General und der hohen Moral seiner Truppen. Zum anderen mußten die Konföderierten die Union irgendwie und irgendwo angreifen, um die Macht derselben in Schach zu halten. Es konnte nur eine Frage der Zeit sein, bis die Union alle ihre unermeßlichen Reserven mobilisiert hatte und dann den Süden überrannte. General Robert E. Lee hoffte, durch die Invasion der konföderierten Armee in die reichen landwirt-

›Bloody Lane‹ bei Antietam. Unter schweren Verlusten warfen die Unions-Truppen die Konföderierten aus dieser Verteidigungsstellung. In der »sunken road« lagen die gefallenen Konföderierten zu Hunderten.

schaftlichen Gebiete des Nordens unter der Bevölkerung viele Sympathien zu finden und den Kriegseifer der Union zu dämpfen. Auch wollten die Südstaaten durch einen Sieg über den Norden international anerkannt werden. Sollten sich Lees Pläne verwirklichen lassen, dann würde er die Baltimore & Ohio Railroad und schließlich die Pennsylvania Railroad unterbrechen und die Union vom Westen und vom Osten abschneiden. Die wichtigsten Städte, wie Baltimore, Philadelphia und auch Washington, würden den Konföderierten in die Hände fallen müssen.

Zunächst plante General Lee, Harper's Ferry, das von 12 000 Soldaten besetzt war, einzunehmen, um seine Verbindung mit Virginia besser decken zu können. Lee teilte die Armee und erließ am 9. 2. 1862 die Special Orders Nr. 191, wonach »Stonewall« Jackson über den Potomac zurück in weitem Bogen ausholen sollte, um die Baltimore & Ohio Eisenbahnlinie zu zerstören und um anschließend auf Harper's Ferry zu stoßen. Weitere Divisionen hatten Harper's Ferry von Norden und Süden einzuschließen. Doch das Blatt wendete sich.

Dieser Befehl fiel den Nordstaatlern in die Hände, und McClellan las ihn bereits am Morgen des 13. 9. 1862. Jetzt hing alles von ihm ab, ob er sich schnell in Marsch setzte, um die auseinandergezogenen Konföderierten unvermutet entscheidend zu schlagen. Zwischen seiner Armee und den Konföderierten lagen die South Mountains, und McClellan brauchte nur durch die beiden Pässe durchzubrechen, um General Lees Armee zu spalten und getrennt aufzureiben. Aber der ewige Zauderer McClellan befahl den Vormarsch erst für den folgenden Tag. Das Überraschungsmoment und die Siegeschancen waren damit für die Union verspielt. In schweren Kämpfen durchbrachen die Unions-Truppen die Verteidigungsstellungen der Konföderierten, die sich am 15. 9. 1862 in der Nähe von Sharpsburg am Antietam Creek wieder sammelten. An diesem Tag hatte Harper's Ferry vor »Stonewall« Jackson kapituliert, der jetzt auf Sharpsburg vorrückte. Aber noch immer bestand Aussicht, Lee zu schlagen, denn dieser verfügte in den entscheidenden Stunden

Ein Arzt versorgt verwundete Konföderierte nach der Schlacht von Antietam.

kaum über 20 000 Mann. McClellan glaubte allerdings wieder einmal, daß ihm der Gegner überlegen sei, und baute am 16. 9. 1862 seine Kräfte viel zu umständlich auf.
Am Morgen des 17. 9. 1862 griffen die Unions-Truppen an, aber sie konnten trotz großer Tapferkeit die Front der Konföderierten nicht durchbrechen. Es schien, als ob am linken Flügel der Union der Sieg davongetragen würde, aber im letzten Augenblick erhielten die Südstaatler Verstärkungen von Harper's Ferry. Die Unions-Truppen fielen zurück. Am Abend war die blutige Schlacht unentschieden beendet. Etwa 12 400 Soldaten der Union und 13 700 der Konföderierten waren gefallen oder verwundet.
Taktisch lag der Sieg auf seiten der Konföderierten, die bis zum folgenden Tag ihre Stellungen hielten. McClellan wagte keinen weiteren Angriff mehr. Aber strategisch gesehen hatte die Union einen Sieg errungen. Lees Invasion des Nordens der Union war fehlgeschlagen. In der Nacht des 18. 9. 1862 zog dieser seine angeschlagene Armee nach Virginia zurück. Die Union hatte ihre Initiative wiedergewonnen, sie ergriff trotz weiterer Rückschläge die Offensive, die sie bis zum Ende des Krieges nicht mehr aufgab.
Der diplomatische Feldzug der Konföderierten scheiterte ebenfalls durch den unentschiedenen Ausgang der Schlacht von Antietam.
Fünf Tage später – am 22. 9. 1862 – legte Präsident Lincoln dem Kabinett die Emanzipations-Erklärung vor, die anderntags veröffentlicht wurde. Danach waren ab 1. 1. 1863 die Sklaven in den abgefallenen Bundesstaaten für immer frei. Der Bürgerkrieg wurde nun zu einem Kreuzzug, denn allen war klar, daß es nach einem Sieg der Union keine Sklaverei mehr geben würde.
Obwohl die britische Regierung nicht davon überzeugt war, daß die Union jemals die Konföderation in die Knie zwingen würde, hielt man jetzt eine Intervention zugunsten des Südens für nicht zweckmäßig. Am 11. 11. 1862 wies England auch einen Vorschlag Napoleons III. zurück, daß sich England, Rußland und Frankreich um einen Waffenstillstand bemühen und die Aufhebung der Blockade für sechs Monate erreichen sollten.

Höhepunkt und Ende der konföderierten Erfolge im Westen

Diese Ereignisse wurden nicht durch die Kämpfe im Westen beeinflußt, wo sich schließlich die Union durchsetzte. Hier sah es im Sommer 1862 für den Norden zunächst bedrohlich aus.
Verschuldet wurde diese Lage durch General Halleck, der am 11. 4. 1862 den Befehl über die Tennessee- und Ohio-Armee übernommen hatte. General Grant wurde von ihm beiseite geschoben und hatte als sein Stellvertreter kaum etwas zu tun. Halleck traf alle Vorbereitungen, um den wichtigen Eisenbahnknotenpunkt Corinth zu erobern. Die Union verfügte über ungefähr 100 000 Mann gegenüber 35 000 unter General Beauregard, der in der Nähe von Corinth lag. Mit dieser Übermacht hätte Halleck die Konföderierten überall im Westen schlagen und vertreiben können. Die Unions-Armee kroch aber mehr als daß sie vorrückte. Beauregard konnte sich deshalb in aller Ruhe zurückziehen und am 30. 5. 1862 Corinth aufgeben, wo die Union am folgenden Tag einrückte. Noch immer bestand jetzt die Chance, durch zügiges Vorrücken auf Vicksburg den gesamten nördlichen Mississippi in die Hände der Union zu bekommen. Einen solchen Vormarsch hätte nur General Lee aufhalten können, indem er von der Army of Northern Virginia beträchtliche Truppenkontingente abgezogen hätte.
General Halleck beging aber den unverzeihlichen Fehler, die Offensive nicht fortzusetzen, sondern vielmehr seine kampfkräftige Armee in zwei Abteilungen aufzuteilen. General Don Carlos Buell und die Ohio-Armee sollten nach Osten vorrücken und Chattanooga in Tennessee erobern, während General Grant Memphis und West-Tennessee zu halten hatte. Auf dem Marsch nach Chattanooga verbrachte General Buell jedoch viel Zeit mit der Wiederherstellung der Eisenbahnlinien und der Verteidigung derselben. Infolgedessen erreichte er Chattanooga nicht. Außerdem wurden weitere Truppen für andere weniger wichtige Operationen abgezogen.
Inzwischen wechselten auf beiden Seiten die Befehlshaber. Am 11. 7. 1862 übernahm Halleck in Washington den Posten des Oberbefehlshabers, damit war Grant Befehlshaber der Tennessee-Armee. Buell und Grant wurden aber voneinander unabhängig, so daß das Durcheinander noch größer wurde. General Beauregard war krank und kam auch nicht mit Präsident Jefferson Davis aus, so daß ihn Generalmajor Braxton Bragg ablöste.
Bragg verfügte über 30 000 Mann in Chattanooga, während Generalmajor Edmund Kirby Smith mit 20 000 Mann in Knoxville lag. Die Konföderierten ergriffen jetzt die Initiative, und am 15. 8. 1862 verließ Smith Knoxville und Bragg am anderen Tag

Chattanooga, um nach Norden vorzustoßen. Sie wollten West-Tennessee wieder in die Gewalt der Konföderation bringen und Kentucky erobern. Buell ließ sich von den Konföderierten ausmanövrieren, er unterbrach den Wiederaufbau der Eisenbahnlinie und folgte Bragg. Kirby Smith besetzte am 2. 9. 1862 Lexington weit im Norden; Grant gab an Buell vier Divisionen ab, um die Situation zu retten. Am 16. 9. 1862 eroberte Bragg Mondfordville, während Buell in Nashville aus unerklärlichen Gründen eine Woche stehenblieb.

Im Westen wie im Osten sah es für die Union schlecht aus. In beiden Gebieten besaß diese die zahlenmäßige Überlegenheit, aber man hatte sich die Initiative entreißen lassen. Die Generale der Union waren bisher nicht in der Lage gewesen, den Vorteil einer Offensive auszunutzen. Der Norden war mehr darauf bedacht, Gebiete zu halten, als den Gegner zu schlagen.

Buell sollte wegen seiner Unfähigkeit abgesetzt werden, erhielt aber einen Aufschub, da man im Augenblick keinen anderen und besseren General fand. Buell konzentrierte nun seine Kräfte und rückte am 3. 10. 1862 mit 60 000 Mann auf Perryville vor. Bragg hatte inzwischen seine Kräfte zersplittert. Seine Soldaten versuchten, in Kentucky Rekruten für die konföderierte Armee anzuwerben. Aber vergeblich, nur wenige meldeten sich, und auch die Bevölkerung zeigte keine großen Sympathien für den Süden.

Am 8. 10. 1862 kam es dann zur Schlacht bei Perryville/Kentucky. Obwohl die Konföderierten nur über 16 000 Mann verfügten, konnten die Unions-Truppen diese nicht vernichtend schlagen. Beide Seiten erlitten erhebliche Verluste: die Union verlor 4211 Tote und Verwundete und die Konföderierten 3396 Mann.

Bragg hatte seine Armee wieder zusammengezogen (60 000 Mann), und obwohl der Vorteil noch immer auf seiner Seite lag – die konföderierten Soldaten waren erfahrene Veteranen und siegessicher –, brach dieser am 11. 10. 1862 plötzlich den Feldzug ab und ging nach Tennessee zurück.

General Buell verfolgte die Konföderierten so zögernd, daß er am 23. 10. 1862 durch Generalmajor William S. Rosecrans abgelöst wurde.

Eisenbahnbatterie der Union vor Petersburg.

U. S. ›Red Rover‹, das erste Lazarettschiff der US-Marine.

General Grant hatte in der Zwischenzeit seine Stellungen mit 45 000 Mann bei Memphis und Corinth gehalten. Die Südstaatler verstärkten hier ihre Truppen, die Grant am 19. 9. 1862 angriff, worauf sich erstere zurückzogen. Bei Corinth kam es nochmals am 3. 10. 1862 zu einem Gefecht, in dem die vollkommene Vernichtung der Konföderierten aber nicht gelang. Memphis und Corinth blieben von jetzt an fest in Händen der Union. Grant hatte wieder einmal gezeigt, daß im Westen ein General stand, der gewillt war, die Konföderierten unter jeder Bedingung zu schlagen. Dies nahm man in Washington aufmerksam zur Kenntnis.
General Robert E. Lee war nach der Schlacht von Antietam aus Maryland zurückgegangen und General Bragg aus Kentucky. Trotz aller Rückschläge hatte sich daher seit Mitte Oktober 1862 die Lage für die Union wiederum stabilisiert. Die Offensive der Konföderierten war zurückgeschlagen worden. Die drohende Gefahr einer Niederlage war vorüber. Der Süden war seitdem nie mehr in der Lage, eine koordinierte Offensive zu ergreifen. Der endgültige Vormarsch der Union nahm seinen Anfang.

Diplomatie während des Bürgerkrieges

Sowohl für den Süden als auch für den Norden waren ihre jeweiligen Beziehungen zu den beiden großen europäischen Monarchien England und Frankreich von Bedeutung. Schon kurz nach Ausbruch der Feindseligkeiten zeigte es sich, daß die Bevölkerung in beiden Ländern je nach ihrer Standeszugehörigkeit zum Süden oder Norden neigte. Arbeiter, Handwerker und Bauern glaubten an einen Sieg der Union und an die Demokratie, während die besitzenden und herrschenden Schichten ihre Sympathie offen für die Konföderation bekundeten. In ihren Augen war der Süden eine »Aristokratie«, dabei übersahen sie aber, daß auch hier die Basis durchaus demokratisch war.
Die europäische Aristokratie hätte es gerne gesehen, wenn die Demokratie in Amerika zusammengebrochen wäre: ein Beweis mehr, in den Augen der Aristokraten, über das Unvermögen der Demokratien.
Die Kaufleute in Europa waren über die hohen Schutzzölle der Union verärgert, die es in der Konföderation nicht gab. Die Schiffahrtskreise hofften auf die Ausschaltung oder Vernichtung der US-Handelsmarine, um ihrerseits den Handel über See an sich zu reißen. Obwohl die Sklaverei in der zweiten Hälfte des 19. Jahrhunderts ein Anachronismus war, brauchte sich Großbritannien hierüber zunächst keine moralischen Sorgen zu machen. Die Regierung in Washington erklärte stets, daß es in diesem Krieg um die Erhaltung der Union ging und nicht um die Lösung des Sklavenproblems. Wenn ein Abgesandter der Konföderation die europäischen Staaten um Hilfe bat, dann konnte er gerade auf diesen bedeutenden Punkt hinweisen. Die europäische Politik hatte also freie Hand in ihren Entscheidungen.
Besonders für die Union drohte daher während des ersten Kriegsjahres eine Intervention von England oder Frankreich. Schon vor der Beschießung von Fort Sumter hatte Präsident Jefferson Davis drei

Abgeordnete nach Europa entsandt, um die Anerkennung der Konföderation zu erreichen. Aber deren Mission hatte keinen Erfolg.
Kritisch wurden die Beziehungen der Union während der sogenannten Trent-Affaire. Der Kreuzer ›San Jacinto‹ unter Captain Charles Wilkes befand sich auf dem Weg von Afrika nach den USA, als er in St. Thomas auf den Virgin-Inseln im Oktober 1861 Kohlen übernahm, um vor seiner endgültigen Rückkehr erst den CS-Kreuzer ›Sumter‹ aufzuspüren. In Cienfuegos/Cuba erfuhr Wilkes, daß zwei konföderierte Abgesandte, James M. Mason und John Slidell nach England bzw. Frankreich gehen wollten und sich in Havanna für ihre Reise über den Atlantik auf dem britischen Postdampfer ›Trent‹ einschiffen würden. Dieser lief am 7. 11. 1861 aus, und da Wilkes wußte, daß die ›Trent‹ den Old Bahama Channel passieren mußte, legte er sich hier mit der ›San Jacinto‹ auf die Lauer. Nach Auffassung des Kommandanten des Kreuzers hatte eine kriegführende Nation das Recht, ein neutrales Schiff anzuhalten und zu durchsuchen, falls vermutet wurde, daß sich an Bord desselben feindliche Mitteilungen befänden. Wilkes gab dem internationalen Recht eine neue Auslegung, indem er davon ausging, daß die Abgesandten konföderierte Mitteilungen wären. Als die ›Trent‹ am 8. 11. 1861 in Sicht kam, feuerte das US-Kriegsschiff dem Briten zwei Schüsse vor den Bug und forderte ihn zum Stoppen auf. Ein Boot wurde herübergeschickt, und Mason und Slidell unter Protest des Kapitäns der ›Trent‹ von Bord geholt. Wilkes brachte seine Gefangenen nach Hampton Roads, wo die ›San Jacinto‹ am 15. 11. 1861 eintraf. Von hier überführte man die konföderierten Abgesandten nach Fort Warren bei Boston. Im Norden war der Jubel über die Festnahme von Slidell und Mason groß. Als schließlich am 27. 11. 1861 die Nachricht über den Vorfall England erreichte, beabsichtigte der englische Außenminister Lord John Russell eine solche scharfe Protestnote nach Washington zu senden, daß sie für die Union unannehmbar gewesen wäre. Prinz Albert und Königin Victoria wollten aber keinen Krieg mit der Union heraufbeschwören, so daß die Note in einem milderen Ton abgefaßt wurde. Am 21. 12. 1861 wurde diese dem US-Außenminister William Harry Seward überreicht. Dieser, 1801 in Florida geboren und Rechtsanwalt, war ein kompromißloser Sklavengegner. England haßte er und hätte gerne vor Ausbruch der Feindseligkeiten zwischen dem Norden und Süden mit Europa einen Krieg vom Zaun gebrochen, um dadurch die Union zu erhalten. Washington mußte aber nachgeben, und die Antwortnote der US-Regierung wurde von London sofort als zufriedenstellend angenommen. Mason und Slidell wurden am 1. 1. 1862 wieder auf freien Fuß gesetzt und konnten nach England bzw. Frankreich gehen.
Obwohl die anglo-amerikanischen Beziehungen in diesen Wochen gespannt waren, dachte England trotz Entsendung von Truppen nach Kanada nicht an einen Krieg mit der Union. Man hielt im allgemeinen trotz der Sympathien der Regierung für den Süden strikte Neutralität während des Bürgerkrieges. Die Konföderation wurde in ihren Hoffnungen enttäuscht, denn die Baumwolle war nicht »König« und bestimmte keinesfalls die Außenpolitik Großbritanniens. In Europa gab es zu dieser Zeit vielmehr schlechte Getreideernten, dagegen in den USA außergewöhnlich gute. Infolgedessen stiegen die Weizenimporte Englands genauso sprunghaft an wie die von Fleisch. Nicht die Baumwolle, sondern Getreide und Fleisch waren die Könige, und diese konnte nur die Union nach Europa exportieren. Wichtig für ein gutes Verhältnis waren vor allen Dingen die Botschafter in London und Washington. Besonders dem US-Botschafter in London, Charles Francis Adams, Sohn des Präsidenten John Quincy Adams, der seit Mai 1861 sein Amt wahrnahm, war es zu verdanken, daß die Beziehungen zwischen beiden Staaten normal blieben. Durch sein Verständnis der englischen Mentalität und durch sein kluges diplomatisches Auftreten gelang es ihm, zu verhindern, daß die Konföderation nicht anerkannt wurde. Aber auch Lord Lyons, englischer Botschafter in Washington, versuchte die Lage nicht unnötig zu verschärfen.
Im Sommer 1861 hatte es den Anschein, als ob sich durch die militärischen Erfolge der Konföderierten auch deren politische Lage verbessern würde. Großbritannien schien jetzt vermitteln zu wollen. Im September 1862 planten Premierminister Lord Palmerston und Lord Russell eine Kabinettssitzung, um eine Vermittlung vorzuschlagen. Dahinter steckte die Absicht, daß, sollte die Union diese ablehnen, man die Konföderierten anerkennen würde. Bei diesen Überlegungen darf aber nicht vergessen werden, daß hierin keine Feindschaft gegenüber der Union zum Ausdruck kam. Doch wollte man vorsichtshalber die weiteren Erfolge von General Lee abwarten. Tatsachen sollten akzeptiert werden. Gewannen augenscheinlich die Konföderierten, dann mußte man sie als einen neuen Staat auf dem nordamerikanischen Kontinent anerkennen, und der Krieg sollte durch eine Vermittlungsaktion beendet werden. Obwohl diese Haltung im Prinzip für den Süden zu

Kaiser Napoleon III. (1798–1873) versuchte im Jahre 1863 vergeblich, zwischen den beiden kriegführenden Parteien zu vermitteln.

große Sympathien zeigte, verhielt sich London weiterhin neutral.
General Lee mußte sich nach der Schlacht von Antietam aus Maryland zurückziehen, und Lord Palmerston und Lord Russell ließen ihren Plan fallen. Der Süden hatte bis zum Ende des Krieges mit Schwierigkeiten zu kämpfen, die in England in Auftrag gegebenen Schiffe, die nach der Ablieferung auf hoher See zu Kriegsschiffen ausgerüstet wurden, aus England herauszubringen. Entscheidend für die Nicht-Anerkennung der Konföderation war die Schlacht bei Antietam. Der Vormarsch des Südens war gestoppt, und auch die Anfangserfolge der Südstaatler im Westen wurden wieder zunichte gemacht.
Aber noch bedeutungsvoller war die darauffolgende Emanzipations-Erklärung von Präsident Abraham Lincoln am 22. 9. 1862. Jetzt war England ein wichtiger Vorwand genommen, sich in den Bürgerkrieg einzumischen. Ab 1. 1. 1863 waren alle Sklaven in den abgefallenen Staaten der USA freie Menschen. In dieser Proklamation heißt es u. a.: »Daß am ersten Tage des Januar ... 1863 alle in Sklaverei gehaltenen Personen in einem Einzelstaat oder in einem besonders bezeichneten Teile eines Einzelstaates, dessen Bevölkerung zu diesem Zeitpunkt in Aufruhr gegen die Vereinigten Staaten steht, und daß die Vollzugsorgane der Vereinigten Staaten mit Einschluß der Militär- und Marinebehörden die Freiheit solcher Personen anerkennen und gewährleisten und nichts tun werden, um solche Personen einzeln oder gemeinsam bei ihren Bemühungen zur Erlangung ihrer vollen Freiheit zu behindern.
Daß der Präsident ... durch Proklamation gegebenenfalls diejenigen Einzelstaaten und Teile von Einzelstaaten bezeichnen wird, deren Bevölkerung zu jenem Zeitpunkt in Aufruhr gegen die Vereinigten Staaten steht.«
Das Kriegsziel der Union war nun genauer umrissen. Man kämpfte sowohl für die Erhaltung der Union als auch für die Freiheit des Menschen. Europa konnte nicht mehr daran denken, sich für die Südstaaten einzusetzen und somit gleichzeitig für die Erhaltung der Sklaverei. Die Konföderation hatte mit diesem geschickten Schachzug von Lincoln den Krieg diplomatisch verloren; es galt, ihn nur noch militärisch zu beenden.
Außer Großbritannien versuchte auch Napoleon III. im Jahre 1863 zusammen mit Rußland und England einen sechsmonatigen Waffenstillstand zwischen den kriegführenden Parteien herbeizuführen. Aber in London und St. Petersburg hielt man sich heraus. Schließlich schlug der französische Botschafter in Washington vor, daß sich der Norden und der Süden an einen Tisch setzen und prüfen sollten, ob der Krieg nicht beendet werden könnte. Der Kongreß antwortete recht scharf, daß man in Zukunft derartige Vorschläge als unfreundlichen Akt ansehen würde. Napoleon III. war zu dieser Zeit an Mexiko interessiert und überredete Erzherzog Maximilian von Österreich, Bruder Kaiser Franz Josephs I., gestützt auf die Anwesenheit eines französischen Expeditionskorps im Jahre 1864 die mexikanische Kaiserkrone anzunehmen. Auf Druck der Union räumten die Franzosen Mexico wieder, so daß Washington auch hier einen diplomatischen Sieg errungen hatte.
Der Union freundlich gesinnt war erstaunlicherweise Rußland. Als zwischen Rußland einerseits und England und Frankreich andererseits im Jahre 1863 Spannungen auftraten, verlegte die russische Flotte nach New York und San Francisco, wo sie über den Winter 1863/64 blieb, um bei einem eventuellen Kriegsausbruch den Handel Englands und Frankreichs angreifen zu können. Für die Union war alles in allem ein Erfolg, daß sich Europa in den Konflikt auf nordamerikanischem Boden nicht einmischte. Der Norden und der Süden blieben sich selbst überlassen, um den Kampf für eine der beiden Seiten zu einem siegreichen Ende zu bringen.

Generalmajor Ambrose Everett Burnside (1824–1881) übernahm am 9. 11. 1862 von McClellan den Befehl über die Potomac-Armee. Er war kein großer Heerführer und verlor am 13. 12. 1862 die Schlacht von Fredericksburg, die schlimmste Niederlage der Union. Selten hatte ein General eine Schlacht so schlecht vorbereitet und geführt. Am 25. 1. 1863 wurde Burnside seines Postens enthoben.

Der Erfolg der Diplomatie der Union hatte auch seine Ursache darin, daß die USA bereits ein international anerkannter Staat waren und es damit leichter hatten, auf die Wahrung ihrer Rechte zu bestehen.

Noch keine Entscheidung

Das Hauptproblem der Union bestand nach dem Scheitern der konföderierten Offensiven im Sommer und Herbst 1862 darin, die ständig wachsende wirtschaftliche und militärische Kraft so zum Tragen zu bringen, daß man die Konföderierten erdrückte. Um dieses Ziel zu erreichen, mußte man aber ungeheure Schwierigkeiten überwinden. Drei große Armeen standen dem Norden zur Verfügung:
1. Die Potomac-Armee in Virginia
2. Die Cumberland-Armee im mittleren Tennessee und
3. Die Tennessee-Armee am Mississippi.

Generalmajor McClellan wurde am 7. 11. 1862 als Befehlshaber der Potomac-Armee abgesetzt. Nach der Schlacht von Antietam war er mehr als ein Monat nördlich des Potomac geblieben, und erst am 26. 10. 1862 marschierte er wieder in Virginia ein, nachdem ihn Präsident Lincoln wieder und wieder dazu drängen mußte.
Sein Nachfolger wurde Generalmajor Ambrose E. Burnside. Dieser stammte aus Indiana (geboren 1824) und hatte 1847 West Point absolviert. Schon 1853 schied Burnside wieder aus der Armee aus und betätigte sich als Gewehrfabrikant und Eisenbahnangestellter. Bei Ausbruch des Bürgerkrieges stellte er sich sofort der Union zur Verfügung und eroberte als Brigadegeneral im Jahre 1862 die strategisch wichtige Insel Roanoke. Die Union hatte mit seiner Ernennung erneut keine glückliche Wahl getroffen. Burnside zweifelte selbst an seinen Fähigkeiten, eine große Armee führen zu können; er hatte sich auch nicht um diesen bedeutenden Posten bemüht. Er

Während der Schlacht von Fredericksburg am 13. 12. 1862 stürmten die Truppen der Union gegen die Marye's Heights an, an deren Fuß sich längs einer Straße der »stone wall« befand. Dahinter lagen gut verschanzt die Konföderierten, die immer wieder die Frontalangriffe der Union abschlugen.

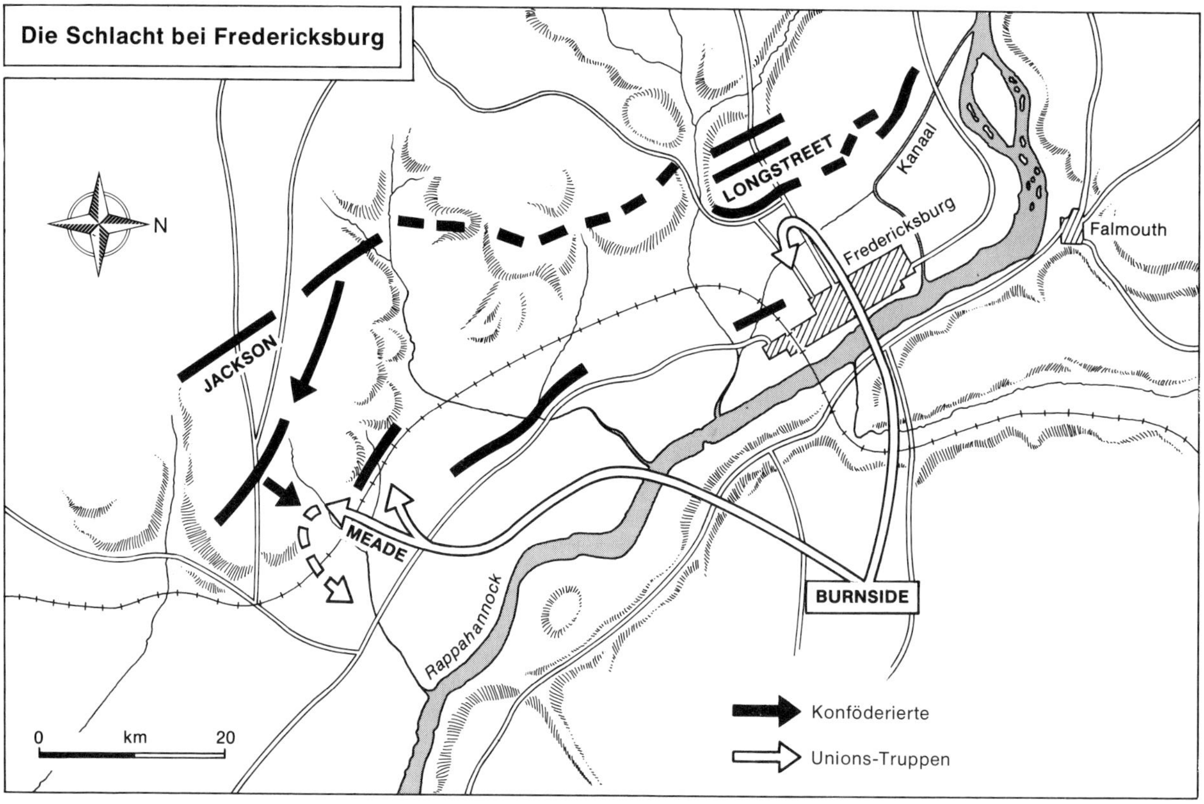

wollte jedoch sein Bestes tun. Burnside wußte, daß von ihm verlangt wurde, Siege zu erringen, und zwar so schnell wie möglich.

Bei seiner Planung für zukünftige Operationen entging es Burnside, daß sich die Potomac-Armee in einer günstigen Lage befand, um zur Offensive überzugehen. Diese stand zwischen den beiden Hälften der konföderierten Army of Northern Virginia. Letztere lag bei Winchester und hatte sich nach der Schlacht von Antietam schnell erholt. Schon nach kurzer Zeit verfügte General Lee erneut über 80 000 Mann und 300 Geschütze. Die Moral der konföderierten Soldaten war wie immer sehr hoch, denn bisher hatten sie die Union stets aufgehalten. General Burnside beging den Fehler, statt die getrennt stehenden Korps der Konföderierten einzeln zu schlagen, sich wieder nach Richmond in Marsch zu setzen. Es war viel wichtiger, den Gegner zu vernichten, als sich geographische Ziele auszusuchen und Gebiete zu erobern. Von Warrington in Virginia wollte Burnside nach Osten bei Fredericksburg den Rappahannock überqueren und zwischen dieser Stadt und Richmond General Lee zur Schlacht stellen.

Die Truppen der Union – 120 000 Mann und 374 Geschütze – erreichten am 17. 11. 1862 den Rappahannock gegenüber von Fredericksburg. Doch überquerte die Armee nicht sofort den Fluß, sondern wartete ruhig auf die Ankunft der Pontonbrücken, obwohl man an bestimmten Stellen ohne Schwierigkeiten auf das andere Ufer gekommen wäre. Die Pontonbrücken kamen erst am 25. 11. 1862 an. Vierzehn Tage hatte Burnside untätig vorübergehen lassen, währenddessen Lee Zeit gewann, Vorbereitungen zur Abwehr des zu erwartenden Angriffs der Union zu treffen. Auf dem anderen Ufer standen Lee mit Generalleutnant Thomas Jonathan Jackson und Generalleutnant James Longstreet, beide fähige Offiziere. Die konföderierte Armee hatte 75 000 Mann erfahrener Veteranen, die sich ungefähr fünf Kilometer vom rechten Flußufer entfernt auf gut ausgebauten Hügeln zur Verteidigung eingerichtet hatten.

Am 11. 12. 1862 begann Generalmajor Burnside mit dem Übersetzen über den Rappahannock und griff zwei Tage darauf die Konföderierten an. Wie vorauszusehen war, wurden die Unions-Truppen blutig zurückgeschlagen und verloren 12 500 Mann. Schon beim Angriff auf Fredericksburg selbst erlitt die Union hohe Verluste. Berühmt in dieser Schlacht wurde die Steinmauer und die »sunken road«, die von den Konföderierten so gut verteidigt wurden, daß sie insgesamt 14 Angriffe der Union abwehrten.

Allein 6000 Mann der Union mußten hier ihr Leben lassen.
Die Konföderierten verloren insgesamt 5300 Mann. Ihre Position wurde während der Schlacht nicht einmal ernsthaft gefährdet. General Burnside wollte am folgenden Tag nochmals angreifen und persönlich die Kolonnen anführen. Seine Generale hielten ihn aber von dieser Selbstmordabsicht ab. Die Potomac-Armee zog sich daraufhin am 15. 12. 1862 nördlich des Flusses zurück, um fünf Tage darauf oberhalb von Fredericksburg im Schneesturm und durch Schlamm erneut vorzurücken. Die Armee blieb aber im Dreck stecken und gab nach drei Tagen die Operation wieder auf. Dieser sogenannte »Schlamm-Marsch« war selbst für Präsident Lincoln zuviel; er enthob General Burnside seines Kommandos über die Potomac-Armee.
Am 25. 1. 1863 wurde Generalmajor Joseph (»Joe«) Hooker, den Burnside abgesetzt hatte, zum Befehlshaber der Potomac-Armee ernannt. Hooker, auch »Fighting Joe« genannt, stammte aus Massachusetts, wo er 1814 geboren wurde. Auch er hatte West Point besucht, trat aber 1853 aus der Armee aus, um Farmer zu werden. Zu Beginn des Krieges wurde Hooker Brigadegeneral der Freiwilligen. In den bisherigen Feldzügen der Potomac-Armee hatte er sich stets durch seinen Mut ausgezeichnet, aber als Armee-Befehlshaber ließ ihn seine angebliche Entschlußkraft doch im Stich.

Ein Freiwilliger der Union aus dem Jahre 1861. Zu Beginn des Krieges dienten auf beiden Seiten nur Freiwillige.

Krieg in Tennessee

Hier sah es für die Union nicht gut aus. Die Ohio-Armee unter Generalmajor Rosecrans blieb wochenlang untätig, ohne etwas gegen die Konföderierten unter Bragg zu unternehmen, die wieder nach Norden in Richtung auf Murfreesboro vorgerückt waren. Washington mußte eingreifen, um Rosecrans zum Handeln zu bewegen. Endlich setzte sich dieser am 26. 12. 1862 mit ca. 44 000 Mann nach Süden in Marsch mit der Absicht, Bragg zu schlagen. Aber auch General Bragg war seitens der Konföderierten heftiger Kritik wegen mangelnder Initiative ausgesetzt, so daß beide Generale auf einmal zur Schlacht drängten. Die Konföderierten standen mit ca. 38 000 Mann nordwestlich von Murfreesboro und warteten hier auf die Truppen der Union. Am 31. 12. 1862 griffen beide Seiten an, und die Nordstaatler wurden nach harten Kämpfen bis an den Stones River zurückgeworfen. Aber die Konföderierten besaßen nicht die Stärke, die Truppen der Union vernichtend zu schlagen. Am folgenden Tag (1. 1. 1863) stellten beide Seiten ihre Armeen wieder auf, die durch die Kämpfe auseinandergeraten waren. Rosecrans stand mit dem Rücken gegen den Stones River und befand sich in einer gefährlichen Lage. Trotzdem blieb ein Angriff der Südstaatler am 2. 1. 1863 im Artilleriefeuer der Union stecken. Rosecrans hatte Verstärkungen erhalten, und am Abend des 3. 1. 1863 zog sich Bragg nach Süden auf Tullahoma zurück. Generalmajor Rosecrans besetzte Murfreesboro. Seine Truppen waren hart angeschlagen, und es vergingen weitere sechs Monate, ehe die Armee erneut die Offensive aufnahm. Obwohl die Schlacht unentschieden war, hatte die Union durch Braggs Rückzug einen strategischen Sieg errungen. Die Verluste auf beiden Seiten waren schwer: die Union verlor an Toten und Verwundeten 12 906 Mann, die Konföderierten 11 740 Mann.

Das Blatt wendet sich

◁ *Sherman konnte das eroberte Gebiet nicht besetzen. Um die Widerstandskraft der Konföderation zu brechen, wurden u. a. alle Eisenbahnlinien und -anlagen zerstört.*

General U. S. Grant und der Kampf um Vicksburg

Die Winteroperationen 1862/63 hatten der Union keinen durchschlagenden Erfolg gebracht. Jetzt hingen weitere erfolgreiche militärische Unternehmen von General Grant ab, der ein wirklicher Kämpfer war und vor nichts zurückschreckte, um sein einmal gestecktes Ziel zu erreichen.
Grant hielt den westlichen Teil von Tennessee besetzt. Außerdem mußte er Memphis schützen sowie die wichtigen Eisenbahnlinien, die von Memphis nach Osten und Nordosten liefen. Vor allen Dingen sollte Vicksburg, die bedeutende Stadt am Mississippi, erobert werden, damit sich die Truppen mit denen in New Orleans und Baton Rouge vereinigen konnten. Gelänge dies, befände sich der Mississippi von der Quelle bis zu seiner Mündung in den Händen der Union, und die Konföderation wäre in zwei Hälften geteilt.
General Grant hatte 80 000 Mann, aber die Hälfte der Truppen mußte für Besatzungsaufgaben eingesetzt werden, so daß ihm demnach für seine Operationen nur ca. 40 000 Mann zur Verfügung standen. Er beabsichtigte nun, der Nord-Süd-Eisenbahnlinie, die nach Jackson, der Bundeshauptstadt von Mississippi, führte, zu folgen. Von hier – etwa 65 km östlich von Vicksburg – würde er nach Westen auf Vicksburg vorstoßen.
Die Konföderierten in diesem Gebiet unterstanden Generalleutnant John C. Pemberton, dessen Frau aus Virginia kam und der deshalb zu Beginn des Krieges zu den Südstaaten überwechselte. Grant drängte seit November 1862 die Konföderierten ständig zurück, wobei er längs seines Vormarschweges Versorgungsstützpunkte anlegte.
Währenddessen erfuhr Grant, daß sich in Washington Intrigen abspielten. Der »politische« Generalmajor John A. McClernand hatte Präsident Lincoln und Kriegsminister Stanton zugesagt, Truppen aus-

Der konföderierte Ironclad ›Arkansas‹ lief am 16. 7. 1862 überraschend an den US-Kriegsschiffen vor Vicksburg vorbei und erreichte unbehelligt die Festung.

Generalmajor William Tecumseh Sherman, (1820–1891), einer der fähigsten Generale der Neuzeit. Seit 1862/1863 galt er als Grants rechte Hand.

zuheben, falls man ihm den Oberbefehl über seine Expedition gegen Vicksburg von Norden her versprach. Der Oberbefehlshaber Halleck hatte Grant den Befehl über diese Operation übertragen und McClernand nur ein Korps. McClernand ließ man aber im Glauben, daß er das Kommando übernehmen würde. Generalmajor William Tecumseh Sherman unter Grant sollte zusammen mit Konter-Admiral David A. Porter versuchen, mit Truppentransportern und Kanonenbooten auf dem Mississippi oberhalb von Vicksburg zu landen und die Stadt einzunehmen.

Sherman, der aus Ohio stammte (geboren 1820), nahm nach dem Besuch von West Point am Krieg gegen Mexiko teil. Im Jahre 1853 schied er aus der Armee aus, war aber im zivilen Leben wenig erfolgreich. Sechs Jahre später wurde er Superintendant der Militärschule in Alexandria/Louisiana. Beim Ausbruch des Krieges entschied er sich, trotz seiner Sympathien für den Süden, für die Union. Er nahm an der ersten Schlacht von Bull Run teil, und als Brigadegeneral erhielt Sherman den Befehl über das Department of Cumberland. Er kritisierte während dieser Zeit die Unfähigkeit der Regierung in Washington und legte sich außerdem mit der mächtigen und einflußreichen Presse an. Diese klagte ihn an, daß er verrückt sei – tatsächlich war Sherman ein wenig exzentrisch veranlagt – so daß er seines Postens enthoben wurde. Anfang 1862 setzte man ihn wieder ein, und unter Grant kämpfte er bei Shiloh. McClernand erhielt aber den Befehl, mit den Kanonenbooten nach Vicksburg vorzustoßen, so daß Sherman ihm unterstellt war.

Grant glaubte, daß Generalleutnant Pemberton nicht in der Lage wäre, sowohl Sherman als auch ihn gleichzeitig zu bekämpfen. Sollte er sich gegen eine der Unions-Armeen wenden, würde ihn die andere im Rücken angreifen. Außerdem war die Unions-Armee zahlenmäßig den Konföderierten überlegen.

Grants Plan schlug jedoch fehl. CS-Brigadegeneral Nathan Bedford-Forrest – der als einfacher Soldat in die Armee der Südstaaten eingetreten war und bis

Generalmajor Nathan Bedford Forrest (1821–1877) war berühmt wegen seiner kühnen Kavallerie-Raids tief in die Gebiete der Union. Stets schlug er die gegen ihn angesetzten Truppen des Nordens. Gegen Ende des Krieges wurde Forrest, der als einfacher Soldat in die konföderierte Armee eingetreten war, zum Generalleutnant befördert.

zum Schluß des Krieges wegen seiner Kavallerie-Überfälle gefürchtet blieb – überschritt den Tennessee und zerstörte Grants Verbindungs- und Nachschublinien. Forrest unterbrach am 18. 12. 1862 mit einem Kavallerie-Regiment die Eisenbahn- und Telegraphen-Linie nördlich von Jackson, so daß Sherman ohne McClernand am 20. 12. 1862 vorrückte. Forrest erbeutete auf seinem Raid so viele Waffen, Pferde und andere Ausrüstungsgegenstände und konnte damit die zu ihm stoßenden Rekruten vollständig ausrüsten.

CS-Generalmajor Earl Van Dorn gelang es ebenfalls, im nördlichen Teil von Mississippi im Rücken von Grant zu operieren, am 20. 12. 1862 das Versorgungslager bei Holly Springs überraschend einzunehmen und die Vorräte im Wert von fast einer Million Dollar zu vernichten. Sherman hatte auch keinen Erfolg. Die US-Kanonenboote und mehr als 50 Truppentransporter kamen am 25. 12. 1862 an der Mündung des Yazoo-Flusses oberhalb von Vicksburg an. Am folgenden Tag liefen die Schiffe den Yazoo aufwärts, um die Anhöhen am linken Ufer in Besitz zu nehmen und anschließend Vicksburg.

Generalleutnant Pemberton hatte inzwischen die stark befestigten Anhöhen – Chickasaw Bluff – mit 14 000 Mann besetzen lassen. Am 27. 12. 1862 griff Sherman diese an, mußte sich aber nach drei Tagen unter großen Verlusten zum Mississippi zurückziehen. Er hatte 1776 Mann an Gefallenen, Verwundeten und Vermißten zu beklagen.

Am 2. 1. 1863 übernahm McClernand den Befehl über Shermans Truppen, der mit den Kanonenbooten den Arkansas hinauffuhr, um das konföderierte Fort Hindmann einzunehmen, das am 11. 1. 1863 kapitulierte. McClernand mußte auf Befehl von Grant zurückkehren, und alle Truppen der Union schlugen jetzt ihr Lager bei Milliken's Bend oberhalb von Vicksburg auf.

General Grant mußte einsehen, daß eine Einnahme von Vicksburg von Nordosten her nahezu unmöglich war, da seine Versorgungslinien in diesem Fall zu stark gefährdet wären. Ein Vorrücken auf dem Mississippi nach Vicksburg schien mehr Chancen zu haben, zumal die Ironclads der Union den Fluß nördlich der Stadt beherrschten. General Grant verlegte nun zunächst sein Hauptquartier nach Memphis; um aber den Befehl über die vor Vicksburg stehende Armee selbst zu übernehmen, begab er sich am 30. 1. 1863 nach Young's Point südlich von Mil-

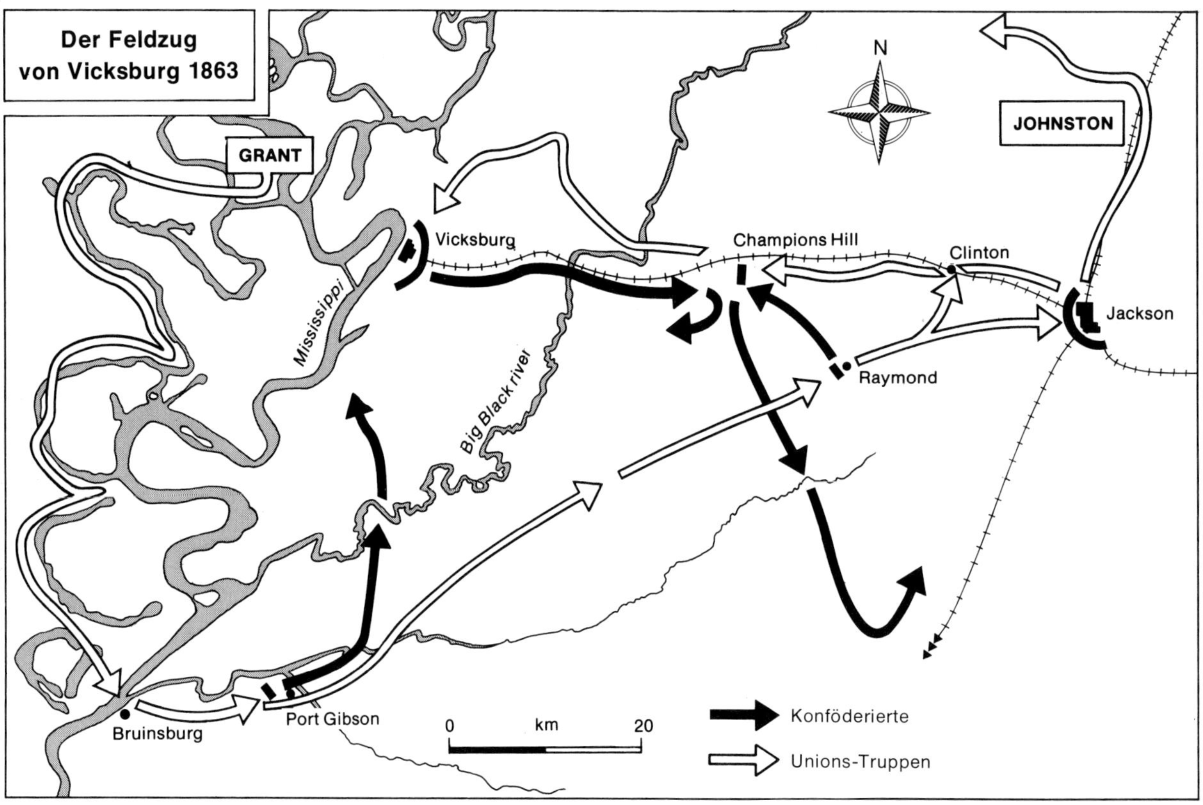

liken's Bend. Es war jetzt wichtig, die Kräfte um Vicksburg zu konzentrieren und das Beste daraus zu machen. Aber noch immer befanden sich die Konföderierten in einer günstigeren Position, vor allem durch die geographischen Verhältnisse bedingt.
Vicksburg lag auf einer Anhöhe am östlichen Ufer des Mississippi, so daß ein Angriff nur von Osten oder Südosten Erfolg versprach. Die Konföderierten hatten daher besonders die steilen Höhen des linken Ufers des Yazoo befestigt, der nördlich von Vicksburg in den Mississippi mündete. Nördlich des Yazoo erstreckten sich unzählige Bayous (sumpfige, fast undurchdringliche Flüsse), die das ganze Land zerschnitten und unterteilten. Von hier schien ein Vorrücken auf Vicksburg nicht möglich.
Selbst im Süden der Stadt war das Terrain nicht besser. Das Louisiana-Ufer war flach, morastig und von vielen Bayous und Strömen durchzogen. Die Union konnte den Strom südlich von Vicksburg nur mit Hilfe von Ironclads und Dampfern überqueren, doch mußten diese erst an den konföderierten Forts vorbeilaufen. Die Südstaatler stellten an allen wichtigen Stellen Geschütze auf, um ein Übersetzen zu verhindern.
Grant mußte aber die Frage lösen, wie die Unions-Truppen von Osten die Stadt einnehmen könnten. Der Norden trat also im Winter 1862/63 nach den anfänglichen Abwehrerfolgen auf der Stelle. Doch General Grant ließ sich keinesfalls entmutigen. Er versuchte mehrere Lösungen, Vicksburg zu Fall zu bringen. Es gab vier Möglichkeiten, und sogleich machte sich Grant an die erste Lösung.
Die gewaltigen Geschützstellungen der Konföderierten, die sich acht Kilometer nach Norden und zehn Kilometer nach Süden erstreckten, ließen einen Durchbruch der Schiffe nach Süden an Vicksburg vorbei nicht zu. Da der Mississippi hier einen scharfen Knick nach Südwesten macht, bildete sich dadurch gegenüber der Festung eine Halbinsel. Grant ließ daher hier von Shermans Truppen einen Kanal bauen, um so ungehindert nach Süden zu kommen. Der Plan schlug fehl, denn der Mississippi lief nicht in den Kanal.
Der zweite Plan schien vielversprechender zu sein. Ungefähr 60 km oberhalb von Vicksburg lag Lake Providence. Man versuchte jetzt, einen Kanal vom See bis zum Mississippi zu graben, um dann mit den Schiffen über den Red River unterhalb der Stadt wieder den Mississippi zu erreichen. Aber auch diese Operation blieb in ihren Anfängen stecken; außerdem verfügte man nicht über flachgehende Dampfer.

Konföderierte Batterie in Fort Johnson im Hafen von Charleston.

Die dritte und vierte Möglichkeit bot sich an, mit den Ironclads von Norden in den Yazoo vorzustoßen, um die befestigten Chickasaw Bluffs in der Flanke aufzurollen. Gelang dies, würde Vicksburg der Union ohne besondere Schwierigkeit in die Hände fallen. Zuerst mußte man bei Helena am Mississippi einen Damm durchstoßen, um über den Moon Lake in den Yazoo-Paß zu kommen. Am 24. 2. 1863 liefen die Kriegsschiffe der Union unter Lieutenant-Commander Watson Smith mit den Ironclads ›Chillicothe‹ und ›Baron De Kalb‹ sowie fünf kleineren gepanzerten Kanonenbooten in den Paß. Die Flottille wurde noch von einem Schlepper mit drei Kohlenleichtern begleitet. Eine Division war auf 13 Transportern eingeschifft worden, die wiederum Kanonenboote schützten. Vielleicht hätte man schneller den Yazoo erreichen und die Unternehmung zum Erfolg bringen können, aber Smith kam einfach nicht voran. Die Konföderierten nutzten die Zeit aus, um am Tallahatchie »Fort Pemberton« aus Erdbefestigungen und Baumwollballen zu errichten. Die beiden Ironclads mit ihren 28 cm-Geschützen hätten auf nahe Entfernung an das Fort herangehen müssen, um die konföderierte Batterie auszuschalten. Die ›Chillicothe‹ erhielt mehrere schwere Treffer, aber Lieutenant-Commander Smith wagte nicht, die

›Baron De Kalb‹ auch noch einzusetzen. Am 16. 2. 1863 versuchten beide Ironclads, die Batterien zum Schweigen zu bringen. Sollte dies gelingen, hatten die Truppen an Land zu gehen und das Fort zu stürmen. Aber ›Chillicothe‹ wurde in dem Artillerieduell fast außer Gefecht gesetzt. Am 19. 2. 1863 gab man den Kampf nur wenige Kilometer vor dem Yazoo auf. Die Schiffe liefen wieder zurück, und als man auf dem Heimmarsch auf Verstärkungen stieß, ließ sich der neue Chef der Kanonenboote, Lieutenant Foster, überreden, nochmals einen Versuch zur Bezwingung von Fort Pemberton zu wagen. Grant rief jedoch die Truppen zurück, die untätig vor der Befestigung lagen.
Rear-Admiral David A. Porter zog daraufhin die Schlußfolgerung, in Zukunft derartig bedeutende und wichtige Operationen selbst zu führen. Porter erkundete nun einen neuen Weg, um über den Steele's Bayou in den Yazoo zu gelangen.
Am 14. 3. 1863 liefen die Ironclads ›Louisville‹, ›Cincinnati‹, ›Mound City‹, ›Pittsburg‹ und ›Carondolet‹ mit vier Schleppern, die je ein Mörserboot schleppten, in den Bayou. Die Schiffe hatten mit großen Unterwasserhindernissen in den versumpften Flußläufen zu kämpfen, so u. a. Bäume, die im Wasser wuchsen. Die gewaltigen überhängenden Äste der die Ufer säumenden Bäume, auf denen es von Schlangen wimmelte, beschädigten die Aufbauten der Kriegsschiffe. Truppen sicherten den Black Bayou vor Angriffen der Konföderierten. Im Deer Creek kamen die Schiffe nur langsam voran. Immer wieder behinderten die unter Wasser stehenden Weidenbäume die Schrauben; die langen dünnen Äste konnten nur mit Mühe entfernt werden. Inzwischen erfuhr Admiral Porter von Negersklaven, daß die Konföderierten Bäume fällten, um den Deer Creek zu sperren und die Weiterfahrt der Ironclads aufzuhalten. Bald war auch der Creek völlig blokkiert. Am 19. 3. 1863 überschütteten die Südstaatler die Boote mit Gewehrfeuer. Die Geschütze der Ironclads waren nicht in der Lage, über die Uferdämme hinweg zu feuern. General Sherman eilte den Kriegsschiffen zu Hilfe, die Geschütze an Land brachten, und zusammen mit den Mörserbooten konnte man den Gegner vertreiben. Dieser fällte jetzt aber im Rücken der Flottille wiederum Bäume, um Admiral Porter den Rückzug abzuschneiden. Als ein Kohlenleichter in dem engen Kanal unterging, saßen die Schiffe in der Falle. Nochmals kam General Sherman am 21. 3. 1863 den hartbedrängten Ironclads zu Hilfe. Der Leichter konnte aus dem Creek gehoben und die konföderierten Scharfschützen ausgeschaltet werden. Nach zwei Tagen erreichten die Kriegsfahrzeuge erneut den Black Bayou, und wenig später liefen sie in den Yazoo ein. Der berühmte britische Militärhistoriker Liddell Hart

US-Monitor ›Carondolet‹ nahm an dem unglücklichen Red-River-Feldzug 1864 teil.

nannte diese Operation »das romantischst gefärbte Abenteuer des Feldzuges von Vicksburg«.
Obwohl diese Unternehmung ein Fehlschlag war, so war sie insofern doch nicht vergebens, denn man hatte eine beträchtliche Menge Baumwolle zerstört oder beschlagnahmt und die Konföderierten gezwungen, ihre Reserven einzusetzen.
Grant ließ sich durch die bisherigen Mißerfolge bei der Eroberung von Vicksburg nicht entmutigen. Die Zeitungen des Nordens verbreiteten unterdessen die unwahrscheinlichsten Gerüchte über den Feldzug. Es wurde die alte Geschichte ausgegraben, daß hier ein unfähiger, häufig betrunkener General kommandierte. Grant wußte, daß Washington einen Sieg brauchte, denn ein Rückzug bedeutete für die Union eine schwere moralische Niederlage.
Es gab keine andere Lösung, als den Mississippi südlich von Vicksburg zu überqueren, um von hier gegen die Stadt vorzugehen. Bei Hard Times gegenüber den konföderierten Befestigungen in der Nähe von Grand Gulf bot sich eine entsprechende Möglichkeit. Dazu brauchte aber die Armee die Unterstützung der Kriegsschiffe unter Admiral Porter. Am 17. 4. 1863 begann der Durchbruch der Ironclads und Transporter an den Befestigungen von Vicksburg vorbei. Trotz großer Verluste gelang die Operation. Armee und Marine lagen jetzt unterhalb des strategisch so wichtigen Punktes.
Am 30. 4. 1863 setzte Grant die Truppen auf das Ostufer des Mississippi, während General Sherman die Konföderierten im Norden fesselte. Bei Bruinsburg, 16 km südlich von Grand Gulf, kamen die Unions-Truppen über den Fluß. Die Konföderierten wichen dem Ansturm der Union und gaben am 3. 5. 1863 Grand Gulf auf.
Nun wurde die Lage für den Süden bedrohlich. General Pemberton begab sich sich sofort nach Vicksburg, und General Joseph E. Johnston, Befehlshaber für den gesamten Westen, erhielt von Richmond den Befehl, sich auf dem Schauplatz der sich zuspitzenden Ereignisse einzufinden.
Für Grant bestand das Problem darin, zu verhindern, daß sich die konföderierten Truppen um Vicksburg und um Jackson, etwa 80 km im Osten, vereinigten. Wichtig war vor allen Dingen der Nachschub für die Truppen der Union. Grant beschloß, daß die Soldaten requirieren sollten, also vom Lande leben, um sich unabhängig zu machen, und für den kommenden Marsch erhielten alle nur für drei Tage Verpflegung. Ihm ging es darum, keine Zeit mehr zu verlieren, so schnell wie möglich zu handeln und die beiden konföderierten Armeen einzeln zu schlagen. Folglich durfte keine Zeit mit dem Aufbau einer Nachschublinie vergeudet werden, die außerdem durch Angriffe der Konföderierten gefährdet blieb. Am 7. 5. 1863 begann der Vormarsch von 41 000 Mann unter Grant nach Nordosten auf Jackson. Am 12. 5. 1863 wurden zum ersten Mal die Konföderierten bei Raymond geschlagen, während am folgenden Tag Clinton an der Eisenbahnlinie zwischen Jackson und Vicksburg den Unions-Truppen in die Hände fiel. Von hier stieß Grant nach Westen auf Vicksburg vor. General Pemberton marschierte dagegen nach Süden, um hier die Nachschublinien der Union anzugreifen, die es aber zu seiner Überraschung nicht gab. General Johnston mußte am 14. 5. 1863 Jackson räumen. Am 16. 5. 1863 kam es zur Schlacht bei Champion's Hill gegen die Konföderierten unter Pemberton. Der Ausgang war zunächst für die Union kritisch, aber durch Eingreifen von Grant wurde die Lage gerettet. Am folgenden Tag mußten die Konföderierten weichen, und zwei Tage später standen die Unions-Truppen vor Vicksburg. Die Belagerung begann sofort. Über 30 000 Südstaatler wurden eingeschlossen.
Damit war eine der brillantesten Operationen des Bürgerkrieges abgeschlossen. Sogar Präsident Lincoln bewunderte die strategischen Fähigkeiten von General Grant, so daß er meinte, selbst wenn dieser Vicksburg nicht einnehmen würde, wäre der Feldzug einer der großartigsten der Weltgeschichte.
Die Belagerer in Stärke von etwa 34 000 Mann versuchten vergebens, die Stadt im Sturm zu nehmen. Auch die Ironclads halfen bei der Beschießung. Minen wurden unter den Gräben der Konföderierten zur Explosion gebracht, Graben-Mörser eingesetzt, Handgranaten geworfen, aber die Südstaatler und die hungernde Bevölkerung gaben nicht auf. Gegen Ende Juni 1863 verfügte General Grant über 71 000 Mann, und er plante daher einen Generalangriff am 6. 7. 1863. Doch am 4. 7. 1863 kapitulierte General Pemberton bedingungslos, und 29 511 Mann ergaben sich der Union.
Mit dem Fall von Vicksburg stand der Mississippi von der Quelle bis zur Mündung unter der Kontrolle des Nordens. Die Konföderation war in zwei Hälften geteilt.

Offensive der Konföderierten im Osten – Schlacht bei Chancellorsville

Obwohl sich die Umklammerung der Südstaaten durch die Union seit dem Frühjahr 1863 mehr und mehr bemerkbar machte, hatte es doch den An-

schein, daß im Osten der USA für General Robert E. Lee eine Chance lag, die Union zum Frieden zu zwingen.
Zu dieser Zeit blieb General Rosecrans weiterhin untätig in Tennessee liegen, und Grant hatte Vicksburg noch nicht eingenommen.
General Hooker reorganisierte die Potomac-Armee nach dem Fiasko unter Burnside. Er kümmerte sich besonders darum, daß die Soldaten genügend Verpflegung erhielten, daß ihre Lager in Ordnung gebracht wurden usw. Vor allen Dingen stellte er das Vertrauen der Soldaten wieder her. Auch wurde die Kavallerie so ausgebildet, daß sie sich mit der konföderierten Kavallerie unter dem fähigen Generalmajor James Ewell Brown Stuart messen konnte, denn bis jetzt war die des Nordens nicht auf der gleichen Höhe wie die ihres Gegenspielers gewesen.
General Hooker war über den kommenden Kampf im Frühjahr 1863 nach Meinung von Präsident Lincoln viel zu optimistisch. Von der Stärke her gesehen, wurde die Lage für die Konföderierten allerdings immer ungünstiger. Dagegen strömten der Union ununterbrochen neue Regimenter zu. General Hookers Armee hatte 122 000 Mann und 12 000 Mann Kavallerie sowie 400 Geschütze, General Lee kaum die Hälfte.
Hookers Plan schien auch Erfolg zu versprechen, denn auf amerikanischem Boden hatte es eine solche kampfstarke Armee noch nicht gegeben. Er ließ ungefähr ein Drittel seiner Armee bei Fredericksburg zurück, um Lee hier zu binden. Mit dem Rest der Armee marschierte Hooker in weitem Bogen nach Westen, um dann den Rappahannock und den Rapidan etwa 40 km westlich zu überqueren und um Lee im Rücken anzugreifen. Lee würde somit gezwungen, sich zurückzuziehen, zumal die Kavallerie des Nordens die Verbindungslinien bei Richmond bedrohte.
Aber der Plan ging nicht auf, denn einmal verlor Hooker im kritischen Augenblick die Nerven, und General Lee handelte nicht so, wie es sich der Befehlshaber der Potomac-Armee gedacht hatte.
Bald standen 70 000 Mann bei Chancellorsville, einem wichtigen Straßenknotenpunkt, die am 28. 4. 1863 nördlich von Fredericksburg ihre Stellungen verlassen hatten. Die Kavallerie schwärmte nach Süden auf Richmond zu aus, aber Lee ließ sich nicht beeindrucken, denn er war durch seine Kavallerie (unter Stuart), die alle Zugänge nach Chancellorsville kontrollierte, genau über die Bewegungen der Unions-Armee unterrichtet. General Hooker dagegen wußte nicht, wo sich die konföderierte Armee befand. Er blieb daher westlich von Chancellorsville stehen. General Lee bewies wieder einmal, welche strategischen Fähigkeiten er besaß und daß er wirklich ein großer Feldherr war. Er teilte seine Armee in drei Abteilungen auf, um die Unions-Armee zu schlagen. Ein Teil blieb bei Fredericksburg, so daß hier die Truppen der Union festgehalten wurden. Er selber rückte mit 45 000 Mann auf Chancellorsville zu, während »Stonewall« Jackson mit 26 000 Mann von Süden auf die rechte Flanke von Hooker vorstieß.
Am 1. 5. 1863 griffen die Unions-Truppen nach Osten in Richtung auf Fredericksburg an. Hooker glaubte, General Lee im Rücken gefaßt zu haben. Aber plötzlich brach Hooker den Kampf ab. Die Potomac-Armee ging auf Chancellorsville zurück, nur weil der Widerstand der Konföderierten heftiger als erwartet war. Hooker wußte nicht, wie viele Konföderierte ihm gegenüberlagen – ihm fehlte die Aufklärung durch die Kavallerie – und doch war er zahlenmäßig weit überlegen. Über 73 000 Mann verfügte Hooker und weitere 17 000 sollten von Fredericksburg als Verstärkung herankommen. Lee beschloß jetzt, da er genau wußte, wie stark Hooker war, die Union an der rechten Flanke durch Jackson mit seinen 26 000 Mann anzugreifen. In einem weiten Bogen holte dieser aus, so daß Jackson am Nachmittag im Rücken der Unions-Truppen stand. Hooker hatte wohl Truppenbewegungen bemerkt, schloß aber daraus auf einen Rückzug der Konföderierten. Die Union wurde vollständig überrascht und ging zurück. Der Artillerie gelang es schließlich, das Schlimmste zu verhindern. Während der Nacht wollte Jackson den Erfolg ausnutzen und ritt seinen Soldaten voraus. Dabei wurde er irrtümlich von den eigenen Truppen erschossen. Am 3. 5. 1863 lag die Potomac-Armee vor dem Rappahannock und war heftigen Angriffen der Konföderierten ausgesetzt. Noch hätte Hooker die Südstaatler schlagen können, denn noch hatten über 30 000 Mann nicht in den Kampf eingegriffen, und vor Fredericksburg war die Lage für die Konföderierten kritisch.

Aber General Hooker verlor die Nerven, er gab auf, und das Kommando übernahm Generalmajor Darius Nash Couch. Bis zum 6. 5. 1863 zogen sich die Kämpfe noch hin, die Unions-Armee ging geschlagen über den Rappahannock zurück. Sie hatte 16 792 Mann verloren; die Konföderierten 12 754. Chancellorsville war einer der beeindruckendsten Siege von General Robert E. Lee.

Die Schlacht bei Gettysburg

Nach der Schlacht von Chancellorsville lag die Initiative wieder bei den Konföderierten oder bei General Lee. Er wurde nach Richmond gerufen, um die weiteren Pläne zu besprechen. Man kam überein, nach Pennsylvania vorzurücken. Es war durchaus richtig, weiter in der Offensive zu bleiben und nicht in der Defensive, aber es wurden hierbei wichtige Punkte übersehen, die zum Scheitern dieser gewagten Operation führen sollten. Die Konföderierten setzten mit dieser kühnen Unternehmung alles aufs Spiel, wenn sie in das nördliche Herzland der Union vorstießen. Die Army of Northern Virginia, welche eine ausgezeichnete Kampfmoral hatte, war nicht stark genug, das Unternehmen bis zum siegreichen Ende durchzuführen. Die Union würde alles daransetzen, Lee unter allen Umständen zu schlagen. Schon die gewaltige Übermacht an Menschen und Material verbürgte bereits zu dieser Zeit einen Sieg.

Würde Lee geschlagen, war die großartige Army of Northern Virginia wahrscheinlich ausgeschaltet und damit auch der Krieg für die Konföderation beendet. Aber ihr blieb eigentlich keine andere Wahl. Griff man nicht an, würde die Potomac-Armee reorganisiert und ihrerseits zur Offensive übergehen. Außerdem glaubte man im Süden bei einem erfolgreichen Feldzug immer noch an eine internationale Anerkennung.

Die Konföderation hoffte weiterhin, daß die Union durch die Bedrohung von Pennsylvania Kräfte aus dem Westen abziehen müßte, so daß General Grant nicht in der Lage wäre, Vicksburg zu Fall zu bringen. Vielleicht wäre es besser gewesen, wenn Lee in Virginia geblieben wäre und Verstärkungen nach Westen gesandt hätte. Aber in diesem Fall durften die Südstaaten sicher sein, daß die Potomac-Armee, die trotz der vielen Rückschläge keinesfalls desorganisiert war – die Soldaten selber waren trotz schlechter Führung durch ihre jeweiligen Befehlshaber in ausgezeichneter Verfassung –, in Virginia einmarschieren würde. General Lee befand sich also in einer Zwangslage – strategisch war die Union im Vorteil und blieb es auch bis zum Ende des Krieges. Die Konföderation hatte einfach keine Chance, angesichts der Überlegenheit des Nordens, die von Tag zu Tag größer wurde, einen kriegsentscheidenden Erfolg zu erringen.

Am 16. 6. 1863 wurde in Richmond Lees Operationsplan über die Invasion von Pennsylvania angenommen. In aller Heimlichkeit hatte dieser bereits seine Truppen von Fredericksburg nach Nordwesten in Marsch gesetzt – die Armee hatte eine Stärke von 76 000 Mann und verfügte über 272 Geschütze. Die drei Infanterie-Korps befehligten die besten Generale des Südens: Generalleutnant James Longstreet das I. Korps, Generalleutnant Richard Stoddert Ewell das II. Korps und Generalleutnant Daniel Harvey Hill das III. Korps. Stuart führte die 12 000 Mann starke Kavallerie.

Generalmajor Joseph Hooker (1814–1879), bekannt als »Fighting Joe«. Am 25. 1. 1863 ernannte ihn Präsident Lincoln wegen seiner angeblichen Fähigkeiten als Nachfolger von Burnside zum Befehlshaber der Potomac-Armee. Doch während der Schlacht von Chancellorsville vom 1. 4. bis 4. 5. 1853 verlor er die Nerven, und kurz vor der Schlacht von Gettysburg wurde Hooker am 28. 6. 1863 abgesetzt.

Die Armee rückte durch das Shenandoah-Tal, um westlich des Blue Ridge Gebirges den Potomac zu überqueren. Gedeckt wurde der Vormarsch der Konföderierten von Stuarts Kavallerie, während Generalleutnant Hill bei Fredericksburg zurückblieb, um die Union zu täuschen. Erst am 10. 6. 1863 war Hooker darüber informiert, daß eine größere Truppenbewegung der Südstaatler im Gange war. Hooker hatte zunächst keine Chance, die einzelnen

Korps unter Lee anzugreifen. Er unterrichtete daher Washington, auf Richmond vorstoßen zu wollen, so daß Lee gezwungen sein würde, zurückzumarschieren. Präsident Lincoln stimmte aber dem Vorschlag nicht zu und machte vielmehr Hooker darauf aufmerksam, daß Lees Armee und nicht Richmond sein Ziel wäre. Seit der Schlacht von Chancellorsville hatte man in Washington kein Vertrauen mehr zum Befehlshaber der Potomac-Armee. Hooker sollte sich defensiv verhalten, Lee folgen und zwischen Washington und den Konföderierten bleiben.

Am 13. 6. 1863 setzte sich General Hooker mit 90 000 Mann nach Norden in Bewegung, während Generalleutnant Ewell bei Winchester 9000 Mann der Union anderntags in die Flucht schlug und die Verfolgung der geschlagenen Truppen bis zum 15. 6. 1863 fortsetzte. Nahezu die Hälfte der Unions-Truppen geriet in Gefangenschaft.

Am 14. 6. 1863 überquerte Ewell den Potomac bei Shepardstown, und am folgenden Abend erreichte seine Vorhut Chambersburg. Damit standen die ersten konföderierten Soldaten auf dem Boden von Pennsylvania.

Generalleutnant Hill verließ am 14. 6. 1863 Fredericksburg in Richtung auf das Shenandoah-Tal. Longstreet marschierte östlich des Blue Ridge-Gebirges, um die Pässe zu schützen.

Noch weiter östlich schirmte Stuart den Vormarsch der Konföderierten ab, ständig in Gefechte mit der Kavallerie der Union verwickelt, so daß dieser kein klares Bild über die Bewegungen der Armee unter Hooker erhalten konnte.

Washington war nicht ohne Grund besorgt über die sich anbahnende Lage. Präsident Lincoln rief die Bundesstaaten auf, sofort 100 000 Miliz-Soldaten aufzustellen, während Ablenkungsmanöver einen Teil der Armee unter Lee zum Rückzug zwingen sollten. In Richmond wartete man mit großer Hoffnung auf die weitere Entwicklung.

General Hooker überquerte am 25. 6. 1863 den Potomac, zeigte aber nicht den erforderlichen Weitblick, denn als er bei Frederick stand, wollte er die wichtigen Anhöhen von Marylands Heights bei Harper's Ferry aufgeben und mit einem Teil seiner Armee Lee in den Rücken fallen und dessen Verbindungen bedrohen. General Halleck bestand jedoch darauf, daß Hooker jetzt nicht seine Armee teilen durfte. Letzterer war wie McClellan der Überzeugung, daß man ihn nicht ausreichend unterstützte und daß Lee viel stärker als seine Armee wäre. Er bat daher um seine Entlassung und erhielt diese zu seiner Überraschung auch sofort, trotz der drohenden Gefahr durch die Konföderierten und der kommenden Schlacht. Am 28. 6. 1863 mußte er das Kommando an Generalmajor George Gordon Meade abgeben. Die Potomac-Armee, die sich bisher so großartig unter mittelmäßigen Generalen geschlagen hatte, erhielt damit ihren 5. Befehlshaber innerhalb von 10 Monaten!

Generalmajor George Gordon Meade (1815–1872) übernahm am 28. 6. 1863 von Joseph Hooker den Befehl über die Potomac-Armee. Er konzentrierte sofort seine Energie darauf, General Robert E. Lee zum Kampf zu stellen. Meade blieb auch unter Grant Befehlshaber der Potomac-Armee, obwohl letzterer die Operation 1864/1865 praktisch leitete.

George G. Meade wurde 1815 in Spanien geboren, wo sein Vater die Interessen der US-Marine wahrnahm. Nach dem Besuch von West Point kämpfte er in Florida und gegen Mexiko. Bei Ausbruch des Bürgerkrieges stand Meade im Rang eines Hauptmanns, wurde aber bald Brigadegeneral der Freiwilligen. Er nahm an den Schlachten auf der Halbinsel teil, focht bei Manassas und Antietam. Als Generalmajor befehligte Meade in der Schlacht von Fredericksburg und Chancellorsville eine Division.

Meade protestierte gegen seine neue Stellung, sah es aber als seine Pflicht an, General Lee zu stellen und zur Schlacht zu zwingen.
Seine Aufgabe war nicht leicht, denn gleichzeitig sollte er Washington und Baltimore decken. Vor Washington war am 28. 6. 1863 Stuart mit seiner Kavallerie erschienen, und nur wenige Kilometer von der Hauptstadt hatte er mehr als 125 Nachschubwagen überfallen und geplündert.
Dieser war mit seinen drei Brigaden aber nicht in der Lage, etwas gegen Washington zu unternehmen. Sein Vorstoß trug jedoch dazu bei, daß General Lee die Schlacht von Gettysburg und den Feldzug verlor. Stuart glaubte, mit den erbeuteten Nachschubwagen weit nach Norden um die Unions-Armee herum vorzurücken, um sich dann wieder mit Generalleutnant Ewell in Pennsylvania zu vereinigen. Lee blieb aber durch diesen Raid zehn Tage ohne Information über die Potomac-Armee. Hinzu kam, daß Lees Stab nur aus einigen unerfahrenen Offizieren bestand. Er hatte keinen Stabschef und auch keinen anderen Offizier, dem er Routine-Entscheidungen hätte übertragen können. Stuart und dessen Kavallerie sollte ihm die notwendigen Informationen beschaffen, der aber den unklar aufgesetzten Befehl nach eigenem Gutdünken auslegte.
Gegen Ende Juni 1863 stand die konföderierte Armee mit drei Korps weit auseinandergezogen von Chambersburg bis York – eine sehr gefährliche Lage. Erst am 28. 6. 1863 erfuhr Lee, daß sich die Potomac-Armee bei Frederick aufhielt und nach Norden marschierte. Ohne Kavallerie waren die Konföderierten nur ungenau unterrichtet, so daß General Lee angesichts dieser Lage beschloß, seine Armee bei Gettysburg zusammenzuziehen.
Dagegen war Generalmajor Meade gut über die Konföderierten im Bilde und marschierte auf Hanover zu, um zwischen Hanover und Westminster eine Verteidigungsstellung zu beziehen.
Die zwei berühmtesten Armeen des Bürgerkrieges standen sich bald gegenüber, jeder Befehlshaber in der Defensive und auf den Angriff des anderen wartend.
Die Konföderierten planten am 30. 6. 1863 bei Gettysburg einen großen Vorrat an Schuhen der Unions-Truppen zu plündern, stießen aber vor der Ortschaft auf Vorposten der Potomac-Armee. Die Konföderierten zogen sich daraufhin zurück, um am folgenden Tag die Nordstaatler aus dem wichtigen Gettysburg zu vertreiben. Aber auch General Meade hatte inzwischen die Bedeutung dieses Marktfleckens erkannt, und als am 1. 7. 1863 die

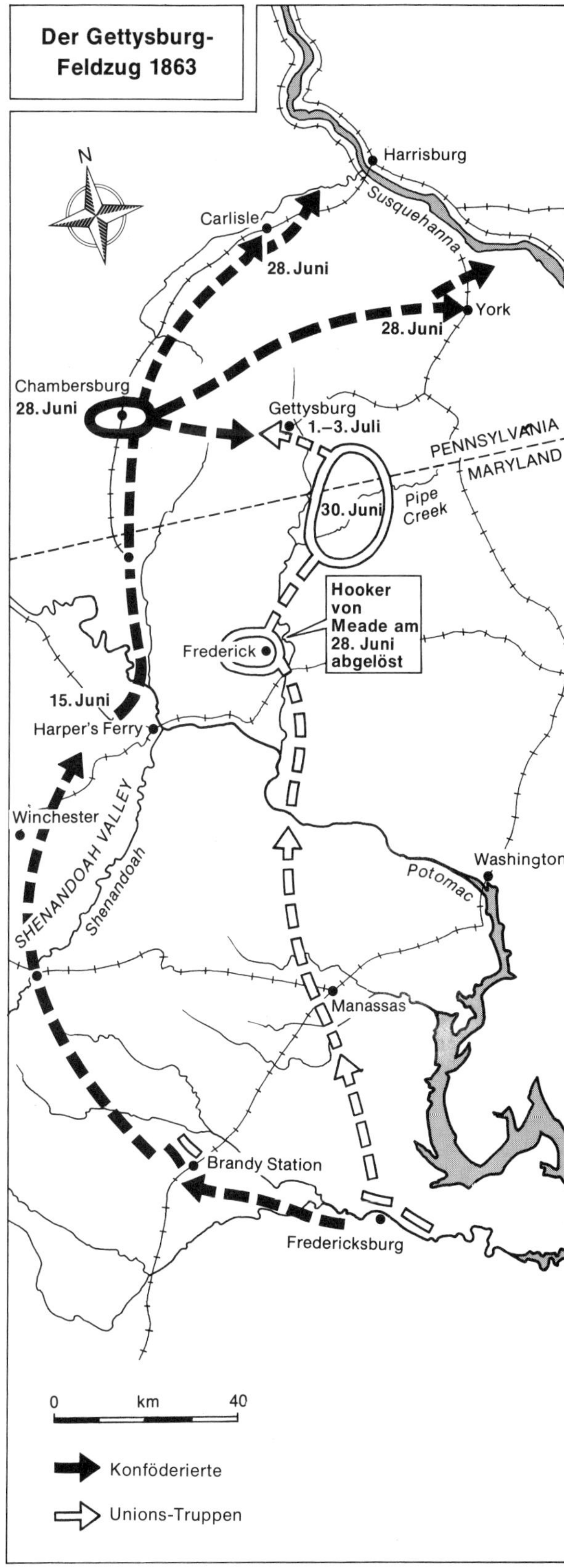

Konföderierten in den Vormittagsstunden von Westen vorrückten, stießen sie auf heftigen Widerstand. Die Schlacht von Gettysburg nahm ihren Anfang.
Die Hauptmacht der Konföderierten stand an diesem Tag westlich von der Stadt, und nördlich davon ein Teil der Truppen unter Ewell.
US-Generalmajor John Buford, der westlich von Gettysburg die Kavallerie befehligte, forderte Verstärkungen an, da ihn die Konföderierten hart bedrängten. Trotz verzweifelter Gegenwehr wurden die Unions-Truppen auch von Norden durch Gettysburg hindurch zurückgetrieben.
Südlich von Gettysburg hatte Generalmajor Oliver Otis Howard auf dem Cemetery Hill seine Reservedivision aufgestellt, wo sich die zurückflutenden Nordstaatler wieder zur Verteidigung einrichteten.
Gegen Abend des 1. 7. 1873 stand Hill westlich von Gettysburg, während Ewell die Stadt selbst in Besitz nahm. General Lee glaubte, die Union am nächsten Tag schlagen zu können, denn der erste Tag war für die Konföderierten günstig ausgegangen. Longstreet sollte den Hauptangriff gegen Cemetery Ridge führen, Ewell den rechten Flügel der Union bei Culp's Hill und Hill das Zentrum angreifen. Longstreet sprach sich aber gegen einen Angriff aus, da sich die Truppen der Union auf den gut zu verteidigenden Hügeln verschanzt hatten. Aber Lee blieb bei seinem Plan.
Nach vielen Verzögerungen auf seiten der Konföderierten griffen Longstreets Truppen erst am Nachmittag gegen 16.00 Uhr den linken Flügel südlich von Gettysburg frontal an.
General Meade hatte inzwischen immer mehr Truppen herangeführt. Doch als der Sturm am südlichen Ende des Cemetery Ridge losbrach, mußten sich die Nordstaatler langsam auf die Hügel zurückziehen. Die Lage wurde kritisch, aber rechtzeitig kam Infanterie- und Artillerie-Verstärkung heran, die im letzten Augenblick die Konföderierten unter heftiges Feuer nahmen. Beide Seiten erlitten schwere Verluste, aber die Union hielt die Hügel fest in der Hand.
Am Cemetery Hill sah es für die Konföderierten auch nicht besser aus. Es gelang ihnen, den Ceme-

Gefallene auf dem Little Round Top bei Gettysburg. Dieser kleine Hügel am äußersten Ende des linken Flügels der Union bei Gettysburg wäre am 2. 7. 1863 beinahe in die Hände der Konföderierten gefallen. Im letzten Moment warfen eilig herangeführte Verstärkungen die Konföderierten von dieser wichtigen Stellung zurück.

tery Hill zu erobern, doch wurden sie von dort im Gegenangriff wieder vertrieben. Dagegen konnten die Konföderierten einen Teil von Culp's Hill besetzen.
General Hills Truppen griffen zwar auch den Cemetery Ridge an, aber Ewell und Hill zeigten bei Gettysburg nicht die von ihnen gewohnte Initiative. Die Zusammenarbeit der einzelnen Korps der Konföderierten ließ viel zu wünschen übrig. General Meade war dadurch in der Lage, von seinem rechten Flügel und dem Zentrum Truppen nach dem linken Flügel zu werfen.
General Lee überschätzte die von Longstreet und Ewell erzielten Erfolge und war sicher, am 3. 7. 1863 den endgültigen Sieg zu erringen. Zusammen mit frischen Truppen müßte es gelingen, die Flanken der Union zum Einsturz zu bringen.
Am Morgen des 3. 7. 1863 warfen die Nordstaatler nach mehrstündigem Kampf die Konföderierten aus ihren am Vortage eroberten Stellungen auf Culp's Hill. Daraufhin wollte Lee nun die Verteidigungslinien der Union südlich des Cemetery Hill angreifen, da er glaubte, hier nur schwache Kräfte vor sich zu haben. Gelang der Angriff, würde die Potomac-Armee in zwei Hälften geteilt, und ihre Niederlage wäre unabwendbar.
Generalleutnant Longstreet sprach sich gegen diesen Plan aus, aber er mußte nachgeben. Ungefähr 15 000 Mann sollten von Seminary Ridge aus gegen die Stellungen der Union vorrücken, während 170 Geschütze die Infanterie unterstützten.
Um 13.07 Uhr am 3. 7. 1863 begann der letzte Tag der Schlacht von Gettysburg mit einem Artillerieduell, das es bisher in diesem Krieg noch nicht gegeben hatte. Die Batterien der Union schienen ausgeschaltet zu sein, und die Munition der Konföderierten war nahezu erschöpft.
Dann gingen die Konföderierten unter Generalmajor George Edward Pickett um 14.00 Uhr gegen die Stellungen der Union auf dem Cemetery Ridge vor – Höhepunkt und endgültige Niederlage der Konföderierten in der Schlacht von Gettysburg. Zwischen den beiden Hügelgruppen bot sich ein einmaliges Schauspiel. Tausende von Bajonetten blitzten in der heißen Julisonne. Die Truppen der Union hielten den Atem an.
Doch wiederum wurden die Konföderierten enttäuscht. Die Artillerie der Nordstaatler war nicht zum Schweigen gebracht worden. Vielmehr hatte Brigadegeneral Henry J. Hunt, Artillerie-Offizier der Potomac-Armee, befohlen, während des Bombardements der Konföderierten das Feuer einzustellen und erst nach dem Vorrücken der Infanterie dieses wieder zu eröffnen.
Jetzt richteten über 200 Geschütze der Union unter den Konföderierten ein furchtbares Blutbad an. Die Nordstaatler waren erschüttert über die Todesverachtung und den Mut ihrer Gegner, die sie mit ihren Gewehren niederschossen. Der linke Flügel der Konföderierten brach zusammen und mußte zurückweichen. Dem rechten Flügel gelang es, über eine Steinmauer zu kommen und die Linien der Union zu durchbrechen. Dann aber rückten die Reserven der Union vor, und der Angriff der Konföderierten war abgeschlagen.
Die Union hatte durch Übermacht und bessere Logistik die Schlacht gewonnen. Brigadegeneral Herman Haupt, Direktor für das Transportwesen der Union im Osten, hatte täglich 15 Eisenbahnzüge von Baltimore an die Front geschickt und dabei Verwundete zurückgebracht. Jetzt hätte General Meade zum Gegenangriff übergehen müssen, die konföderierte Armee wäre vernichtet worden. Aber auch Meade besaß kein Selbstvertrauen wie seine Vorgänger und nicht die Fähigkeit, eine der großen Gelegenheiten des Bürgerkrieges auszunutzen. Der Krieg wäre dann sicherlich zu Ende gewesen. General Lee bewies nach dieser furchtbaren Schlacht wiederum seine hervorragenden Eigenschaften als Führer einer Armee, die er am 14. 7. 1863 sicher nach dem Süden zurückbrachte. Seine Offiziere und Soldaten vertrauten ihm weiterhin.
Aber der Verlust von Vicksburg und Gettysburg bedeutete den Anfang vom Ende der Konföderation.
In der Schlacht bei Gettysburg verlor die Union ungefähr 23 000 Mann an Toten, Verwundeten und Vermißten, die Konföderierten etwa 28 000 Mann.
Nachdem die Armeen von Gettysburg abgezogen waren, blieben hier etwa 22 000 Verwundete beider Seiten zurück. Es war eine kaum zu bewältigende Aufgabe, sich um diese zu kümmern oder sie in Lazarette abzutransportieren. Mit der Potomac-Armee waren auch die Ärzte und Ambulanzen fortgezogen. Es dauerte Wochen, bis alle Verwundeten versorgt und abtransportiert waren.
Im Norden war man sich dessen bewußt, daß nach dieser blutigen Schlacht noch eine Aufgabe zu bewältigen war, und zwar einen Friedhof für die unzähligen Gefallenen anzulegen. Pennsylvania brachte den Gedanken auf, mit Unterstützung der anderen Bundesstaaten einen Ehrenfriedhof zu errichten und diesen feierlich einzuweihen. Am 19. 11. 1863 fand der eindrucksvolle Akt statt, zu dem man auch Präsident Lincoln eingeladen hatte,

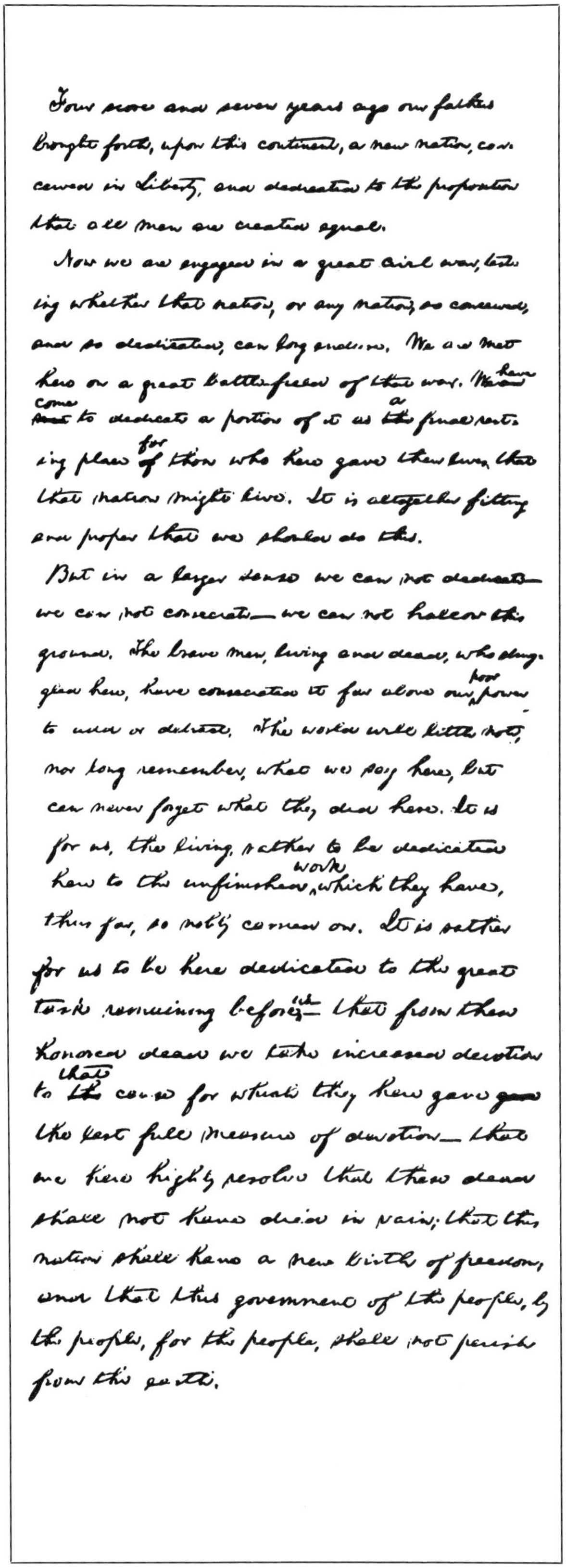

Four score and seven years ago our fathers brought forth, upon this continent, a new nation, conceived in Liberty, and dedicated to the proposition that all men are created equal.

Now we are engaged in a great civil war, testing whether that nation, or any nation so conceived, and so dedicated, can long endure. We are met here on a great battle-field of that war. We have come to dedicate a portion of it as a final resting place for those who here gave their lives that that nation might live. It is altogether fitting and proper that we should do this.

But in a larger sense we can not dedicate — we can not consecrate — we can not hallow this ground. The brave men, living and dead, who struggled here, have consecrated it far above our poor power to add or detract. The world will little note, nor long remember, what we say here, but can never forget what they did here. It is for us, the living, rather to be dedicated here to the unfinished work which they have, thus far, so nobly carried on. It is rather for us to be here dedicated to the great task remaining before us — that from these honored dead we take increased devotion to that cause for which they here gave the last full measure of devotion — that we here highly resolve that these dead shall not have died in vain; that this nation shall have a new birth of freedom, and that this government of the people, by the people, for the people, shall not perish from the earth.

Die zweite Fassung der Rede, gehalten von Präsident Lincoln am 19. 11. 1863, gelegentlich der Einweihung des Soldatenfriedhofs in Gettysburg.

um einige Worte zu sprechen. Seine Ansprache ging aber, da er nicht zu den Hauptrednern gehörte, während der großen Feierlichkeiten verloren. Erst später erkannte man ihre große Bedeutung als Dokument der amerikanischen Demokratie. Präsident Lincoln sagte:

»Vor 87 Jahren gründeten unsere Väter auf diesem Kontinent eine neue Nation, in Freiheit erdacht und der Aufgabe gewidmet, daß alle Menschen gleich erschaffen sind.

Jetzt sind wir in einen großen Bürgerkrieg verwikkelt, eine Prüfung, ob diese Nation oder jede Nation, so erdacht und diesem Gedanken gewidmet, lange bestehen kann. Wir kommen zusammen auf einem großen Schlachtfeld dieses Krieges. Wir sind gekommen, einen Teil dieses Feldes als letzte Ruhestätte für diejenigen zu weihen, die hier ihr Leben hingaben, auf daß diese Nation leben kann. Es ist durchaus gebührend und angemessen, daß wir dies tun.

Aber im weiteren Sinn können wir diesen Boden nicht weihen, nicht segnen und nicht heiligen. Die tapferen Männer, die lebenden und die toten, die hier kämpften, haben ihn weit über unsere Kraft hinzuzutun oder zu schmälern gesegnet. Die Welt wird kaum beachten noch sich lange daran erinnern, was wir hier sagen, aber sie kann niemals vergessen, was jene hier taten. – Wir, die Lebenden, werden vielmehr dem unvollendeten Werk geweiht, das sie so weit und so großartig vorangebracht haben. Es ist vielmehr an uns, hier der großen Aufgabe, die noch vor uns liegt, geweiht zu werden, daß wir von diesen in Ehren gehaltenen Gefallenen eine erhöhte Hingabe an die Sache übernehmen, für die sie das volle Maß an Hingabe opferten, daß wir hier fest beschließen, daß die Toten nicht vergebens gestorben sind, daß diese Nation mit Gott eine neue Geburt der Freiheit erlebt und daß die Regierung des Volkes durch das Volk und für das Volk nicht von der Erde verschwinden soll.«

Konföderierte Gefangene bei Gettysburg. Gettysburg war der Wendepunkt im Bürgerkrieg. Von nun an waren die Konföderierten nicht mehr in der Lage, eine größere Offensive zu unternehmen.

Panzerschiffe, Tauchboote und Hilfskreuzer

◁ *Feldtelegraph der Union bei Wilcox Landing in der Nähe von City Point.*

Beschießung von Charleston

Als Folge des Gefechts zwischen der ›Monitor‹ und der ›Virginia‹ beschloß die Union ein Programm zum Bau von weiteren Monitoren. Mit diesen Kriegsschiffen beabsichtigte man den Hafen von Charleston zu bezwingen, den die konföderierten Blockadebrecher neben Savannah anliefen. Außerdem hatte man diesen Ort gewählt, um der Konföderation eine Lektion zu erteilen, weil hier der Bürgerkrieg seinen Anfang genommen hatte. Doch war die Durchführung nicht so einfach, wie man glaubte. Der Hafen war in der Zwischenzeit stark befestigt worden und nur schwer von der Seeseite her einzunehmen.

Die Beschießung von Charleston durch die US-Monitore war ein Fehlschlag. Die Union ging dann zur Belagerung über und errichtete schwere Geschützstellungen auf Morris Island, darunter die ›Swamp Angel‹, die eine 90 kg schwere Granate verschoß.

Am 7. 4. 1863 begann die Beschießung von Charleston durch die US-Monitore.

Im Januar 1863 stießen die neuen Monitore zu Rear-Admiral Samuel F. Du Pont, der die Seestreitkräfte befehligte. Zu den Monitoren gehörten ›Passaic‹, ›New Ironsides‹ und ›Montauk‹. Die berühmte ›Monitor‹ ging auf der Fahrt zu ihrem neuen Einsatzgebiet am 21. 12. 1862 im Sturm unter.
Commander John L. Worden, Kommandant der ›Montauk‹, beschoß am 27. 1. 1863 zusammen mit drei Kanonenbooten und einem Mörserschoner die Batterien der Konföderierten bei Fort McAllister/Georgia am Ogeechec River südlich von Savannah, wo auch der CS-Hilfskreuzer ›Nashville‹ lag. Hierbei sollte die Wirkung des Geschützfeuers der Monitore festgestellt werden. Diese fiel aber nicht zufriedenstellend aus. Die ›Montauk‹ erhielt während der Beschießung 14 Treffer, ohne jedoch ernsthafte Beschädigungen zu erleiden.
Rear-Admiral Du Pont blieb skeptisch, mit den Monitoren Charleston sturmreif schießen zu können. Die Feuergeschwindigkeit der Monitore war viel zu gering; mit dem Turm konnte man auch nicht genau zielen. Wie sollte es deshalb möglich sein, daß neun Monitore die 147 Geschütze in der Einfahrt zum Hafen zum Schweigen bringen, wenn es schon nicht gelungen war, Fort McAllister mit nur acht Geschützen auszuschalten?
Diese Skepsis oder auch dieser Pessimismus und ebenso mangelnde Initiative waren Schuld an dem Mißerfolg der US-Kriegsschiffe vor Charleston. Marine-Minister Welles war der Überzeugung, daß man ohne Rücksicht auf eintretende Verluste an den Sperrforts vorbeilaufen müsse, um dann in die Stadt zu steuern. Admiral Farragut wäre ein solches wagemutiges Unternehmen wahrscheinlich auch gelungen.
Anfang April 1863 waren die Vorbereitungen zur Beschießung abgeschlossen. Am 7. 4. 1863 steuerten die Monitore ›Weehawken‹, ›Passaic‹, ›Montauk‹, ›Patapsa‹, ›New Ironsides‹ (als Flaggschiff), ›Catskill‹, ›Nantucket‹, ›Nahant‹ und ›Keokuk‹ in die Hafeneinfahrt zwischen den Forts Sumter und Moultrie vor. Nicht nur Unterwasserhindernisse und Minensperren verhinderten einen Durchbruch, sondern auch das gut liegende Geschützfeuer der Konföderierten. Die Monitore erlitten teilweise schwere Beschädigungen, und gegen Abend brach Admiral

Du Pont die Operation ab. Die ›Keokuk‹ hatte 90 Treffer erhalten und sank am folgenden Tag.
Du Pont wollte den Angriff am 8. 4. 1863 wiederholen, gab ihn jedoch auf, als er die Berichte der Kommandanten der einzelnen Schiffe las. Er wurde deshalb abgelöst, und am 4. 6. 1863 durch Rear-Admiral Andrew Hull Foote ersetzt, der aber am 26. 6. 1863 starb. Jetzt übernahm am 6. 7. 1863 Rear-Admiral John A. Dahlgren den Befehl über die Monitore vor Charleston.
Am 10. 7. 1863 griffen ›Catskill‹, ›Montauk‹, ›Nahant‹, und ›Weehawken‹ erneut Charleston an, während Truppen unter Brigadegeneral Quincy A. Gilmore auf der Insel Morris landeten. Am 18. 7. 1863 schalteten sechs Monitore und fünf Kanonenboote Fort Wagner aus, aber die gelandeten Truppen konnten es nicht besetzen.
Die Beschießung zog sich bis Dezember 1863 hin. Nahezu täglich nahmen die Monitore Hafen und Stadt unter Beschuß und feuerten ungefähr 8000 Granaten vom 28- und 38-cm-Kaliber. Die Schiffe selber erhielten 882 Treffer, doch die Monitore erwiesen sich als kampfstarke Einheiten und wurden nie außer Gefecht gesetzt.
Es hatte sich allerdings während dieser Operationen gezeigt, daß Kriegsschiffe allein nicht in der Lage waren, Küstenbefestigungen ohne Zusammenarbeit mit dem Heer zu bezwingen und auszuschalten.

Torpedoboote und Tauchboote

Ein schneller Sieg – wenn überhaupt – der Konföderierten war zu dieser Zeit nicht mehr zu erringen. Der Süden mußte aber versuchen, so lange wie möglich auszuhalten. Die Aufgabe der CS-Marine bestand hierbei darin, die immer enger werdende Blockade der Union zu brechen, vor allem die vor Charleston, dem wichtigsten Hafen der Südstaaten. Es wurden daher alle Kräfte auf die Entwicklung und Fertigung von Minen, Torpedos, Blockadebrechern, Hilfskreuzern, Panzerschiffen und sogar von Tauchbooten konzentriert. Hochseefähige Kriegsschiffe konnte man aus Mangel an Werften und Maschinenfabriken jedoch nicht bauen.
Beide Seiten begannen gleichzeitig mit der Konstruktion von Tauchbooten. Die Union stellte im Juni 1862 ein Boot fertig, das ›Alligator‹ getauft wurde, aber nach Umbau am 2. 4. 1863 unterging. Danach gab man die Angelegenheit auf, denn die

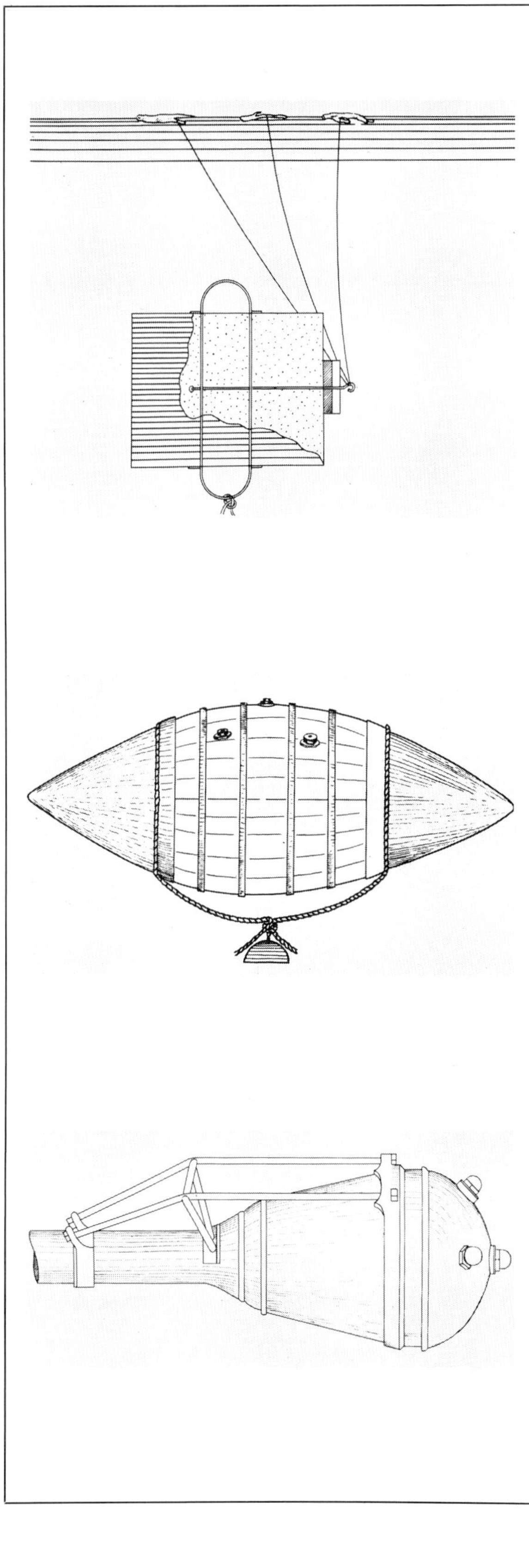

Torpedos (Minen) der Konföderierten.

Torpedoboote der konföderierten Marine, genannt ›Davids‹, die besonders während der Belagerung von Charleston zum Einsatz kamen.

Konföderiertes Tauchboot ›Hunley‹. Bereits während des ersten Angriffs ging das Unterseeboot verloren.

US-Marine konnte auf derartige Schiffe verzichten, die aufgrund des damaligen Standes der Technik nicht frontreif entwickelt werden konnten.
In Charleston baute seit Anfang 1863 T. Stoney ein Tauchboot, das halbgetaucht laufen konnte. Das Boot besaß eine Länge von ca. 9 bis 15 m bei einer Breite von 1,5 bis 1,8 m. Durch Ballasttanks sank es tiefer, und nur noch der Schornstein und die Luke ragten aus dem Wasser. Zur Erinnerung an den biblischen Kampf wurde der Vorläufer des späteren Torpedobootes ›David‹ getauft. Die Bewaffnung des ›David‹ bestand aus einem sogenannten Torpedo, d. h. einem Kupferzylinder mit einer Pulverladung von 25 kg, der an einer ca. 4,5 m langen Spiere befestigt war. Die Besatzung mußte das angreifende Ziel rammen, und die Pulverladung zur Explosion bringen.
Am 15. 10. 1863 erfolgte der erste Angriff eines ›David‹ auf den Ironclad ›New Ironsides‹ vor Charleston. Dem Kommandanten, Lieutenant W. T. Glassell, gelang es, seine Sprengladung zur Explosion zu bringen und die ›New Ironsides‹ leicht zu beschädigen.
Noch mehrere Male griffen die ›Davids‹ US-Kriegsschiffe erfolglos an. Über das weitere Schicksal der kleinen Torpedoboote ist wenig bekanntgeworden. Nach der Besetzung von Charleston fand man im Hafen noch acht ›Davids‹.
In Charleston gab es eine Torpedoabteilung der konföderierten Marine unter Captain Gray, der mit über 60 Mann an Neuentwicklungen arbeitete. Inzwischen bauten in Mobile/Atlanta, Hunley, McClintock und Watson ein tauchfähiges Fahrzeug, das ›Hunley‹ getauft wurde. Dieses war ungefähr 12,2 m lang und 1,40 m breit. Acht Mann bedienten eine Kurbelwelle, die mit einer Schraube verbunden war. An den konischen Enden der ›Hunley‹ befanden sich die Ballasttanks. Laternen gaben Licht, und die Kerzen sollten außerdem anzeigen, ob sich noch genügend Sauerstoff im Boot befand. Die Versuche des ersten »modernen« Unterseebootes verliefen zufriedenstellend, und am 7. 8. 1863 brachte man die ›Hunley‹ mit der Eisenbahn nach Charleston. Hier änderte man auch die Bewaffnung. Am Bug wurde ein Spierentorpedo mit einem kupfernen Zylinder mit 45 kg Sprengstoff angebracht.
Während der Tauchversuche ging das Boot mehrmals unter, und 13 Mann fanden dabei den Tod. General Beauregard befahl daher, nur noch über Wasser anzugreifen. Am Abend des 17. 2. 1864 hatte Lieutenant George E. Dixon endlich Erfolg. Vor Charleston ankerte die US-Sloop ›Housatonic‹. Auf dem Kriegsschiff entdeckte man die sich nähernde ›Hunley‹, der es aber trotzdem gelang, den Spierentorpedo zur Explosion zu bringen. Die schwer getroffene Sloop legte sich sofort nach Backbord über und sank innerhalb von zwei Minuten. Auch die ›Hunley‹ ging mit ihrer tapferen Besatzung verloren.

CS-Hilfskreuzer ›Florida‹

In England baute die Firma William C. Miller & Sons in Liverpool einen weiteren Hilfskreuzer für die Konföderation, doch wegen der Geheimhaltung erhielt das zukünftige Kriegsschiff den Baunamen

›Oreto‹. Der Kiel des Schiffes wurde im Juni 1861 gelegt. Trotz aller Proteste der Vereinigten Staaten lief die ›Oreto‹ am 22. 3. 1862 unter Führung eines britischen Kapitäns aus dem Hafen Liverpool aus und traf am 28. 4. 1862 in Nassau auf den Bahamas ein. Auch hier setzte die Union alles daran, das Auslaufen des Schiffes zu verhindern. Doch konnte die ›Oreto‹ am 8. 8. 1862 schließlich Nassau verlassen, um bei der unbewohnten Insel Green Cay die Bewaffnung und Mannschaft von einem Schoner zu übernehmen.
Am 17. 8. 1862 stellte Lieutenant John Newland Maffitt den Kreuzer unter dem Namen ›Florida‹ in Dienst. Der Hilfskreuzer verdrängte 700 Tonnen bei einer Länge von 60 m und einer Breite von 8 m. Die Durchschnittsgeschwindigkeit betrug 9,5 Knoten, die Höchstgeschwindigkeit unter Dampf und Segel zugleich lag bei 12 Knoten. Die Bewaffnung bestand aus zwei gezogenen 17,5 cm-Geschützen und sechs 15 cm-Geschützen.
Lieutenant Maffitt mußte nach der Indienststellung

CS Hilfskreuzer ›Florida‹ durchbrach am 4. 9. 1862 die Blockade vor Mobile Bay und erreichte trotz schwerer Beschädigungen Fort Morgan.

Am 12. 2. 1863 kaperte der konföderierte Hilfskreuzer ›Florida‹ unter Lieutenant Maffitt in den westindischen Gewässern den Clipper ›Jacob Bell‹ mit einer Ladung im Wert von mehr als zwei Millionen Dollar.

Cuba anlaufen, da auf seinem Schiff das Gelbe Fieber herrschte. Anschließend nahm ›Florida‹ Kurs auf Mobile Bay, um in den Südstaaten Besatzungsmitglieder anzuwerben und wichtige fehlende Geschützteile zu übernehmen. Am Morgen des 4. 9. 1862 stand der Hilfskreuzer vor Fort Morgan an der Mobile Bay. Zwei US-Sloops lagen hier auf Blockadestellung, so daß die ›Florida‹ keine Chance hatte durchzubrechen.
Lieutenant Maffitt befand sich in einer so verzweifelten Lage, daß er sich zu einem Täuschungsmanöver entschloß, da sein Kreuzer englischen Kriegsschiffen ähnelte. Anfangs schöpften die US-Sloops auch keinen Verdacht, erst dann, als die ›Florida‹ auf die Warnschüsse hin nicht beidrehte. Maffitt lief mit äußerster Kraft auf Mobile zu, und für die US-Kriegsschiffe war es jetzt zu spät, den Südstaaten-Kreuzer noch abzufangen. In dem sich anschließenden Gefecht von nur 24 Minuten wurde die ›Florida‹ schwer beschädigt, erreichte jedoch trotzdem Mobile.
Am 10. 1. 1863 war der Kreuzer wieder auslaufbereit. Der Kommandant des Schiffes hatte nun eine Besatzung von 20 Offizieren und 116 Mann – gegenüber 27 bei der Indienststellung.
Vor Mobile Bay standen 12 Blockadeschiffe, um den Durchbruch der ›Florida‹ zu vereiteln, die aber am 17. 1. 1863 bei Nebel die offene See erreichte.

CS Hilfskreuzer ›Georgia‹ von 600 Tonnen wurde am 9. 4. 1863 unter Commander W. L. Maury in Dienst gestellt. Im Atlantik brachte das Schiff neun Prisen auf. Am 28. 10. 1863 lag die ›Georgia‹ wieder in Cherbourg. Am 1. 6. 1864 wurde sie dann in England verkauft und am 15. 8. 1864 von der US-Marine aufgebracht.

Auf dem Weg nach Havanna fiel der ›Florida‹ bereits am 19. 1. 1863 ihr erstes Schiff in die Hände. Nach der Kohlenübernahme lief Maffitt am 22. 1. 1863 in die Karibik, wo zwei Schiffe gekapert wurden.
Am 27. 1. 1863 verließ der Kreuzer Nassau, wo man ebenfalls Kohlen gebunkert hatte. Draußen auf See verfolgte ihn die US-Sloop ›Sanonoa‹ zwei Tage.
Am 12. 2. 1863 gelang Maffitt die Kaperung des Clippers ›Jacob Bell‹ mit einer Ladung im Wert von ungefähr 1,5 Millionen Dollar. In Bridgetown auf den Barbados übernahm ›Florida‹ am 24. 2. 1863 erneut Kohlen. Bereits hier durfte die Besatzung nicht mehr von Bord des Kreuzers gehen, denn diese desertierte bei jeder sich bietenden Gelegenheit. Weitere zwei Schiffe wurden in den nächsten Tagen aufgebracht, und in den USA erhob sich scharfer Protest gegen die angebliche Unfähigkeit der US-Marine, den Südstaaten-Kreuzer nicht zum Gefecht stellen zu können.
Marineminister Welles tat jedoch alles, was in seinen Kräften stand. Er verfügte aber nicht über so viele Schiffe, um alle Aufgaben auf einmal durchzuführen. Er betrachtete es außerdem als seine Hauptaufgabe, die Konföderation durch die Blockade wirtschaftlich und militärisch in die Knie zu zwingen. Welles ließ sich hierin nicht durch das Auftreten einzelner Südstaaten-Kreuzer auf den Weltmeeren abhalten. Es war in der damaligen Zeit auch äußerst schwierig, ohne Funktelegraphie einen alleine operierenden Kreuzer aufzuspüren, der alle Schlupfwinkel auf den Weltmeeren ausnutzen konnte.
Die ›Florida‹ brachte am 28. 3. 1863 die Bark ›Lapwing‹ auf, und Maffitt beschloß, sie als Tender und bewaffnetes Hilfsschiff einzusetzen. Aber die ›Lapwing‹ war für diese Aufgabe doch nicht geeignet, wie

sich später herausstellte. In den folgenden Tagen wurden erneut vier Schiffe vernichtet, und anschließend führte man in Pernambuco/Brasilien in der Zeit vom 8. bis 12. 5. 1863 dringende Reparaturen an dem Schiff durch. Vor der Küste Brasiliens traf sich der Hilfskreuzer mehrmals mit dem Hilfsschiff ›Lapwing‹, aber die Zusammenarbeit bewährte sich nicht.
In diesem Seegebiet führte die ›Florida‹ erfolgreich Handelskrieg. Sechs Schiffe wurden verbrannt und weitere zwei wieder freigelassen. Anschließend nahm der Kreuzer Kurs auf die nordamerikanische Küste und stieß bis auf die Höhe von New York vor. Am 8. 7. 1863 kam es zu einem kurzen Gefecht mit der US-›Ericsson‹, so daß die ›Florida‹ in südlichere Gewässer auswich. Mehrere US-Kriegsschiffe machten daraufhin verstärkt Jagd auf das Südstaaten-Schiff, aber sie erschienen stets zu spät auf dem Schauplatz des Geschehens.
Am 17. 7. 1863 lag die ›Florida‹ in Bermuda, um nach acht Tagen nach Frankreich zu laufen. Unterwegs wurden nochmals sechs Schiffe in Brand gesteckt und zwei wieder entlassen. Am 21. 8. 1863 fiel dem Kreuzer auf dieser Unternehmung vor Brest das letzte Schiff zum Opfer und warf zwei Tage darauf Anker.
Auf dieser Operation hatte der CS-Hilfskreuzer 23 Schiffe aufgebracht, davon wurden 19 versenkt. Weitere Hilfsschiffe der ›Florida‹ konnten außerdem noch 15 Schiffe auf den Meeresgrund schicken.
Die Überholung und Reparatur der ›Florida‹ nahm eine lange Zeit in Anspruch, da einmal Ersatzteile aus England herangeschafft werden mußten und zum anderen die Union durch Proteste und andere Aktionen bemüht war, die Arbeiten hinauszuzögern.
Am 17. 9. 1863 wurde Lieutenant Maffitt abgelöst, und Lieutenant Charles M. Morris übernahm am 9. 1. 1864 den Kreuzer. ›Florida‹ lief am 10. 2. 1864 wieder aus Brest aus, um vor Lorient von einem Schlepper Ersatzteile für die Geschütze zu übernehmen. Anschließend ging das Schiff nach Madeira und Teneriffa, wo unter großen Schwierigkeiten Kohle gebunkert wurde.
Morris nahm nun Kurs auf Westindien, aber die erzielten Erfolge waren nicht mehr so groß wie auf der ersten Unternehmung. Erst am 29. 2. 1864 konnte man das erste Schiff aufbringen. Bis Ende Juni 1864 operierte der Hilfskreuzer in diesen Gewässern, und nur noch drei Segler fielen der ›Florida‹ zum Opfer.
Anfang Juli 1864 steuerte Morris nach Neu-England, wo sechs Schiffe aufgebracht und in Brand gesteckt wurden. Bis Mitte Juli 1864 kreuzte ›Florida‹ vor der amerikanischen Küste, aber dieses Gebiet wurde zu gefährlich, denn zu viele US-Kriegsschiffe machten Jagd auf den Südstaaten-Hilfskreuzer.
Auf den Kanarischen Inseln übernahm man nochmals Kohlen und steuerte anschließend nach Brasilien, da der Kommandant hier reiche Beute zu finden hoffte. Am 26. 9. 1864 brachte der Hilfskreuzer sein letztes Schiff auf. Am 4. 10. 1864 warf ›Florida‹ in Bahia Anker, um Kohle und Verpflegung zu ergänzen.
Hier im Hafen lag bereits der US-Kreuzer ›Wachusett‹ unter Commander Napoleon Collins. Dieser

Blockadebrecher ›Robert E. Lee‹ wurde 1862 in England gebaut. Er unternahm 21 Fahrten und brachte besonders Munition nach den bedrängten Südstaaten. Am 9. 11. 1863 wurde die ›Robert E. Lee‹ nach dem Verlassen der Bermudas aufgebracht.

ließ sich die Gelegenheit nicht entgehen, selbst unter Verletzung der Neutralität Brasiliens den konföderierten Hilfskreuzer zu vernichten. Am 7. 10. 1864 überfiel die ›Wachusett‹ ihren Gegner im Hafen, und nachdem sich dieser ergeben hatte, wurde die ›Florida‹ im Schlepp aus Bahia entführt und nach den USA gebracht. Am 28. 11. 1864 ging der ruhmreiche Kreuzer in Newport unter nicht ganz geklärten Umständen nach einer Kollision unter.
Auf ihrer zweiten Unternehmung hatte die ›Florida‹ insgesamt 13 Schiffe aufgebracht und davon 11 vernichtet. ›Florida‹ – der zweiterfolgreichste Hilfskreuzer der Südstaaten – hatte der US-Handelsschiffahrt einen Schaden von etwa 4 Millionen Dollar zugefügt.

CS Hilfskreuzer ›Alabama‹

Der erfolgreichste Hilfskreuzer der Konföderation war die ›Alabama‹. Dieses Schiff von 1050 Tonnen, mit einer Bewaffnung von sechs 32-Pfündern (16,3 kg), zwei Pivot-Geschützen, einem 18 cm- und einem 20 cm-Geschütz richtete unermeßlichen Schaden an: insgesamt 4,792 Millionen Dollar. Am 1. 8. 1861 hatte der Confederate Naval Agent für Europa, James Dunwoody Bulloch, in Liverpool den Vertrag zum Bau dieses berühmten Schiffes unterzeichnet. Unter der Baunummer 290 lief die ›Alabama‹ am 15. 5. 1862 von Stapel. Die Union versuchte wie üblich während der Bauzeit des mutmaßlichen Südstaaten-Kreuzers alles, um die Ablieferung zu verhindern. Aber alle Anstrengungen waren vergeblich. Am 28. 7. 1862 verließ ›Schiff Nr. 290‹ England und nahm mit englischer Besatzung Kurs auf die Azoren. Hier wurden die Bewaffnung und die sonstige Ausrüstung übernommen, und am 24. 8. 1862 stellte Captain Raphael Semmes die ›Alabama‹ für die Konföderation in Dienst. Noch am gleichen Abend verließ man die Porto-Praya-Bucht auf der Insel Terceira, um die Walfangflotte der Union in der Nähe der Azoren zu vernichten.
Bereits am 5. 9. 1862 wurde der erste Walfänger aufgebracht und in Brand gesteckt. Bis zum 18. 9. 1862 versenkte die ›Alabama‹ weitere acht

Raphael Semmes' Ernennung zum Kommandanten des Hilfskreuzers ›Alabama‹.

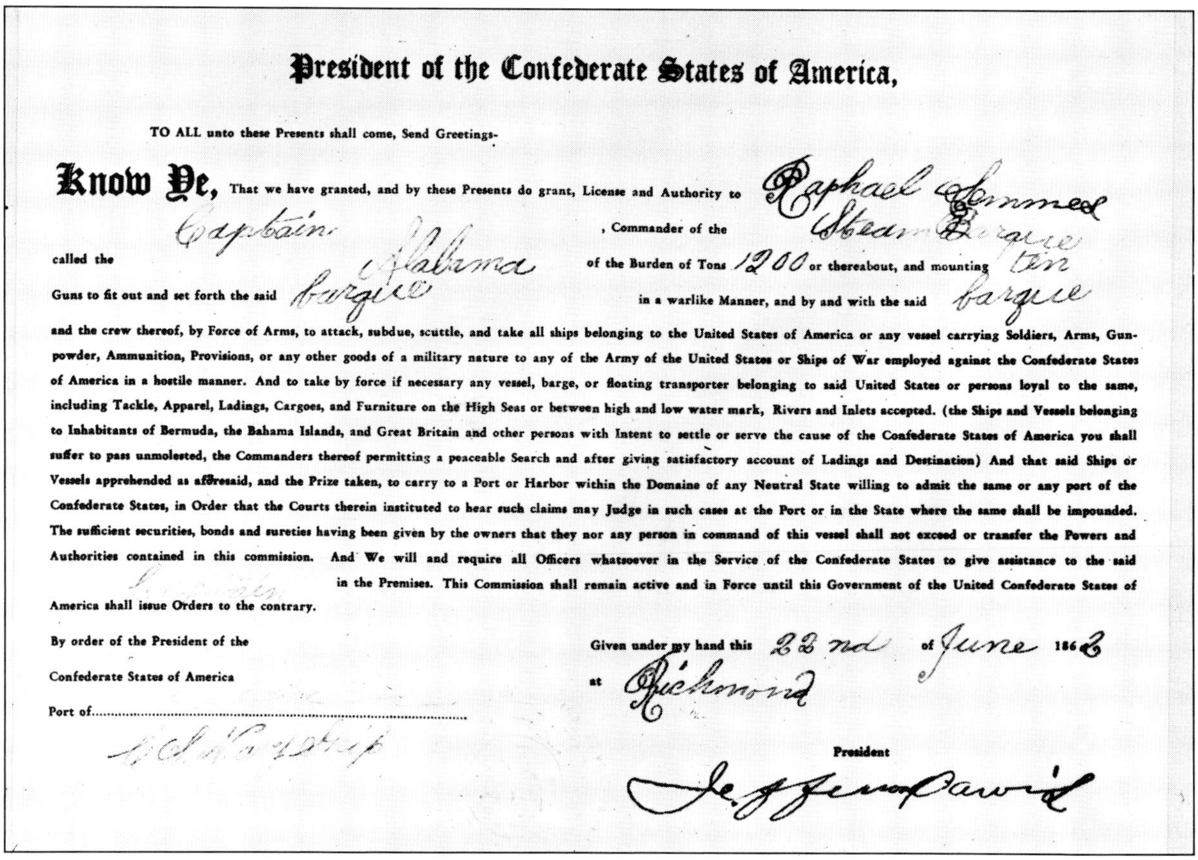

President of the Confederate States of America,

TO ALL unto these Presents shall come, Send Greetings-

Know Ye, That we have granted, and by these Presents do grant, License and Authority to Raphael Semmes Captain, Commander of the Steam Barque called the Alabama of the Burden of Tons 1200 or thereabout, and mounting ten Guns to fit out and set forth the said barque in a warlike Manner, and by and with the said barque and the crew thereof, by Force of Arms, to attack, subdue, scuttle, and take all ships belonging to the United States of America or any vessel carrying Soldiers, Arms, Gunpowder, Ammunition, Provisions, or any other goods of a military nature to any of the Army of the United States or Ships of War employed against the Confederate States of America in a hostile manner. And to take by force if necessary any vessel, barge, or floating transporter belonging to said United States or persons loyal to the same, including Tackle, Apparel, Ladings, Cargoes, and Furniture on the High Seas or between high and low water mark, Rivers and Inlets accepted. (the Ships and Vessels belonging to Inhabitants of Bermuda, the Bahama Islands, and Great Britain and other persons with Intent to settle or serve the cause of the Confederate States of America you shall suffer to pass unmolested, the Commanders thereof permitting a peaceable Search and after giving satisfactory account of Ladings and Destination) And that said Ships or Vessels apprehended as aforesaid, and the Prize taken, to carry to a Port or Harbor within the Domaine of any Neutral State willing to admit the same or any port of the Confederate States, in Order that the Courts therein instituted to hear such claims may Judge in such cases at the Port or in the State where the same shall be impounded. The sufficient securities, bonds and sureties having been given by the owners that they nor any person in command of this vessel shall not exceed or transfer the Powers and Authorities contained in this commission. And We will and require all Officers whatsoever in the Service of the Confederate States to give assistance to the said in the Premises. This Commission shall remain active and in Force until this Government of the United Confederate States of America shall issue Orders to the contrary.

By order of the President of the Confederate States of America

Port of...

Given under my hand this 22 nd of June 1862 at Richmond

President

Jefferson Davis

Walfänger mit einem Wert von 230 000 Dollar sowie einen Schoner.
Die Walfangsaison ging zu Ende, und die restlichen Walfänger waren abgelaufen, so daß Semmes Kurs auf die Neufundlandbank nahm, denn hier verlief der Hauptverkehrsweg der Getreideschiffe nach England.
In diesem neuen Operationsgebiet fielen dem Hilfskreuzer acht Schiffe in die Hände, während drei Segler wieder ihre Fahrt fortsetzen durften. Da Semmes eine weitere Handelskriegführung in der Nähe der US-Küste für zu gefährlich hielt, lief er nach Westindien. In Fort-de-France auf Martinique wollte man Kohlen übernehmen, doch bereiteten die Behörden aufgrund der Proteste des US-Konsuls Schwierigkeiten. Der Kommandant schickte daher sein Versorgungsschiff, das ihm von England gefolgt war, zur Küste von Venezuela. Anderntags machte der US-Kreuzer ›San Jacinto‹ im Hafen von Fort-de-France fest, aber die ›Alabama‹ konnte abends bei schlechtem Wetter entkommen. Semmes steuerte nun im Golf von Mexiko und vor Haiti sowie Kuba. Er hoffte, auf Truppentransporter der Union zu stoßen, die nach Texas liefen, aber er hatte kein Glück. Nur ein Segler wurde auf den Meeresgrund geschickt. Jetzt plante Semmes, einen Dampfer mit Goldladung zu kapern, der das begehrte Metall von Kalifornien nach New York brachte. Am 7. 12. 1862 hielt der Kreuzer den erwarteten Dampfer an, aber es war das Postschiff ›Ariel‹ mit 500 Passagieren und 150 Soldaten an Bord. Notgedrungen mußte Captain Semmes am 10. 12. 1862 die ›Ariel‹ wieder entlassen.
Anschließend wurde der Kreuzer auf See gründlich überholt und nahm nun – am 5. 1. 1863 – Kurs auf Galveston/Texas. Semmes beabsichtigte, hier die Landung der Unions-Armee zu stören und die US-Kriegsschiffe anzugreifen. Am 11. 1. 1863 kam die ›Alabama‹ vor Galveston an, und von Bord des Schiffes sah man, daß US-Kriegsschiffe den Hafen unter Beschuß nahmen. Nach kurzer Zeit näherte sich der bewaffnete Raddampfer ›Hatteras‹ (1126 Tonnen mit fünf Geschützen), der als Blockadebrecher diente, dem verdächtigen Fahrzeug. In der aufkommenden Dunkelheit lief die ›Hatteras‹ bis auf 70 m an den Hilfskreuzer heran, als dieser das Feuer eröffnete. Nach 13 Minuten hißte das brennende und sinkende US-Kriegsschiff die weiße Flagge. Der Kommandant und 117 Mann wurden von der ›Alabama‹ gerettet.
Nach diesem erfolgreichen Gefecht ging der Hilfskreuzer nach Jamaica, um dann Jagd auf die Handelsschiffe der Union in der Karibik zu machen. In der Zeit vom 26. 1. 1863 bis 25. 3. 1863 wurden neun Schiffe gekapert und vier Fahrzeuge wieder entlassen. Das Versorgungsschiff der ›Alabama‹ war inzwischen eigenmächtig nach England zurückgekehrt, und erst am 4. 4. 1863 konnte man aus der aufgebrachten ›Louisa‹ vor der brasilianischen Küste Cardiff-Kohle übernehmen. In der Nähe der Insel Fernando de Noronha brachte Semmes am 15. 4. 1863 völkerrechtswidrig zwei Walfänger auf, die er in Flammen aufgehen ließ. Zehn Tage darauf wurde erneut ein Walfänger in Brand gesteckt. Am 3. 5. 1863 fiel dem Hilfskreuzer die ›Sea Lark‹ mit einer Ladung im Wert von 550 000 Dollar in die Hände.
Semmes nahm am 21. 5. 1863 Kurs auf das Kap der Guten Hoffnung, denn im Atlantik fand man nicht mehr viele Schiffe.
Am 20. 6. 1863 stellte Semmes die Bark ›Conrad‹ als Hilfsschiff ›Tuscaloosa‹ in Dienst, die vor der südafrikanischen Küste operieren sollte. Noch drei weitere Fahrzeuge wurden aufgebracht, ehe der Kreuzer am 5. 8. 1863 in Kapstadt festmachte. Das Operationsgebiet vor Südafrika brachte sowohl für die

Konteradmiral Raphael Semmes, Kommandant der ›Alabama‹, befehligte gegen Ende des Krieges die James-Flottille.

›Alabama‹ als auch für die ›Tuscaloosa‹ keine Erfolge, so daß Semmes am 24. 9. 1863 diese Gewässer verließ und nach dem Fernen Osten steuerte. Am 6. 11. 1863 wurde bei Java das erste Schiff aufgebracht, und in Nähe der Sunda-Straße kaperte man noch zwei Schiffe. Vor Cochin-China überholte Semmes vor der Insel Pulo Condore den Kreuzer und traf am 22. 12. 1863 in Singapur ein. Die bisher erzielten Erfolge waren nicht überwältigend, aber das Auftreten des Südstaaten-Schiffes brachte den Handel der Union zum Erliegen. Der Kreuzer mußte aber jetzt grundüberholt werden, so daß Captain Semmes beschloß, wieder Kurs auf das Kap der Guten Hoffnung zu nehmen, um anschließend vor Brasilien nochmals Handelskrieg zu führen und schließlich einen neutralen Hafen zur Reparatur anzulaufen.

Schon wenige Stunden nach dem Auslaufen aus Singapur (24. 12. 1863) fiel der ›Alabama‹ ein Schiff in die Hände. Nach einer ereignisreichen Fahrt im Indischen Ozean – drei Schiffe wurden unterwegs vernichtet – erreichte Semmes am 20. 3. 1864 Kapstadt.

◁ *Captain John Ancrum Winslow (dritter von links) mit seinen Offizieren an Bord des US-Kreuzers ›Kearsarge‹, kurz nachdem er am 19. 6. 1864 die ›Alabama‹, den erfolgreichsten Südstaaten-Hilfskreuzer, vor Cherbourg/Frankreich in einem Artilleriegefecht versenkte.*

Nach fünf Tagen nahm der Kreuzer Kurs auf den Atlantik und brachte nochmals zwei Schiffe auf, ehe er am 11. 6. 1864 den französischen Hafen Brest anlief. Semmes mußte hier mit großen Schwierigkeiten kämpfen, ehe er die Einwilligung bekam, sein Schiff überholen zu dürfen.
Schon am 14. 6. 1864 erschien die US-Sloop ›Kearsarge‹ (1550 Tonnen mit sieben Geschützen) unter Captain John A. Winslow, um unter allen Umständen die ›Alabama‹ zu vernichten.
Captain Semmes nahm die Herausforderung an und verließ am 19. 6. 1864 Brest, um die draußen auf See wartende ›Kearsarge‹ anzugreifen. Um 10.57 Uhr eröffnete der Südstaaten-Kreuzer das Gefecht, der aber der US-Sloop in jeder Hinsicht unterlegen war. Bald war die ›Alabama‹ ein hilfloses Wrack, und gegen 12.24 Uhr ging sie nach tapferem Gefecht unter. Die Union atmete auf. Der gefährlichste und erfolgreichste Hilfskreuzer der Konföderation war versenkt worden. Unermeßlichen Schaden hatte dieser angerichtet. Insgesamt 55 Schiffe wurden von der ›Alabama‹ mit einem Wert von 4 792 000 Dollar vernichtet.
Die Fahrt der »Alabama« von August 1862 bis Juni 1864 war eine bemerkenswerte Leistung für Schiff und Besatzung. Der Kreuzer hatte während seiner Operation keinen Heimathafen anlaufen können. Er lief in Cherbourg mit seiner ursprünglichen Offiziers-Crew ein und noch mit einem Großteil der angeheuerten Besatzung. Insgesamt 2000 Gefangene mußten an Bord des Schiffes untergebracht werden, und niemand starb durch Krankheit. Während der zweijährigen Unternehmung war man vollkommen auf sich selbst angewiesen, so daß man Verpflegung von den gekaperten Schiffen übernehmen mußte.
Die »Alabama« war einer der erfolgreichsten Handelsstörer in der Geschichte des Seekrieges, und kurz vor dem letzten Gefecht erinnerte Semmes seine Besatzung an die vollbrachten Taten: »Ihr habt die Hälfte des feindlichen Handels, der zu Beginn des Krieges alle Meere befuhr, zerstört und unter die neutrale Flagge gezwungen.

Am 3. 10. 1862 vernichtete der CS Hilfskreuzer ›Alabama‹ den US-Segler ›Brilliant‹ mit einer Ladung im Wert von 93 000 Dollar.

Hinter den Fronten

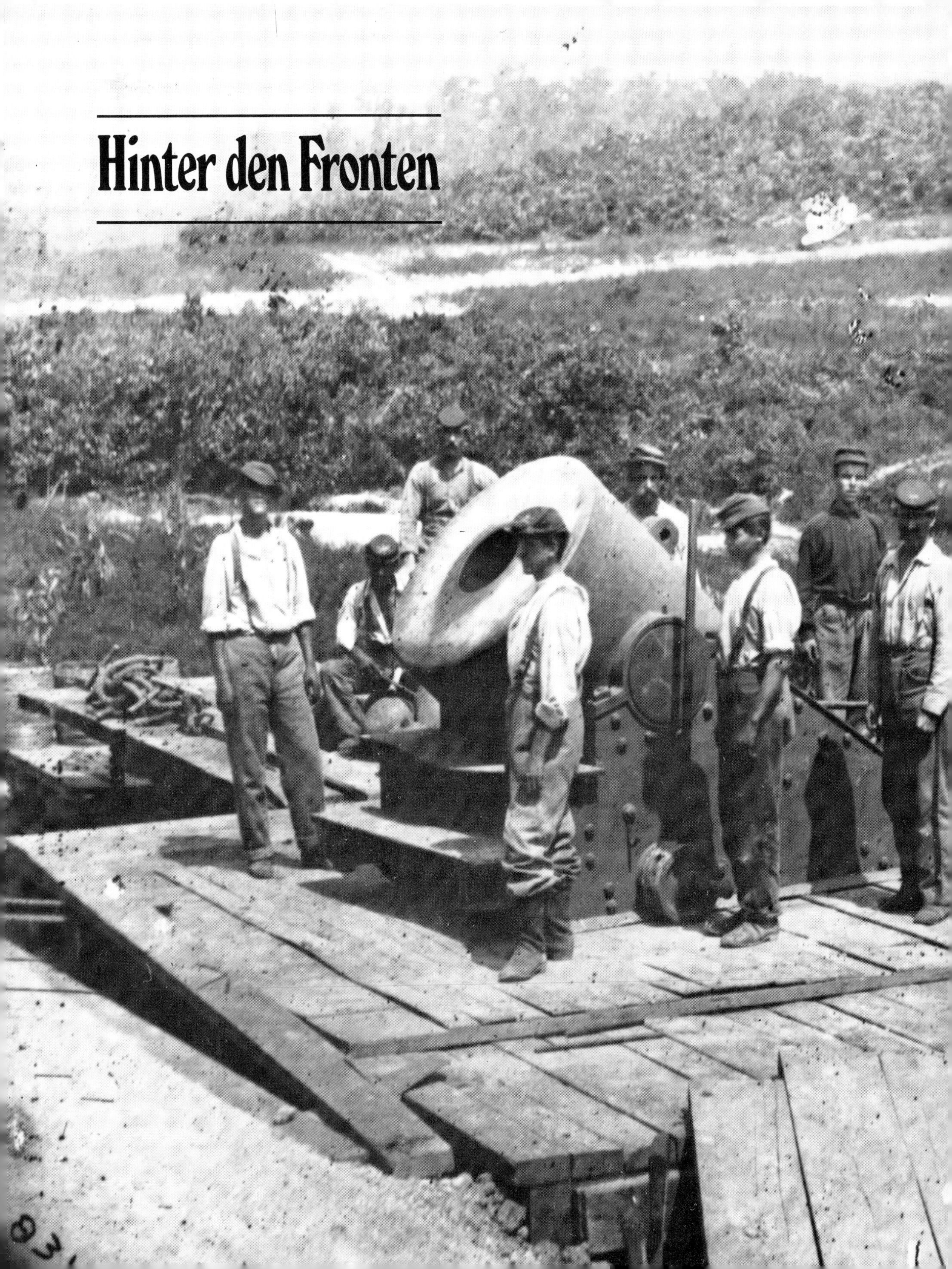

◁ *32 cm-Mörser »Dictator« vor Petersburg.*

Die Armeen der Union und der Konföderation

Für beide Seiten traf es in diesem blutigen Krieg zu, daß der einfache Soldat die Last und die Schrecken der Gemetzel zu tragen hatte. Besonders die Soldaten der Union waren während der ersten Monate schlecht ausgebildet, die Führung lag bei unfähigen Generalen, doch trotzdem galten sie als ausgezeichnete und harte Kämpfer. Von der Disziplin der europäischen Heere her betrachtet, waren die Soldaten des Nordens und des Südens wahre Individualisten, die sich nicht dem barbarischen Drill z. B. des preußischen Heeres unterworfen hätten – so daß Generalfeldmarschall von Moltke von einem Krieg des Mobs sprach, und doch hätte er viel für die Zukunft aus diesem Krieg lernen können –, aber nach Überwindung der Anfangsschwierigkeiten wurden sie zu den ausdauerndsten und besten Soldaten.

Im Bürgerkrieg wurden zum ersten Mal Ballons zur Beobachtung des Gegners und dessen Truppenbewegungen eingesetzt. Hier die ›Intrepid‹ bei Fair Oaks.

Nord- und Südstaatler zogen in den ersten Monaten zu Tausenden mit einem unvergleichlichen Enthusiasmus und Optimismus in den Krieg – wie in den Augusttagen 1914 in Europa – den sie aber bald wieder verloren. Aufgrund des stark ausgeprägten Individualismus des Amerikaners war es ganz natürlich, daß sich die einzelnen Regimenter z. B. zivile Köche anstellten, um nicht nur die Heeresverpflegung essen zu müssen. Im Süden brachte der Pflanzer-Aristokrat sogar seinen persönlichen Diener mit. Freiwilligen-Regimenter gaben sich als Clubs aus, so daß nicht jeder ohne weiteres bei ihnen eintreten konnte. Befehle wurden nicht unbedingt sofort ausgeführt, sondern erst diskutiert, manchmal dem Offizier gegenüber mit der Faust ausgetragen.
Im Laufe der Zeit mußte der Soldat aber viele seiner gewohnten Freiheiten aufgeben, um kämpfen und damit auch überleben zu können. Der gemeine Soldat erkannte, daß der Vorgesetzte durch seine Entscheidungen sein Leben negativ oder positiv beeinflussen konnte. Der Soldat befolgte daher auch das, was man ihm sagte oder befahl, aber den automatischen und blinden Gehorsam europäischer Soldaten lernte er nie, und er wollte es auch nicht. Die Offiziere ließen ihn gewähren, denn auch sie hatten ihre Freiheiten, abgesehen davon, daß sie wie ihre Un-

Intendantur der 50. New Yorker Pioniere bei Petersburg.

tergebenen Amerikaner waren. Trotz dieser für europäische Vorstellungen angeblichen Disziplinlosigkeit war der Soldat des Bürgerkriegs einer der tapfersten, mutigsten und ausdauerndsten. Die europäischen Kriege des 19. Jahrhunderts halten kaum einen Vergleich mit dem des amerikanischen Bürgerkrieges aus, der in vielen Dingen schon ein Vorläufer des Weltkrieges war.

Diesc angeblich lose Disziplin hatte außer dem Individualismus auch ihre Ursache darin, daß die Offiziere entweder von den Soldaten gewählt oder – meistens aus politischen Gründen – vom Gouverneur des jeweiligen Bundesstaates ernannt wurden. Folglich war der Offizier bestrebt, bei seinen Untergebenen beliebt zu sein. Abgesehen davon verstanden die Offiziere in der ersten Zeit des Krieges kaum etwas von militärischen Dingen, so daß Offiziere und Soldaten gegenseitig auf sich angewiesen waren. Sie lernten aber alle das Kriegshandwerk, und die vielen blutigen Schlachten bewiesen, welche Disziplin und welcher Mut und soldatische Fähigkeit dazu gehörten, in dem mörderischen Feuer gegen den Gegner vorzugehen. Man kann daher behaupten, daß der Bürgerkriegssoldat mit zu den besten gehört, den die Geschichte kennt. Die Offiziere, die es nicht lernten, ihre Soldaten zu führen und sonstwie versagten, schieden bald wieder aus. Der harte Kern blieb zurück, es waren Veteranenheere, die jeden Vergleich aushielten. Das Wichtigste für den Soldaten der Union und der Konföderation war die Marsch- und Gefechtsformation. Es war schwierig und erforderte großen Drill, eine auf dem Marsch befindliche Division – in Viererreihen und 1500 m lang – in Schlachtlinie zu formieren, die Länge also in eine Breite von 1500 m zu bilden. Mehrere Linien mußten aufgestellt werden, wobei jede von ihnen eine oder zwei Regimenter breit war. Zehn Kompanien eines Regimentes marschierten in 10 parallelen Kolonnen vorwärts; jede Kolonne war zwei Mann breit und 40–50 Mann tief. Diese Manöver waren schwer zu lernen, besonders für den militärisch unerfahrenen Amerikaner, zumal diese Gefechtslinie nach rechts oder links verschoben wurde oder sich die Kolonne um die Achse drehte, und außerdem vor- oder zurückging. Zu berücksichtigen sind hierbei noch die Geländeverhältnisse und die Ausführung der entsprechenden Befehle während des Kampfes.

Interessanterweise wurden keine Schießübungen gemacht, denn man glaubte, daß der gewöhnliche Amerikaner mit dem Gewehr vertraut sei. Aber dies gehörte wie so vieles aus der amerikanischen Geschichte zur Legende. Die Südstaatler dagegen besaßen tatsächlich viel mehr Praxis vom Kampf an der Grenze mit den Indianern. Viele Soldaten hatten deshalb vor einem Gefecht noch nie mit dem Gewehr geschossen und wußten nicht, wie weit dieses schoß, was sich als besonders verhängnisvoll erwies.
Bis zum Beginn des Bürgerkriegs bestand die Taktik darin, da die Infanterie mit Gewehren mit glatten Läufen ausgerüstet war und deren Reichweite kaum über 50 m lag, dicht an dicht auf den Gegner vorzurücken und diesen dann mit dem Bayonett in die Flucht zu schlagen. Dies bedeutete, daß der Verteidiger kaum eine Chance hatte, sich gegen die vorstürmenden Massen zu behaupten.
Das Gewehr des Bürgerkriegs-Soldaten war zwar noch wie zur Zeit Napoleons ein Vorderlader, aber es hatte bereits einen gezogenen Lauf. Somit betrug die Reichweite nahezu 800 m. Die vorrückende Linie des Gegners konnte jetzt schon auf beträchtliche Entfernung unter tödliches Feuer genommen werden. Bedeutungsvoll wurde jedoch, daß sich die Verteidiger im Bürgerkrieg in Gräben verschanzten oder hinter Hecken Schutz suchten, also jede Möglichkeit zur Deckung ausnutzten. Ein Frontalangriff auf eine derartig befestigte Linie war daher von vornherein zum Scheitern verurteilt (diese furchtbare Erfahrung wurde von den europäischen Heeren in den Jahren 1861–1918 einfach ignoriert, denn es war angeblich der Mob, der in Nordamerika kämpfte, und erst der Panzer des Zweiten Weltkrieges löste die erstarrte Front wieder auf).
Beide Seiten erlitten hohe Verluste, da man angesichts einer solchen verbesserten Feuerkraft immer noch nach der Napoleonischen Taktik angriff.
Auch die Artillerie war verbessert worden. Die Masse der Geschütze bestand aus Vorderladern mit einem Kaliber von 11,4 cm an aufwärts und verschoß eine 5,5 kg schwere Kugel. Die Reichweite betrug ungefähr 1,5 km, und zur Abwehr von Infanterie-Angriffen genügte dies, besonders in dem hügeligen und bewaldeten Gelände Nordamerikas. Daneben gab es bereits das gezogene Geschütz von 7,6 cm, das wirkungsvoll zur Ausschaltung der Vorderlader-Geschütze auf weitere Entfernung eingesetzt wurde.

Schwere Belagerungsartillerie der Union. Dieses Geschütz nannte man »Whistling Dick«.

Beide Geschütz-Typen schossen direkt, d. h. die Bedienungsmannschaft mußte das Ziel mit ihren Augen sehen können. Indirektes Feuer kannte man noch nicht.
Gegen Befestigungsanlagen wurden Mörser eingesetzt, da mit den gewöhnlichen Geschützen kein Steilfeuer möglich war. Es gab auch schwere Belagerungsartillerie, die aber, von der technischen Seite her gesehen, nicht gut durchkonstruiert war.
Die Union besaß aufgrund ihrer industriellen Kapazität mehr und bessere Artillerie als der Süden, der jedoch in den ersten Kriegsjahren eine ausgezeichnete Kavallerie hatte. Während des Krieges verfügten die Artilleristen der Union über insgesamt 7892 Geschütze.
Die meisten Soldaten des Südens kamen aus ländlichen Gegenden, waren mit Pferden vertraut und brachten auch ihr eigenes mit in den Krieg. Es nahm daher nicht wunder, daß die Konföderierten die besten Reitergenerale hatten, wie Brigadegeneral John Hunt Morgan, Generalmajor Joseph Wheeler (1836–1906) und den berühmten Generalmajor Nathan Bedford-Forrest, der keine militärische Ausbildung genossen hatte, sondern als einfacher Soldat in die konföderierte Armee eingetreten war. Trotz vieler Kavallerie-Gefechte und brillanter Vorstöße spielte diese im Bürgerkrieg nur eine untergeordnete Rolle. Sie wurde hauptsächlich zur Aufklärung und Abschirmung der Truppenbewegungen eingesetzt.
Neben den Truppengattungen Infanterie, Artillerie und Kavallerie waren die Pioniere besonders wichtig. Sie bauten Brücken, Straßen, Befestigungen, Pontonbrücken, Eisenbahnlinien usw. Sprengungen und Minenlegen gehörten ebenfalls zu deren Aufgaben, obwohl dies oft die Fronttruppen selber machten. Hier besaß die Union wiederum einen großen Vorteil. Unter ihren Soldaten gab es viele Handwerker, so daß es nichts gab, was sie unter einem geschickten Pionieroffizier nicht vollbringen konnten.
Wieviele Soldaten in den beiden Armeen dienten, ist nicht mehr ganz einwandfrei zu klären, denn das vorhandene Zahlenmaterial ist sehr widersprüchlich. In der Unions-Armee waren es ungefähr 2,1 Millionen Mann, davon entfielen auf die Aktiven 75 000; 1,9 Millionen waren Freiwillige, 460 000 wurden eingezogen, während 73 000 als Ersatzmänner einrückten.
Die Stärke der konföderierten Armee ist noch schwieriger anzugeben. Die Angaben schwanken zwischen 600 000 und 1,5 Millionen Mann. Legt man die dreijährige Verpflichtung zugrunde, so kommt man für die Armee der Union auf 1 556 678 Mann und für die Konföderierten auf 1 082 119 Mann.
Für die einzelnen Jahre kann man folgende Zahlen anführen:

	Union	Konföderation
Juli 1861	186 751	112 040
Januar 1862	575 917	351 418
März 1862	637 126	401 395
Januar 1863	918 121	446 622
Januar 1864	860 737	481 180
Januar 1865	959 460	445 202

Die Wirtschaft im Krieg

Wie alle modernen längeren Kriege wurde auch der amerikanische Bürgerkrieg nicht nur dadurch entschieden, daß die eine Seite bessere Soldaten als die andere hatte. Es war vielmehr der erste Krieg der Neuzeit, in dem das wirtschaftliche und industrielle Potential eine entscheidende Rolle spielte. Die militärische Stärke der Union und der Konföderation hing allein von den wirtschaftlichen Grundlagen des jeweiligen Gebietes ab. Der Norden war dem Süden von Beginn an überlegen, obwohl man sich dessen zunächst nicht bewußt war. Gewaltige industrielle Reichtümer standen dem Norden zur Verfügung. Es war daher keine Frage, daß die Union trotz aller anfänglichen Rückschläge auf dem Land schließlich den Krieg gewinnen würde. Diesem modernen Wirtschaftskrieg war der Süden nicht gewachsen. Er hatte sich bisher einer industriellen Revolution widersetzt und hielt an der archaischen Wirtschaftsform der Sklaverei fest. Jetzt aber sollte sich gerade die Industrialisierung als kriegsentscheidend herausstellen.
Für die zum Heer eingerückten Soldaten stellte der Süden die Sklaven zur Feldarbeit usw. an, aber mit dieser Umstellung war der Krieg nicht zu gewinnen. Die Sklaverei hatte die Ausbildung von Handwerkern und Facharbeitern verhindert. Das Verkehrsnetz war im Vergleich zum Norden nur schwach entwickelt. Während des Krieges bestand keine Möglichkeit mehr, Eisenbahnlinien und Straßen auszubauen, so daß besonders die Verteilung von Lebensmitteln zum Erliegen kam. Außerdem zwang die industrielle Lage zur Stillegung von Eisenbahnlinien.
Beide Seiten hatten stark unter der Inflation zu leiden. Niemand war militärisch darauf vorbereitet gewesen, einen Krieg zu führen, und daher auch nicht

Brigadegeneral Herman Haupt war für den Bau der militärischen Eisenbahnen und den Transport verantwortlich. Im Jahre 1863 schied er aus der US-Armee aus, stand aber weiterhin dem militärischen Eisenbahnwesen mit Rat und Tat zur Seite.

finanziell. Die Union mußte z. B. im Jahre 1864 täglich drei Millionen Dollar zur Finanzierung der Kriegskosten aufbringen. Die Lebenshaltungskosten stiegen enorm an. Kriegsgewinnler nutzten die Lage aus, und aus Gewinnsucht trieben sie die Preise höher und höher. Besonders für den gemeinen Mann im Norden war 1865 die Last unerträglich geworden. Die später einsetzende wirtschaftliche Blüte hatte zur Folge, daß die Preise schneller in die Höhe kletterten als die Löhne. So stiegen z. B. von 1861 bis 1863 die Löhne um nur 10 %, dagegen die Preise um die Hälfte. Die Kriegsgewinnler und Betrüger profitierten von dieser Lage, die u. a. der Regierung schlechte Ware zu horrenden Preisen verkauften.
Washington trug durch seine Politik dazu bei, daß die finanzkräftigen Unternehmer nach dem Krieg das Kapital beherrschten. Viele berühmte Firmen, wie Armour (Fleischverpackung), Huntingdon (Eisenbahn), Remington (Gewehre), Rockefeller (Öl), Carnegie (Eisen und Stahl) usw. konnten im Bürgerkrieg den Grundstein zu ihrem künftigen Reichtum legen.
Im Norden setzte ein unvorstellbarer wirtschaftlicher Aufschwung ein. Zuerst hatte man geglaubt, daß durch den Krieg die industrielle Entwicklung und der Handel zurückgeworfen werden würden. Aber das Gegenteil trat ein, eine Erfahrung, die die kriegführenden Mächte im 20. Jahrhundert gleichfalls machten.
Im ersten Kriegsjahr sah es noch schlecht aus, denn man hatte sich noch nicht von der Wirtschaftskrise des Jahres 1857 erholt. Der Norden verlor 300 Millionen Dollar, die ihm der Süden schuldete. Die Bundesregierung mobilisierte aber schnell die wirtschaftlichen Reserven und gab enorme Summen für das Heer aus. Schon im Sommer 1862 spürte man überall den wirtschaftlichen Aufstieg. Allein in Philadelphia wurden in den Jahren 1862 bis 1864 180 neue Fabriken gebaut.
Die Farmer, welche vor 1861 ihre Erzeugnisse hauptsächlich nach dem Süden verkauft hatten, wurden jetzt durch die Kriegslage begünstigt und brauchten sich um den Absatz ihrer Erzeugnisse keine Sorgen zu machen.
Aber nicht nur Getreide wurde von der Regierung für die Armee gekauft, sondern auch z. B. gewaltige Mengen Leder für Schuhe, dann Textilien usw. Es gab einfach nichts, was der Staat nicht benötigte, und die Produktion stieg gewaltig an. Obwohl sich im Norden viele Farmer und deren Söhne zur Armee gemeldet hatten, herrschte in der Landwirtschaft kein Arbeitskräftemangel, denn die industrielle Revolution brachte neue landwirtschaftliche Maschinen auf den Markt, die die Arbeit wesentlich vereinfachten und erleichterten, so die dampfangetriebene Dreschmaschine und die Mähmaschine. Hinzu kam eine ständige Vergrößerung der landwirtschaftlichen Anbauflächen. Im Jahre 1862 erließ Washington das Homestead Act (Heimstättengesetz), wonach jeder Siedler 160 acres Land für eine geringe Summe erwerben konnte, das ihm nach fünf Jahren als Eigentum zugesprochen wurde. Etwa 15 000 neue Farmen entstanden hierdurch während des Krieges. Wichtig war ebenfalls der Einwanderungsstrom aus Europa. In den Jahren von 1861 bis 1862 fiel die Einwanderung unter den Stand von 1860, denn die politische und militärische Lage schien zu unsicher zu sein. Doch dann setzte eine neue Einwanderungswelle ein, und über 800 000 Menschen strömten nach den USA, aber kaum jemand nach dem Süden, wo schon vor dem Kriege die Einwanderung kaum ins Gewicht fiel.
Die Landwirtschaft der Union war nicht nur in der Lage, das eigene Land zu versorgen, sondern auch Europa, vor allem England, wohin 40 % des Getrei-

deexportes gingen. Baumwolle war nicht mehr König, sondern Getreide. Schon aus diesem Grund wäre England nicht in der Lage gewesen, gegen die Union in den Krieg einzutreten. Dies hätte sofort eine enorme Lebensmittelknappheit bedeutet. Die Industrie des Nordens mußte erst auf ihren Höchststand gebracht werden. In den ersten Kriegsmonaten wurden noch viele industrielle Erzeugnisse im Ausland gekauft, aber bereits im Jahre 1862 vergab man kaum noch Munitionsaufträge nach Europa. Die Eisenindustrie – vor allem in Pittsburgh – produzierte gewaltige Mengen an Geschützen, Mörsern, Eisenbahnschienen, Eisen für Kriegsschiffe und Lokomotiven.

Das gut ausgebaute Eisenbahnnetz, das durch den Krieg noch mehr vergrößert wurde, spielte im Bürgerkrieg eine bedeutende Rolle, denn die Armeen der Union konnten leicht von einem Punkt zum anderen verschoben werden. Zum ersten Mal besaß in einem modernen Krieg die Eisenbahn große Bedeutung. Brigadegeneral Herman Haupt befehligte mit erstaunlichem Geschick das US-Transport- und Bauwesen der militärischen Eisenbahnen.

Während des Bürgerkriegs wurde der vor 1861 hart umstrittene Schutzzolltarif – gegen dessen Einführung sich der Süden erbittert gewehrt hatte – angenommen. Man wollte damit nicht nur Steuern für den Krieg erheben, sondern auch die einheimische Wirtschaft vor der europäischen Konkurrenz schützen.

Die Union finanzierte ihre Ausgaben während des Krieges vornehmlich durch Kriegsanleihen sowie durch die Ausgabe von ca. 450 Millionen Dollar Papiergeld (sogenannte green-backs), das nicht durch Gold gedeckt war. Im Wert schwankte es bis zu 39 Cents in Gold. Die Steuereinnahmen brachten nicht viel ein. Bis 1861 gab es in den USA keine Einkommensteuer, auch hatte man bisher auf Konsumgüter keine Steuern erhoben. Man verdoppelte daher zuerst den Zoll, dann wurde eine direkte Steuer von 20 Millionen Dollar erhoben und sogenannte Luxusartikel wie Alkohol, Tabak usw. besteuert. Zusammen mit der neuen Einkommensteuer erbrachten diese Abgaben insgesamt 675 Millionen Dollar, d. h. weniger als die Kostendeckung für ein Kriegsjahr.

Im Ausland wurden Anleihen aufgenommen, so daß Washington in der Lage war, mit diesen dreiviertel der Kriegskosten zu bezahlen.

Der Süden

Hier war die Entwicklung vom Gegenteil gekennzeichnet. Die Wirtschaft brach mit den Kriegsjahren vollständig zusammen. Die Konföderation war mehr eine Nation in Waffen als eine wirtschaftliche und industrielle Macht. Aber die Südstaatler gaben ihrer Regierung viel mehr und baten sie trotzdem um weniger, als dies im Norden geschah. Richmond war nie in der Lage, seine Soldaten nur mit dem Notwendigsten zu versorgen.

Der Süden beging den schweren Fehler, durch Zurückhaltung der Baumwollvorräte England und Frankreich auf seine Seite ziehen zu wollen. Andererseits hätte man sich durch den Verkauf mit Waffen und anderen lebenswichtigen Gütern eindecken

Die Fort-Pitt-Eisenwerke in Pennsylvania waren eines der bedeutendsten Waffenarsenale der Union. Durch den Bürgerkrieg blühten die Industrie und der Handel.

Der Blockadebrecher ›Rattlesnake‹ (Ex-Hilfskreuzer ›Nashville‹) suchte unter den Geschützen von Fort McAllister im Ogeechee Zuflucht. Hier wurde er am 28. 2. 1863 von dem Monitor ›Montauk‹ und drei Kanonenbooten vernichtet.

können. Die Blockade der US-Marine machte später alle Anstrengungen zunichte, doch noch die Baumwolle ins Ausland zu bringen.

Die Konföderation war deshalb gezwungen, sich selbst zu ernähren. Dies wäre durchaus möglich gewesen, aber die Regierung in Richmond verstand nichts von Organisation. Trotzdem bleibt es bewundernswert, daß so viel erreicht wurde, obwohl alle Bemühungen nicht mehr das Blatt wenden konnten.

Vom Baumwollanbau mußte man sich auf Getreide und Gartenbau umstellen, Salzwerke wurden angelegt, Textilfabriken, Pulverfabriken, Schiffswerften usw. gebaut. Die Tredegar Iron Works in Richmond waren das bedeutendste Waffenarsenal des Südens. Die Rohstoffe waren so knapp, daß alle Metalle eingesammelt wurden, um Kugeln u. a. daraus herzustellen. Der Konföderation gelang es angesichts dieser Anstrengungen, den Krieg vier Jahre lang zu führen; eine bewundernswerte Leistung. Sehr nachteilig wirkte sich vor allen Dingen der frühe Zusammenbruch des Verkehrswesens aus. Im Jahre 1861 betrug das Schienennetz in der Konföderation 1440 km gegenüber 41 800 km in der Union. Nur 4 % der Lokomotiven wurden im Süden gebaut. Eisenbahn-Ausbesserungswerke gab es nur wenige. Durchgehende Eisenbahnstrecken waren selten, so daß meistens die Güter von einem Endbahnhof zum anderen mit dem Pferdegespann gebracht werden mußten. Obwohl die Eisenbahn in diesem Krieg eine bedeutende Rolle spielte, stellte der Kongreß der Konföderation erst im Februar 1865 Geld für den Eisenbahnbau zur Verfügung. Die wenigen Walzwerke waren während des Krieges so mit Rüstungsaufträgen beschäftigt, daß sie für Lokomotiven, Güterwagen oder Schienen keine Kapazität mehr frei hatten. Man legte daher weniger wichtige Linien still, überführte das rollende Material auf die Hauptstrecken und verwendete das Gleismaterial für den Neubau. Gegen Ende des Krieges war das Eisenbahnmaterial im Süden so überaltert, daß die Durchschnittsgeschwindigkeit eines Zuges nur noch etwa 10 km/Stunde betrug.

Der Mangel an Versorgungsgütern für die Armee

und die Bevölkerung war deshalb zum großen Teil auf den Zusammenbruch des Transportwesens zurückzuführen.
Die industriellen Möglichkeiten des Südens wurden außerdem durch den langsamen, aber unaufhörlichen Vormarsch der Unions-Armeen mehr und mehr eingeengt.
Die Truppen der Union zerstörten planmäßig alle Eisenbahnlinien, Fabriken, Werkstätten, Farmen usw., so daß sie der Konföderation nicht mehr zur Verfügung standen. Die Soldaten hatten gegen Ende des Krieges noch Waffen und Munition, aber sonst nichts mehr. Sie mußten danach trachten, von gefallenen oder gefangenen Yankees Schuhe, Uniformen, Verpflegung usw. zu erbeuten. Selbst ihre Uniformen waren nicht mehr grau, sondern braun, da man sie mit Walnußfarbe färbte.
Wie im Norden gab es im Süden Kriegsgewinnler, die es neben den Schiebern verstanden, die von den Blockadebrechern gebrachten Luxusgüter mit großem Gewinn zu verkaufen.
Die finanzielle Lage der Konföderation war von Anfang an ungünstig. Im Jahre 1861 besaß man ungefähr eine Million Dollar in Münzen. Die Steuereinnahmen waren nicht der Rede wert, denn der Südstaatler dachte nicht daran, Steuern zu zahlen. Die gewaltige Lücke zwischen den Ausgaben und Einnahmen konnte man nur durch Ausgabe von Bonds und Schatznoten (Banknoten) überbrücken, die bei einer Anerkennung der Konföderation als unabhängiger Staat in Gold zurückgezahlt werden sollten. Da aber keine Deckung vorhanden war, nahm ihr Wert ständig ab. Ein konföderierter Dollar hatte Anfang 1864 nur noch einen Wert von 5 Cents, gegen Ende dieses Jahres bekam man nichts mehr dafür.
Die Inflation nahm ungeahnte Ausmaße an. In Richmond kosteten z. B. im Jahre 1863 ein Pfund Butter 4 Dollar, 30 m Stoff 4,50 Dollar, ein Bushel Kohle 1,25 Dollar. Der Lohn eines Industriearbeiters betrug drei Dollar täglich. Ein Soldat erhielt 11,00 Dollar im Monat (der Unions-Soldat 13,00 Dollar). Die Bevölkerung verarmte angesichts dieser Teuerung und Inflation zusehends.
Aber trotz des totalen wirtschaftlichen Zusammenbruchs der Konföderation im Jahre 1865 kämpfte der Soldat bis zum bitteren Ende mit einer erstaunlichen

Während der Kämpfe um Fredericksburg (Schlacht vom 13. 12. 1862) wurde die Stadt von der Artillerie der Union fast vollständig zerstört.

Ausdauer und Loyalität. Nur noch ein verzweifelter Wille hielt die Konföderation am Leben, aber sie erlag schließlich der stärkeren Macht.

Die Negerfrage

Jeder moderne Krieg bringt eine Änderung der Gesellschaft mit sich. Ein Zurück zum Vorkriegsstand ist nicht möglich. Der Krieg setzt Kräfte in Bewegung, die nicht mehr aufzuhalten sind. Einen Kompromiß gibt es nicht, so auch nicht im amerikanischen Bürgerkrieg. Jede Seite wünschte den totalen Sieg für seine Ideale und Ziele, und je länger der Krieg dauerte, desto weniger dachten die Menschen im Süden und im Norden daran, ihren Standpunkt aufzugeben: entweder eine wiederhergestellte Union ohne Recht auf Austritt oder eine unabhängige Konföderation mit einer halbfeudalen Gesellschaftsschicht. Deshalb war der Union und der Konföderation jedes Mittel recht, das den Sieg brachte.
Die Union, die aus der Notwendigkeit heraus der Angreifer sein mußte, hatte daher kein anderes Ziel, als die Konföderation zu zerschlagen. Ein Frieden kam nicht in Betracht, denn der Süden mußte so weit niedergerungen sein, daß er nicht mehr in der Lage war, den Kampf fortzusetzen.
Sobald die Union die Negerfrage bzw. das Sklavenproblem aufgriff, wurde die Konföderation in ihren Grundlagen erschüttert.
Präsident Lincoln hatte zwar am 22. 9. 1862 die Emanzipations-Erklärung erlassen, wonach ab 1. 1. 1863 alle Sklaven in den rebellierenden Staaten (nicht in denen der Union) frei sein sollten, aber noch waren für diesen Akt nicht die Bevölkerung und die Armee gewonnen. Die Soldaten kämpften für die Erhaltung der Union, aber nicht für die Abschaffung der Sklaverei. Doch langsam änderten sich die Dinge zugunsten der Union. Den Soldaten wurde bedeutet, daß alles dem Süden genommen werden müßte, um ihn niederringen zu können. Dies sah die Armee ein, auch daß die Sklaven als Eigentum die Kriegsanstrengungen der Konföderation unterstützten. Folglich durfte man sie wegnehmen und als Konterbande behandeln. Wenn man schon den Sklaven ihre Eigentümer nahm, dann war die logische Folge, daß man den Negern auch ihre Freiheit schenkte. Die Sklaverei wurde daher nicht so sehr durch die Emanzipations-Erklärung aufgehoben, sondern durch den Vormarsch der Armee, die, um die Konföderation zu vernichten, auch die Sklaverei zerstörte. Mit der Auflösung der Sklaverei verbunden war gleichfalls die Vernichtung jeglichen Eigentums, besonders im Westen der USA, wo sich die Union im unaufhaltsamen Vordringen befand. Scheunen mit Getreide wurden verbrannt, unbewohnte Häuser ließ man in Flammen aufgehen, Baumwolle wurde angezündet, Brücken gesprengt, alle Fabrikanlagen dem Erdboden gleichgemacht. Hier tat sich besonders General Sherman mit seiner Tennessee-Armee hervor, in der viele harte Soldaten dienten.
Die befreiten Neger folgten den Soldaten, man wußte aber mit diesen nichts anzufangen. Zunächst nahm man sie in Lager auf, die von den Negern selbst beschützt wurden. Dann kam man auf den Gedanken, ihre Arbeitskraft auszunutzen und Neger-Regimenter aufzustellen. Bis zum Ende des Krieges gab es bereits 300 000 farbige Truppen, die aber nur zum geringen Teil am Kampf teilnahmen. Von diesen fielen 2751 Mann. Im Süden setzte man Neger als Arbeitskräfte für die Armee ein, aber nicht als Soldaten. Erst gegen Ende 1864 befürworteten Präsident Davis und General Robert E. Lee den beschränkten Einsatz von Neger-Truppen. Im Mai 1865 wurde ein Gesetz über die Einberufung von 300 000 Sklaven erlassen, aber nur wenige Kompanien kamen zur Aufstellung, denn der Krieg näherte sich dem Ende. Von einer Befreiung der Sklaven für die zu leistenden Kriegsdienste sprach man allerdings nicht.
Die Emanzipation des Negers brachte schwerwiegende Probleme mit sich, die Amerika bis heute nicht gelöst hat. Präsident Lincoln hatte dies vorausgesehen, denn vom wirtschaftlichen Standpunkt her gesehen war die Freilassung nicht so schnell durchzuführen. Millionen Neger, die meisten Analphabeten, ohne Berufe, ohne jegliches Eigentum, wurden frei und gingen nach dem Norden, wo sie aber auch niemand wünschte. Die heimatlosen und ohne Geld herumwandernden Neger, die vorher im Süden wenigstens Arbeit besaßen, waren im Norden nicht gerne gesehen. Dem Neger blieb keine andere Wahl, als seine Arbeitskraft billig zu verkaufen, und er erregte damit den Haß der Weißen, der bis heute besonders in den unteren und mittleren Bevölkerungsschichten der USA immer noch vorherrscht. Der Rassenkampf und Rassenhaß waren die bittere Folge der Emanzipations-Erklärung. Präsident Lincoln hätte es daher gerne gesehen, wenn man die Neger nach Afrika gebracht hätte, aber diese wollten jetzt USA-Bürger sein und nicht mehr in die ihnen fremde schwarze Welt Afrikas zurückkehren.

Meldereiter der US-Kavallerie bei Antietam.

Grant führt die Union zum Sieg

◁ *Ehe Sherman von Atlanta aufbrach, um bis zur Atlantikküste zu marschieren, wurden in Atlanta alle militärischen Anlagen zerstört. Hier werden die Gleisanlagen vernichtet.*

Der Krieg in Tennessee und Georgia
Die Schlacht bei Chickamauga und bei Chattanooga

Nach der Schlacht bei Gettysburg ergriffen beide Armeen nicht mehr vor 1864 die Offensive. Es gab noch heftige Kämpfe, aber jeder überließ dem anderen den ersten Schritt zum weiteren Vormarsch bzw. Angriff.
Nach der Kapitulation von Vicksburg rückten die Unions-Truppen nicht weiter vor. General Grant vertrat dagegen die Auffassung, daß man jetzt nach Süden durch den südlichen Teil von Mississippi und Alabama bis nach Mobile vorstoßen könnte, ohne daß die Konföderierten ernsthaften Widerstand leisten würden. Washington war jedoch von der Idee besessen, so viele Gebiete der Konföderation wie möglich zu besetzen, und Grant mußte deshalb einen Teil seiner Armee abgeben. Präsident Lincoln zeigte sich besonders an der Besetzung von Ost-Tennessee interessiert, da hier die Bevölkerung mit der Union sympathisierte. General William Starke Rosecrans blieb mit der Cumberland-Armee seit der Schlacht bei Stones River in Murfreesboro (Tennessee) liegen, um seine Armee neu zu organisieren. CS-General Braxton Bragg stand mit der Tennessee-Armee etwa 65 km entfernt bei Tullahoma.
Aber Rosecrans setzte sich nach ständigem Drängen durch Washington endlich am 23. 6. 1863 erneut in Marsch, um Chattanooga zu erobern und die Operation von General Burnside zu unterstützen, der Knoxville und Ost-Tennessee in die Hände der Union bringen sollte. Bragg, dessen Armee ca. 47 000 Mann stark war, mußte sich zurückziehen und räumte Tullahoma, wo Rosecrans nochmals weitere acht Wochen blieb, um erst am 16. 8. 1863 seinen Vormarsch auf Chattanooga fortzusetzen.
Chattanooga war das Tor zum Südosten der Konföderation. Von hier führte über Knoxville (nach

Zerstörte Eisenbahnbrücke der Nashville & Chattanooga-Linie über den Tennessee bei Bridgeport / Alabama. Eine Pontonbrücke der Union führt über den Fluß.

Nordosten) die einzige direkte Eisenbahnlinie nach Virginia und die Memphis & Charleston Railroad über Atlanta nach Georgia und Carolina.
Rosecrans beschleunigte seine Operation auf Chattanooga und verhielt sich dabei äußerst geschickt. Er umging die Verteidigungsstellung der Konföderierten im Norden und Nordwesten der Stadt, indem er längs der Eisenbahnlinie von Tullahoma in südliche Richtung vorrückte. Als die Unionsarmee den Tennessee und die Eisenbahnlinien bei Stevenson und Bridgeport (Alabama) erreichte, schwenkte Rosecrans nach Osten und bedrohte Braggs Nachschublinien. Die Konföderierten mußten daher am 7. 9. 1863 Chattanooga räumen, und zwei Tage darauf besetzte der Norden die Stadt.
Jetzt beging Rosecrans allerdings den Fehler, anstatt seine Stellungen auszubauen und die Armee aufzufrischen, weiter vorzurücken. Durch die Gebirgspässe wurden seine drei Armeekorps auseinandergezogen, während General Bragg stehenblieb und ca. 40 km südlich von Chattanooga Verstärkungen heranzog.
Präsident Davis machte sich große Sorgen um die schlechte militärische Lage in diesem Gebiet. Mit der Eisenbahn entsandte er daher zwei Divisionen unter Generalleutnant James Longstreet von der Army of Northern Virginia nach Westen, so daß Bragg nun über 70 000 Mann verfügte gegenüber 58 000 von Rosecrans.
Letzterer zog in aller Eile seine Truppen zusammen, als die am Chickamauga Creek (Blut-Fluß) stehenden konföderierten Veteranen am 19. 9. 1863 zum Angriff übergingen. Die Truppen der Union wurden in harten und verwickelten Kämpfen geschlagen, und ihr Rückzug artete teilweise in Panik aus. Am anderen Tag gelang es Generalmajor George Harry Thomas, am Snodgrass Hill die Konföderierten aufzuhalten, und er verdiente sich durch seine brillante Verteidigung den Namen »Rock of Chickamauga«.
Die Verluste waren für beide Seiten schwer: die Cumberland-Armee verlor 1657 Gefallene, 9756 Verwundete und 4757 Vermißte, Bragg hatte 2312 Tote zu beklagen sowie 14 674 Verwundete und 1486 Vermißte.
Die Unions-Truppen wurden als Folge der verlorenen Schlacht in Chattanooga eingeschlossen. Rosecrans enthob man seines Postens, an seiner Stelle übernahm Generalmajor Thomas den Befehl.
Bragg machte man den Vorwurf, die Niederlage der Union nicht bis zum Ende ausgenutzt zu haben, aber Präsident Davis, der sich nach Tennessee begab, beließ ihn als Befehlshaber.

In Washington sah man nach der unglücklich verlaufenen Schlacht von Chickamauga ein, daß es keinen Sinn mehr hatte, um jeden Preis das Territorium der Konföderierten zu besetzen. Grant mußte alle verfügbaren Truppen zum Entsatz der Belagerten – die bereits auf Halbration gesetzt waren – nach Chattanooga bringen. Die Konföderierten hatten die Stadt in einem großen Halbkreis fest eingeschlossen: Im Norden am Tennessee über den Missionary Ridge nach Süden und dann nach Westen bis zum Lookout Mountain, wo die Südstaatler wieder an den Tennessee stießen.
Im Norden führte eine Gebirgsstraße von Chattanooga nach Westen, die die Unions-Truppen besetzt hielten. Doch konnte hierüber kein Nachschub herangeführt werden. Nur über den Tennessee oder über die Eisenbahnlinie auf dem Südufer des Flusses und auf den Straßen, ebenfalls im Süden, schien es möglich, Nachschub und Entsatz für die eingeschlossene Armee unter Thomas heranzubringen. Aber alle diese Zufahrtswege beherrschten die Konföderier-

Gefallener konföderierter Soldat.

Generalmajor U. S. Grant im Herbst 1863.

ten, die daher nur zu warten brauchten, bis die Unions-Soldaten wegen Hunger kapitulieren mußten.

Die Union konnte sich auf keinen Fall die sich hier abzeichnende Niederlage leisten und warf sofort Verstärkungen heran, wobei besonders die Eisenbahn eine bedeutende Rolle spielte. General Hooker verlud seine zwei Korps von der Potomac-Armee in Güterzüge, die die ca. 1900 km lange Strecke in sechs Tagen zurücklegten. Auch General Sherman setzte sich von Memphis nach Osten in Marsch. General Grant wurde am 3. 10. 1863 von Vicksburg abgerufen, wo er noch krank darniederlag. Kriegsminister Stanton selber überbrachte ihm die Mitteilung, daß man ihn zum Befehlshaber aller Streitkräfte zwischen dem Mississippi und den Alleghanies ernannt hätte und er sich persönlich um die Lösung der Krise bei Chattanooga kümmern sollte. Grant setzte General Rosecrans ab, der sich aus Chattanooga zurückziehen wollte, was ganz bestimmt in eine Katastrophe geendet hätte.

Am 23. 10. 1863 kam der neue Oberbefehlshaber in Chattanooga an. Bereits nach vier Tagen gelang es, nordwestlich der Stadt die Straße nach Bridgeport zu öffnen, während General Hooker, von Westen herankommend, sich mit den Truppen unter Thomas vereinigte. Schon nach wenigen Stunden rollten auf einer Pontonbrücke über den Tennessee die ersten Nachschubwagen nach Chattanooga. Am 23. 11. 1863 traf Sherman mit 20 000 Mann seiner Tennessee-Armee vor Chattanooga ein. Grant verfügte jetzt über 61 000 Mann gegenüber 40 000 unter Bragg, der am 4. 11. 1863 General Longstreet mit 20 000 Mann nach Norden geschickt hatte, um die Unions-Truppen aus Knoxville zu vertreiben. Bragg hatte sich damit entscheidend geschwächt und einen der besten konföderierten Generale auf eine nutzlose Expedition geschickt.

Am 24. 11. 1863 setzte die Armee der Union zum Angriff auf die stark befestigten Stellungen der Konföderierten an. General Hooker verdrängte die Südstaatler vom Loockout Mountain, die sich daraufhin zum Missionary Ridge zurückzogen. General Sherman kam im Norden (am rechten Flügel der Konföderierten) nicht gut voran, so daß Grant am 25. 11. 1863 General Thomas befahl, die Südstaatler am Hang des Missionary Ridge zu vertreiben, um Sherman zu entlasten. Am Nachmittag dieses Tages stürmte die Cumberland-Armee nicht nur den Abhang, sondern in einem schweren Angriff auch die stark befestigte Anhöhe selber. Innerhalb kurzer Zeit wurde die rechte Flanke von Bragg vernichtet, und die Konföderierten zogen sich in Panik zurück. Die Cumberland-Armee brach über ihren unwahrscheinlichen Sieg in Jubel aus, so daß an eine Verfolgung des geschlagenen Gegners in diesem Durcheinander nicht mehr zu denken war.

Die Union verlor in der Schlacht von Chickamauga 753 Gefallene, die Konföderierten 361.

Gefallene der Union (Schlacht bei Fredericksburg).

General Sherman marschierte sofort nach Knoxville, das er am 6. 12. 1863 erreichte, aber schon zwei Tage vorher war Longstreet wieder abgerückt.
Die geschlagenen Konföderierten gingen nach Georgia. Der Süden hatte den Krieg im Westen verloren. Im Frühjahr 1864 würde sich der Druck der Unions-Armee mehr und mehr steigern; die Südstaaten besaßen keine Chance mehr, die endgültige Niederlage im Westen aufzuhalten.

General U. S. Grant wird Oberbefehlshaber

Am 9. 3. 1864 wurde Generalmajor U. S. Grant von Präsident Lincoln empfangen und zum Generalleutnant, einem neu geschaffenen Rang, den bisher nur Washington innehatte, ernannt, außerdem zum Oberbefehlshaber aller Truppen der Union. Präsident Lincoln hatte mit U. S. Grant schließlich den General gefunden, der in der Lage war, den Krieg militärisch zu Ende zu bringen.
Abraham Lincoln erkannte nach langen mißglückten Versuchen, daß man zur Lösung militärischer Probleme auch einen Fachmann benötigte. Grant würde alles daransetzen, die erdrückende Übermacht der Union zum Tragen zu bringen, um in einem unaufhörlichen Kampf die konföderierte Armee unter General Robert E. Lee zu erschöpfen und zur Kapitulation zu zwingen. Von nun an sollte es unter Grant nach einer Schlacht keine längere Pause mehr geben, um sich Zeit bis zur nächsten Offensive zu lassen. Jetzt beabsichtigte Grant, durch ununterbrochene Kämpfe die Reserven der Konföderation zu erschöpfen. In den folgenden Schlachten zeigte es sich aber, daß trotz aller Überlegenheit an Menschen und Material die Potomac-Armee nicht in der Lage war, die Konföderierten in einer Entscheidungsschlacht zu vernichten. Die Waffenwirkung der gut verschanzten Konföderierten – und auch der Union – machte jeden Frontalangriff zunichte. Nur durch Flankenumgehung war es möglich, die Südstaatler zum Rückzug zu zwingen.
Obwohl Grant den Endsieg errang, darf man seine militärischen Fähigkeiten nicht überschätzen. Er war kein großer General, aber zäh und entschlossen und besaß trotz gewaltiger Verluste, die die Potomac-Armee durch ihn erlitt, das Vertrauen der Soldaten. Seine Position glich der des französischen Oberbefehlshabers an der Westfront im Jahre 1918, Marschall Ferdinand Foch, der wie Grant durch Erschöpfung des Gegners diesen in die Niederlage trieb, aber eine Entscheidungsschlacht nicht erzwingen konnte.

Nebenkriegsschauplätze

Auf den anderen Kriegsschauplätzen verzettelte sich die Union und mußte Niederlagen einstecken, die man hätte vermeiden können.
Generalmajor Nathaniel Prentiss Banks setzte sich im März 1864 von Louisiana in Marsch, um zusammen mit Rear-Admiral David Dixon Porter in das Gebiet des Red River in Texas vorzustoßen. Die Armee wurde von 13 Monitoren und sieben kleineren Kanonenbooten unterstützt. Aber die Unternehmung, die einmal zum Ziel hatte, die hier lagernde Baumwolle zu requirieren, und zum anderen Napoleon III. – dessen Truppen in Mexico lagen – zu veranlassen, von seinem mexikanischen Abenteuer zu lassen, das die Union als Bedrohung empfand, war schlecht vorbereitet und mußte fehlschlagen. Der Red-River-Feldzug wurde zu einem Fiasko; die Truppen unter Banks wurden am 8. 4. 1864 bei Sabine Cross Roads und am folgenden Tag bei Pleasant Hill geschlagen. Banks zog sich daraufhin so schnell zurück, daß der Feldzug fast zu einer Katastrophe geworden wäre. Der Red River führte zu dieser Jahreszeit Niedrigwasser, und nur unter gewaltigen Anstrengungen gelang es den Monitoren und Kanonenbooten – es mußte sogar ein Damm gebaut werden –, wieder zum Ausgangspunkt zurückzukommen.

Am 12. 3. 1864 begann der unglückliche Red-River-Feldzug unter Generalmajor Nathaniel Prentiss Banks mit Unterstützung der Monitore und Kanonenboote nach Louisiana. Daran nahm auch der Monitor ›Osage‹, 523 Tonnen, zwei 28 cm-Geschütze, teil.

Nach verlustreichen Schlachten endete der Red-River-Feldzug mit dem Rückzug der Unions-Truppen. Der Fluß führte zu dieser Zeit Niedrigwasser, so daß die Armee unter Oberstleutnant Joseph Bailey in der Nähe von Alexandria Dämme bauen mußte, um den Wasserspiegel zu heben, damit die Kriegsschiffe den Fluß passieren konnten. Hier schleppt die US-›Signal‹ Material für den Damm.

Am 20. 2. 1864 erlitten die Nordstaatler unter Brigadegeneral Truman Seymor in der Schlacht von Olutee in Florida eine Niederlage, als weiße und schwarze Truppen Florida in einer schlecht geplanten Operation für die Union zurückgewinnen wollten.
Brigadegeneral William Sooy Smith wurde gleichfalls von den Konföderierten unter dem berühmten General Nathan Bedford Forrest am 22. 2. 1864 in Mississippi geschlagen. Diese Operationen, die nicht kriegsentscheidend sein konnten, aber auch strategisch keinen Sinn hatten, hörten unter Grant auf. Für ihn bedeutete die Besetzung von Städten und sogenannten strategischen Punkten nichts, denn es galt, die Konföderierten mit allen Mitteln zu schlagen, ohne sich zu verzetteln.
Zwei Armeen der Südstaaten mußten vor allen Dingen ausgeschaltet werden, denn mit ihrer Vernichtung gab es auch keine Konföderation mehr. Einmal handelte es sich um die Tennessee-Arme mit 60 000 Mann unter General Joseph E. Johnston (Bragg war inzwischen abgelöst worden), die in Dalton / Georgia nicht weit von Chickamauga lag. Die zweite und bedeutendste Armee befehligte General Robert E. Lee, der seine Truppen – nahezu 60 000 Mann – unterhalb des Rapidan im mittleren Virginia konzentriert hatte.

Grants Strategie

Die Union ging nun systematisch vor, um die Konföderation in mehrere Teile zu zerstückeln, die dann nicht mehr alleine lebensfähig waren.
Im Westen hatte Grant Generalmajor William Tecumseh Sherman den Befehl übertragen.
Bei Chattanooga lag die Tennessee-Armee unter Generalmajor James B. McPherson, dem auch die Cumberland-Armee unter General Thomas unterstand, ferner noch die kleinere Ohio-Armee unter Generalmajor John M. Schofield – alles in allem über 100 000 Mann.
Grant als Oberbefehlshaber begab sich zur Potomac-Armee, die weiterhin Generalmajor George Gordon Meade befehligte; ersterer aber leitete die eigentlichen Operationen dieser Armee. In Washington blieb Generalmajor Henry Wager Halleck als Generalstabschef zurück, der aber nur Schreibtischarbeiten zu erledigen hatte.
Neu zur Potomac-Armee stieß Generalmajor Philip Henry Sheridan, der sich im Westen bei Chickamauga und Missionary Ridge besonders ausgezeichnet hatte und jetzt die Kavallerie befehligte.
Die Unions-Armee lag in der Nähe von Culpeper Court House am nördlichen Ufer des Rapidan. Hierzu gehörte außerdem noch Generalmajor Ambrose Everett Burnside mit seinen Truppen, so daß Grant über 120 000 Mann zur Verfügung standen.
Im Süden bei Fort Monroe befanden sich ungefähr 33 000 Mann der James-Armee unter Brigadegeneral Benjamin Franklin Butler, der am Südufer des James nach Norden auf Richmond zu marschieren sollte, während Grant nach Süden vorrücken wollte. Grant glaubte, durch den Vormarsch der James-Armee die Konföderierten zwingen zu können, Verstärkungen an Lee abzugeben.
Vom Shenandoah-Tal sollte Generalmajor Franz Sigel (der 1848 aus Deutschland nach den USA gegangen war) mit einer Division nach Osten über die Blue Ridge Mountains auf Richmond marschieren.
Grants Plan sah demnach vor, daß sich im Frühjahr 1864 allein drei Unions-Armeen zu einem konzentrischen Angriff auf die Hauptstadt der Konföderierten in Bewegung setzten, während Generalmajor Sherman ebenfalls mit drei Armeen auf Atlanta in Georgia vorrückte. Dieser erdrückenden Übermacht hatten die Konföderierten nichts entgegenzusetzen, sie waren nicht mehr in der Lage, neue Armeen aufzustellen oder die kommenden Verluste irgendwie zu ersetzen.

Schlacht in der Wildnis

Am 3.5.1864 begann der Vormarsch; 105 000 Mann der Potomac-Armee setzten sich nach Süden in Bewegung, um den Rapidan zu überqueren. Grants Absicht bestand darin, General Lee südlich der sogenannten Wildnis zur Schlacht zu stellen. Aber auch Grant unterschätzte einmal den Widerstandswillen des Südens und zum anderen das Gelände sowie General Lee selbst.
Diese Wildnis war etwa 20 km lang und 10 km breit und erstreckte sich direkt vom Südufer des Rapidan aus. Der Waldbestand dieser Region war in früheren Jahren größtenteils abgeholzt worden, um mit dem Holz Eisen-Schmelzöfen zu heizen. Anschließend breitete sich das Unterholz mit einzelnen Baumbeständen so dicht aus, daß es mit den Jahren undurchdringlich geworden war und man kaum 10 m weit sehen konnte. In dieser Wildnis gab es auch nur wenige Wege und lichte Stellen.
General Lee unternahm nichts, das Überschreiten des Rapidan durch die Unions-Truppen zu verhindern. Seine Soldaten waren mit der Wildnis viel besser vertraut als die Nordstaatler, und er wählte daher mit Bedacht diese undurchdringliche und unwirtliche Gegend als Schlachtfeld aus, um den Ansturm der Unions-Armee in diesem Dschungel zum Stoppen zu bringen. Seiner Meinung nach mußte die an Zahl unterlegene Armee der Konföderierten, die immer noch einen nicht zu unterschätzenden Elan besaß, hier in der Lage sein, Grants Armee aufzuhalten und zu schlagen.
So begann also am Abend des 5. 5. 1864 die zweitägige Schlacht in der Wildnis. Unvorstellbare und fürchterliche Szenen spielten sich ab. Das dichte Unterholz geriet während der erbitterten Kämpfe in Brand, und die Verwundeten wurden entweder bei lebendigem Leib geröstet oder durch die explodierenden Papierpatronen, die in ihren Gürteln hingen, zerfetzt. Nord- und Südstaatler konnten kaum einige Schritte weit sehen, niemand wußte genau, ob es vor oder zurück ging. Rauch und Feuer verdunkelten den Himmel. Die Lage wurde für die Union mehr-

Am 4. 5. 1864 setzte sich die Potomac-Armee unter Grant nach Süden in Marsch und überquerte den Rapidan bei Germanna Ford.

mals kritisch, und es schien, als ob General Lee die Unions-Armee tatsächlich vernichten würde. Aber die Linien der Nordstaatler hielten den verzweifelten und kühnen Angriffen der Konföderierten stand. Am Abend des 6. 5. 1864 war die blutige Schlacht zu Ende. Beide Seiten versuchten, das Feuer zu löschen und die Verwundeten vor dem Verbranntwerden zu retten.
Die Verluste der Union beliefen sich auf 2246 Gefallene, 12 037 Verwundete und 3383 Vermißte; die der Konföderierten werden auf etwa 12 000 Mann geschätzt.
Taktisch war General Grant geschlagen worden, er hatte sein Ziel nicht erreicht, doch wußte er, daß er nicht aufgeben durfte, sondern die Initiative behalten mußte. Am 7. 5. 1864 marschierte deshalb die Armee zum Erstaunen aller Soldaten weiter nach Süden und nicht nach Norden zurück, wie es bisher die Potomac-Armee stets nach einem Kampf, wenn auch einem unentschiedenen, getan hatte. Durch eine Flankenbewegung sollte Lee zum Rückzug gezwungen werden. Grants Ziel war jetzt der Straßenknotenpunkt Spotsylvania Court House, von wo der Weg nach Richmond führte.
Die Konföderierten aber erreichten nur wenige Mi-

Die Schlacht in der Wildnis forderte einen hohen Blutzoll. Die Verwundeten der Union brachte man nach Fredericksburg.

Abtransport von Verwundeten während der Schlacht in der Wildnis.

nuten vor den Nordstaatlern Spotsylvania Court House und blockierten somit den weiteren Vormarsch von Grant. Daraufhin entbrannte die Schlacht von Spotsylvania, die vom 8. bis 20. 5. 1864 dauerte. In diesen Kämpfen zeigte es sich immer wieder, daß es unmöglich war, gegen die gutverschanzten Konföderierten in einem Frontalangriff voranzukommen. Es entwickelte sich ein regelrechter Grabenkrieg (wie im Ersten Weltkrieg), und beide Seiten waren nicht in der Lage, den Gegner aus den Verteidigungsanlagen, indem der Gegner von allen Seiten unter mörderisches Feuer genommen werden konnte, zu vertreiben bzw. diese Anlagen im Sturm zu nehmen. Besonders blutig waren die Kämpfe am Bloody Angle, wo es den Unions-Truppen am 12. 5. 1864 nahezu gelungen wäre, die Stellungen der Südstaatler zu durchbrechen. Aber die Potomac-Armee hatte auch unter General Grant nicht immer Glück. Die Befehlsverhältnisse – wie schon während der Schlacht in der Wildnis – waren verwirrend. Augenblickserfolge wurden nicht ausgewertet, Befehle zu langsam ausgeführt. Es läßt sich nicht bestreiten, daß die Konföderierten es ausgezeichnet verstanden, eine günstige taktische Lage sofort auszunutzen oder auf kritische Situationen schneller und besser als die Union zu reagieren.

Die Verluste beider Seiten waren enorm. Grant ging jedoch davon aus, daß er sich dies leisten könnte, aber nicht General Lee. Es handelte sich um reine Ermattungsstrategie, die Grant durchführte. Er war in der Lage, die Schlacht einfach durchzuhalten, aber er wollte trotzdem nicht noch mehr Soldaten opfern, sondern sein Ziel erreichen, Lee zur offenen Schlacht zu zwingen.

Die Union verlor in dieser 12tägigen Schlacht 14 267 Mann, die Konföderierten 6000 und etwa die gleiche Zahl an Gefangenen.

Am 20. 5. 1864 zog die Unions-Armee weiter nach Süden, so daß Lee zurückweichen mußte, um nicht von der Flanke her umfaßt und vernichtet zu werden.

Am 27. 5. 1864 überquerte die Armee den Pamunkey, während die Konföderierten bei Cold Harbour ihre Verteidigungsstellungen ausbauten, nur noch wenige Kilometer von Richmond entfernt. Lee bewies in diesen Kämpfen sein taktisches und strategisches Geschick, in dem er wieder und wieder verhinderte, daß sich Grant mit seiner Armee zwischen ihn und die Hauptstadt der Konföderation schob. Die Südstaaten-Armee bezog eine zehn Kilometer lange, vorzüglich ausgebaute Grabenstellung mit ungefähr 55 000 Mann, denen mehr als 100 000 Nordstaatler gegenüberstanden.

Grant glaubte, in einem gewaltigen Frontalangriff die Linien durchbrechen zu können, aber der Angriff am 3. 6. 1864 blieb bereits nach fünf Minuten im Feuer der Konföderierten stecken. Innerhalb einer Stunde verlor die Union 6000 bis 7000 Mann, die Konföderierten dagegen nur 1500.

General Grant brach den nutzlosen Angriff ab, und beide Armeen lagen sich noch für weitere neun Tage in den Gräben gegenüber.

Die Armee der Nordstaaten hatte bis zu diesem Zeitpunkt etwa 100 km vom Rapidan bis Cold Harbour und zu den Vororten von Richmond zurückgelegt. Trotzdem hatte Grant Lees Armee nicht in offener

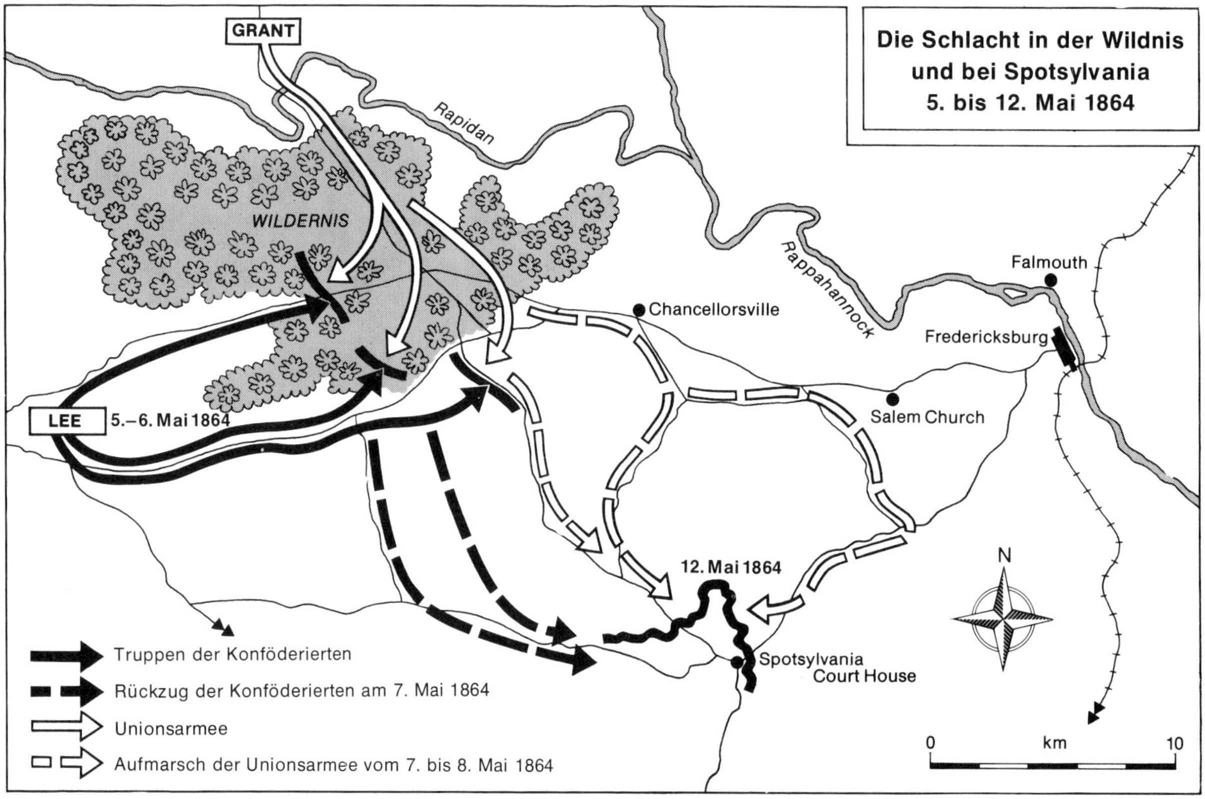

Schlacht vernichten können. Aber Lee konnte auch Grant nicht mehr zurückwerfen oder ihn zum Rückzug bewegen, wie es früher bei der Potomac-Armee stets der Fall gewesen war. Jeder General hatte in dem anderen einen ebenbürtigen Gegner gefunden. Grant behielt weiterhin die Initiative. Die Abnutzung machte sich deutlich bemerkbar. Die Union verlor 54 929 Mann in den Schlachten von der Wildnis bis Cold Harbour, d. h. 52 % der Kampfstärke der Potomac-Armee (105 000 Mann), Lee dagegen 39 000 Mann von 61 000, also 64 % seiner Armee. Mit weiterem Ersatz konnte Lee nicht mehr rechnen.

Mißerfolge der anderen Unions-Armeen

Inzwischen wurden die anderen Unions-Armeen wegen Unfähigkeit ausgeschaltet. Die Armee im Shenandoah-Tal unter Sigel und die James-Armee unter Ben Butler hatten ihre Operationen planmäßig am 4. 5. 1864 begonnen, aber innerhalb von zwei Wochen waren diese fehlgeschlagen. Der Plan sah vor, daß Butler mit 36 000 Mann von City Point am James auf Petersburg vorrückte. Aber er konzentrierte seine Kräfte statt dessen bei Bermuda Point, wo ihn die Konföderierten einschlossen.

Sigel im Shenandoah-Tal sollte die Konföderierten im Südwesten von Virginia binden, so daß diese keine Truppen abziehen konnten. Sigel wurde aber schon am 5. 5. 1864 bei New Market geschlagen.

Grant stößt auf Richmond vor

Grant beabsichtigte nach der Schlacht von Cold Harbour, Lees Armee von Richmond abzuschneiden. Zunächst aber mußte der südlich der konföderierten Hauptstadt gelegene wichtige Eisenbahnknotenpunkt Petersburg eingenommen werden.
In einem brillanten Manöver gelang es, die Potomac-Armee in der Nacht von 12./13. 6. 1864 aus den Gräben von Cold Harbour zu lösen, nach Süden zu marschieren und den James zu überqueren. Alles war so gut geplant, daß die Armee bereits am Abend des 1. 6. 1864 auf dem Südufer stand.
Es wäre möglich gewesen – wie schon so oft in diesem Krieg – den Kampf zu beenden und mit der Einnahme von Petersburg die Konföderierten zur Kapitulation zu bewegen. Aber Generalmajor William F. Smith ließ durch unverantwortliches Zögern die einmalige Chance vorübergehen, die nur von wenigen Soldaten (etwa 2400 Mann) verteidigte Stadt

bereits am 15. 6. 1864 einzunehmen. Die Befestigungsanlagen von Petersburg sahen beeindruckend aus, aber sie waren nur schwach besetzt. Ein erster Angriff unter Smith hatte auch Erfolg, aber dann beschloß er, mit dem Hauptangriff erst am kommenden Morgen zu beginnen.
Inzwischen war es P. G. T. Beauregard gelungen, Verstärkungen nach Petersburg zu bringen, und auch Lee rückte mit seiner Armee heran. Die folgenden Angriffe der Union, die teilweise ohne Entschlußkraft und die notwendige Energie durchgeführt wurden, schlugen fehl. Es wurden die gleichen Erfahrungen wie in den vergangenen Wochen gemacht, daß durch einen Frontalangriff die Verteidigungsstellungen mit den kampferprobten konföderierten Veteranen nicht aufgerollt werden konnten. Ein Teil des Mißerfolges muß General Grant zugeschrieben werden, der dem wenig energischen General Smith befohlen hatte, Petersburg einzunehmen. Er hätte wissen müssen, daß Smith für diese kriegsentscheidende Aufgabe nicht geeignet war. Grant richtete sich auf eine Belagerung der Stadt ein, ahnte aber nicht, daß sich diese bis zum 2. 4. 1865 hinziehen würde.
Im Norden war man über die Mißerfolge der Armee unter Grant enttäuscht. Kriegsmüdigkeit verbreitete sich, auch die langen Verlustlisten lösten Entsetzen aus. Doch die Offensivkraft der konföderierten Armee unter Lee war für immer gebrochen.
Nur noch einmal stießen 13 000 konföderierte Soldaten unter Generalmajor Jubal Anderson Earle im Juni und August 1864 in das Shenandoah-Tal vor und kamen am 11. 7. 1864 bis vor die Tore von Washington. Grant hatte aber Verstärkungen entsandt, und unter den Augen des besorgten Präsidenten Lincoln wurde Earls Angriff abgeschlagen. Dieser ging zurück, trieb aber stets die sich ihm entgegenstellenden Nordstaatler in die Flucht.

Der Feldzug in Georgia

Am 5. 5. 1864 setzte sich W. T. Sherman von Chattanooga in Marsch in Richtung auf Atlanta. Seine Armee setzte sich größtenteils aus kampferprobten Veteranen zusammen, und auf seine Generale konnte er sich wie kein anderer verlassen: George H. Thomas mit der 61 000 Mann starken Cumberland-Ar-

Befestigungen vor Petersburg.

Der Union gelang es nicht, am 15. 6. 1864 das kaum verteidigte und schlecht befestigte Petersburg einzunehmen. Der Krieg wurde dadurch fast um ein Jahr verlängert. Beide Seiten führten einen Stellungskrieg wie im Ersten Weltkrieg. Auf diesem Photo sieht man konföderierte Befestigungen.

mee; James B. McPherson mit 24 500 Mann der Tennessee-Armee und John M. Schofield mit der kleinen Ohi-Armee von 13 500 Mann.

Sherman gegenüber stand General Joseph E. Johnston mit 60 000 Mann, alles erfahrene Soldaten. Aber Johnston hatte keine Chance, Sherman irgendwie aufhalten zu können. Er hoffte darauf, daß die Nordstaatler seine Verteidigungsstellungen angreifen und sich dabei eine blutige Abfuhr holen würden.
Sherman nutzte jedoch den Raum zum Manövrieren aus, um die Konföderierten jeweils in der Flanke zu umfassen. Johnston war ein geschickter Taktiker und wich stets zurück, sobald er die Gefahr bemerkte. Verschanzten sich die Südstaatler, dann versuchten McPherson und Schofield sie zu umklammern. Dennoch gelang es Sherman nicht, Johnston in ungünstiger Lage zur Schlacht zu stellen und dessen Armee auszuschalten.
Die Gefechte und Schlachten zogen sich ohne Entscheidung hin (Schlacht von Hew Hope Church vom 25. bis 28. 5. 1864) und erst am 27. 6. 1864 stellte

Generalleutnant Jubal Anderson Early, C. S. A., stieß mit seinen Truppen im Juni 1864 bis in die Vorstädte von Washington vor.

Während des Vormarsches der Union unter Generalmajor Sherman auf Atlanta stieß die Armee am 25. 5. 1864 ca. 40 km nordöstlich von Atlanta auf die gut ausgebauten Verteidigungsstellungen der Konföderierten bei New Hope Church. Auch hier kam es zum Stellungskrieg.

sich Johnston bei Kenesaw Mountain zum Kampf. Sherman griff an, wurde aber mit einem Verlust von 3000 Mann zurückgeworfen.
Die Umgehungsmanöver wurden fortgesetzt, und nach zwei Monaten, am 9. 7. 1864, standen die Nordstaatler vor Atlanta. General Johnston wurde am 17. 7. 1864 von Präsident Davis abgelöst, da er den Vormarsch der Union nicht aufgehalten hatte. General John B. Hood übernahm den Befehl über die Tennessee-Armee, und in den Kämpfen um Atlanta vom 20. 7. bis 1. 9. 1864 konnte auch er das Blatt nicht mehr wenden. In großen Umfassungsbewegungen gelang es Shermans Armee, die Eisenbahnlinien zur Versorgung der Stadt zu unterbrechen und zu zerstören. Nach heftigen Schlachten, in denen McPherson fiel, räumte Hood in der Nacht vom 1. 9. 1864 Atlanta, und am folgenden Tag marschierten die Unions-Truppen in die zerstörte Stadt ein.

Am 27. 6. 1864 rückte die Cumberland- und Tennessee-Armee auf Big und Little Kenesaw in der Nähe von Marietta/Georgia vor. Die Frontalangriffe der Union schlugen wie immer fehl. Ihre Truppen mußten sich gleichfalls eingraben.

Konföderierte Stellungen vor Atlanta.

Hinter der Front

Abraham Lincoln und Jefferson Davis hatten im Sommer 1864 große Sorgen. Lincoln war nicht davon überzeugt, daß er seine Wiederwahl gewinnen würde. Seiner Meinung nach würde dann die Union den Krieg beenden und der Süden seine Unabhängigkeit erlangen.
Präsident Davis, der einen eisernen Willen und große Entschlußkraft besaß, aber auch hochmütig

◁ *Vorpostenlinie der Union bei Atlanta.*

und arrogant war, zweifelte nicht an der gerechten Sache der Konföderation. Doch hatte er im Innern mit vielen Schwierigkeiten zu kämpfen. Die Südstaaten hatten sich von der Union getrennt, um ihre einzelstaatlichen Rechte zu wahren, die angeblich von Washington unterdrückt oder bedroht wurden. Um aber einen Krieg siegreich zu Ende zu führen, konnte man auch in Richmond nicht auf eine starke zentrale Regierungsgewalt verzichten. Das aber wollten wiederum die Gouverneure der Südstaaten nicht und sabotierten die Maßnahmen der Regierung in Richmond.
Große Unterstützung erhielt Davis auch nicht durch sein Kabinett. Judah Philip Benjamin, zeitweilig Generalstaatsanwalt, Kriegsminister und schließlich seit März 1862 Außenminister der Konföderation, gehörte zu den wichtigsten Mitgliedern des Kabinetts. Davis verließ sich auf ihn, soweit es wieder seine Unabhängigkeit zuließ, denn er fühlte sich allen Problemen – u. a. hielt er sich auch für einen begabten General – gewachsen.
Aber dem Kabinett schien Benjamin etwas zu klug zu sein.
Ein weiterer fähiger Minister war Marine-Minister Stephen R. Mallory, der stets loyal zu Davis hielt. Er konnte zwar mit den wenigen ihm zur Verfügung stehenden Mitteln nicht die Blockade verhindern, doch schuf er eine Marine aus dem Nichts, die bei aller Unterlegenheit ihre Kampfbereitschaft bewies.
Während des Bestehens der Konföderation gab es sechs Kriegsminister, davon hielt sich am längsten – von November 1862 bis Februar 1865 – James A. Seddon, während die anderen nur kurze Zeit im Amt blieben, denn Präsident Davis sah sich selbst gerne als Kriegsminister. Die besten Männer des Südens waren allerdings nicht im Kabinett vertreten, vor allen Dingen nicht diejenigen, welche vor 1861 wesentlichen Anteil am Zustandekommen der Kon-

Das Kabinett der Konföderation. Von links nach rechts: Justizminister Benjamin; Marineminister Mallory; Finanzminister Menninger; Vizepräsident Stephens; Kriegsminister Walkter, Präsident Davis; Postminister Reagan und Außenminister Toombs.

Das Kabinett der Union. Von links nach rechts: Postminister Blair; Innenminister Smith; Finanzminister Chase; Präsident Lincoln; Außenminister Seward; Kriegsminister Cameron; Justizminister Bates und Marineminister Welles.

föderation hatten, so Howell Cobb, der als Generalmajor in der Armee diente, während Robert A. Toombs schon nach kurzer Zeit von dem Posten als Außenminister zurücktrat und gleichfalls als General kämpfte.
Davis wollte ein Kabinett, das zwar arbeitete, aber keine Politik machte. Die Regierung führte der Präsident alleine.
Im Norden beherrschte ebenfalls Präsident Lincoln die Regierung – dies lag in der Verfassung begründet –, aber dessen Kabinett verfügte doch über tüchtigere Politiker als das des Südens. Auch Lincoln mußte gegen Kabinettsmitglieder kämpfen, doch verstand er es ganz im Gegensatz zu Davis, politisch besiegte Gegner nicht zu Feinden zu machen. Manche der Minister hielten sich für einen besseren Präsidenten als Lincoln – der dies auch wußte –, aber er bediente sich trotzdem ihrer Fähigkeiten.
Hierzu gehörte ganz besonders Außenminister William H. Seward. Auch der Kriegsminister, Edwin M. Stanton (seit dem 15. 1. 1862 Nachfolger von Simon Cameron), beugte sich der überlegenen Politik Lincolns. Stanton besaß eine ungeheure Energie, konnte aber sehr verletzend sein. Seiner Schaffenskraft war es zu verdanken, daß die Armee der Nordstaaten vorzüglich ausgerüstet wurde und somit in der Lage war, die Konföderation zu besiegen.
Sehr schwierig zu behandeln war Salmon P. Chase, Finanzminister bis Juli 1864, als Lincoln seinen Rücktritt annahm. Der Präsident sah ein, daß dessen Illoyalität ihm gegenüber zu weit ging. Vergleicht man beide Regierungen, so kann man sagen, daß Lincoln trotz starker politischer Opposition große Hilfe von seinen Kabinettsmitgliedern erhielt, Davis aber kaum.
Es ist aufschlußreich, daß gerade die konföderierte Regierung, die sich für die Erhaltung der Rechte der einzelnen Bundesstaaten einsetzte, sich über diese als erste hinwegsetzte, besonders was die Armee be-

traf. Zu Kriegsbeginn verpflichtete sich der konföderierte Soldat für eine Dauer von 12 Monaten. Im Frühjahr 1862 hätte sich dann die Armee wieder aufgelöst. Präsident Davis setzte aber sofort ein Konskriptionsgesetz durch, wonach die Kontrolle über alle männlichen Einwohner von 18 bis 35 Jahren (später auf 45 und 50 Jahre erhöht) ausschließlich in seinen Händen lag. Die Opposition gegen diesen Machtzuwachs erbitterte vornehmlich Georgia, aber bis zum Ende des Krieges blieb die Konskription – von einigen Ausnahmen abgesehen, die wiederum heftiger Kritik unterworfen wurden – in Kraft.
Die Union dagegen führte die Konskription erst am 3. 3. 1863 ein. Bekanntlich bestand die Armee des Nordens aus Regimentern, die von den jeweiligen Bundesstaaten aufgestellt wurden. Die Freiwilligen hatten sich für drei Jahre verpflichtet. Benötigte man durch die enormen Verluste neue Regimenter, dann teilte Washington jedem Bundesstaat eine gewisse Quote zu, die erfüllt werden mußte. Meldeten sich genug Freiwillige, kam die Konskription nicht zur Anwendung, die sehr unbeliebt war. Um genügend Freiwillige zu bekommen, wurden diesen beträchtliche Summen ausgehändigt. In manchen Fällen waren es bis zu tausend Dollar. Dieses System hatte aber große Nachteile, denn aufgrund des Geldes meldeten sich meistens solche Männer, die gar nicht daran dachten zu kämpfen, sondern die erste Gelegenheit zur Desertion wahrnahmen, um sich dann unter einem anderen Namen erneut zum Heeresdienst zu melden. Die Veteranen verachteten sie so sehr, daß sie mit ihnen überhaupt nichts zu schaffen haben wollten. Hierdurch war vor allem die Potomac-Armee in den Jahren 1864/65 lange nicht mehr mit dem früheren Kampfgeist beseelt.
Außerdem war es dem zum Heeresdienst einberufenen Bürger möglich, sich für 300 Dollar bis zum nächsten Aufruf loszukaufen oder einen Ersatzmann zu stellen, so daß er überhaupt nicht mehr zur Armee mußte. Gerade dieses Gesetz war in der Union äußerst verhaßt und erbitterte besonders den kleinen

Am 30. 7. 1864 wollte man die konföderierten Stellungen bei Fort Morton durch die Explosion einer unterirdischen Mine durchbrechen. Die erzielte Überraschung wurde aber durch unfähige Offiziere nicht ausgenutzt.

Die Batterien von Fort Morgan, die die Einfahrt in die Mobile Bucht schützten.

Mann, der die für die damalige Zeit enorme Summe von 300 Dollar nicht aufbringen konnte.

Um die altgedienten Veteranen der Jahre 1861 und 1862 nicht noch mehr zu verbittern, die nach Ablauf ihrer dreijährigen Zeit sich nochmals verpflichteten und hierfür auch Geld erhielten, durften sie sich »Veteran Volunteers« nennen, worauf sie sehr stolz waren.

Lincoln war ein geschickter Politiker, der es verstand, mit den sich streitenden und ihn bekämpfenden Gruppen Kompromisse zu schließen. Trotzdem hatte er große Schwierigkeiten, vor allem 1864, als ein neuer Präsident gewählt wurde. Bei dieser Wahl ging es um die Entscheidung, den Krieg ohne Sieg zu beenden oder bis zum bitteren Ende durchzuhalten, um die Union zu bewahren. Selbst ein Teil seiner eigenen Partei, der Republikanischen Partei, schien Lincoln nicht radikal genug. Die demokratische Partei war gegen den Krieg, d. h. für einen Frieden ohne Sieg. Die Chancen schienen für Lincoln schlecht zu stehen, denn der Norden war kriegsmüde. Auch General Grant hatte den Krieg nicht schnell beenden können, vielmehr stiegen unter seiner Führung die Verluste der Union durch den Abnutzungskrieg, den er mit einer gewissen Brutalität führte. In Ohio, Illinois und besonders in New York (13. 7.–16. 7. 1863) erhob sich ein Teil der Bevölkerung gegen das Konskriptionsgesetz. Die Armee mußte den Aufruhr blutig niederschlagen.

Am 29. 8. 1864 hielten die Demokraten in Chicago ihren Parteikongreß ab und erklärten den Krieg als einen Fehlschlag, um die Union zu erhalten. Diese sollte vielmehr auf der alten Basis von vor 1861 wiederhergestellt werden. General McClellan kandidierte als Präsidentschaftskandidat. Aber die Demokraten wußten selbst nicht, wie ihr Ziel verwirklicht werden konnte, denn einen Kompromiß zwischen Norden und Süden gab es schon lange nicht mehr.

Lincoln, der am 7. 6. 1864 erneut als Präsidentschaftskandidat aufgestellt wurde, glaubte aufgrund der nicht günstigen Kriegslage nicht an seine Wiederwahl. In diesem Fall sah er den Zusammenbruch der Union voraus. Doch das Blatt wendete sich

Eroberte konföderierte Stellungen bei Petersburg.

schon bald wieder. Die Kriegsmüdigkeit des Nordens war nicht nur eine Folge der Dauer des Krieges und der hohen Verluste seit der Befehlsübernahme durch Grant, sondern auch der Kriegsgefangenenfrage. Diese beschäftigte stark die Menschen im Norden. Bis 1864 gab es einen Gefangenenaustausch Mann für Mann. Grant als Oberbefehlshaber unterband ihn jedoch. Am 1.4. und 18.8.1864 lehnte er dieses humane System kategorisch ab. Seiner Meinung nach würde dadurch nur der Krieg verlängert werden, denn der Süden mußte total erschöpft werden. Die Union hatte jetzt mehr Gefangene als der Süden, der unbedingt Ersatz benötigte. Die Kriegsgefangenen mußten nun im Süden bleiben, selbst auf die Gefahr hin, daß sie unter den dortigen Verhältnissen zu Tausenden starben. Berühmt und berüchtigt war das Andersonville-Lager in Georgia, wo seit Februar 1864 über 32 000 Gefangene der Union unter unmenschlichen Verhältnissen hausten. Aber im Norden sah es für die Gefangenen des Südens auch nicht besser aus. Doch wollte man dies hier nicht wahrhaben. Wer in Gefangenschaft geriet, mußte sich auf beiden Seiten auf das Schlimmste gefaßt machen, denn von Gefangenenfürsorge, medizinischer Hilfe, Hygiene usw. hielt man nicht viel. So blieb es nicht aus, daß 26 436 Südstaatler und 22 576 Nordstaatler in der Gefangenschaft ums Leben kamen. Die Union verurteilte nach dem Krieg den Kommandanten von Andersonville, Major Henry Wirtz, in dessen Lager über 13 000 Mann starben, zum Tode durch Erhängen, dem einzigen Todesurteil nach Beendigung der Feindseligkeiten. Es war der erste Kriegsverbrecherprozeß der Geschichte.

Der Süden sorgte durch seine Agenten im Norden für Kriegsmüdigkeit und hoffte besonders auf einen Aufstand in den Staaten des mittleren Westens. Hier war die obskure Geheimgesellschaft Order of American Knights oder Sons of Liberty, die den Demokraten anhingen, die Wortführer, aber es folgten den Worten keine Taten. Die ausgeheckten Pläne waren zu phantastisch und vollkommen unrealistisch. Es war eine reine Verzweiflungstat der Konföderation, sich auf diese Geheimgesellschaften zu verlassen.

Präsident Lincoln hatte angesichts dieser widrigen

◁ *Fort Sumter nach der Wiederinbesitznahme durch die Union (Flaggenhissung am 14. 4. 1865).*

Umstände nur noch eine Chance, die Wahl zu gewinnen, wenn die Armee endlich den Süden bezwang oder die Aussicht bestand, den Krieg in naher Zukunft siegreich zu beenden.
Der Fall von Atlanta hob die Siegesstimmung im Norden beträchtlich. Die Unions-Armeen drangen überall vor, und die Konföderation wurde kleiner und kleiner. Präsident Davis konnte das sich jetzt deutlich abzeichnende Schicksal nicht mehr abwenden. Die konföderierten Armeen errangen keine Siege mehr, um die Union friedensreif stimmen zu können.
Präsident Lincoln wurde am 8. 11. 1864 mit 2 213 635 Stimmen wiedergewählt gegenüber 1 805 237 Stimmen der Demokratischen Partei. Ausschlaggebend für seinen Sieg waren die Soldaten, die ihn zu 77,5 % gewählt hatten.

Der totale Krieg

General Jubal Early im Shenandoah-Tal stellte immer noch eine Bedrohung für die Union dar. Bis jetzt hatte niemand vermocht, die Konföderierten aus diesem wichtigen Gebiet zu vertreiben.
General Grant gab daher Generalmajor Philip H. Sheridan, der am 7. 8. 1864 das Kommando übernahm, den Befehl, Early zu schlagen und das Shenandoah-Tal so zu zerstören, daß es für die Konföderierten für die Dauer des Krieges keinen Nutzen mehr hätte. Die Bedrohung der Nachschublinien für die Potomac-Armee hätte ein für allemal aufzuhören. Die Konföderierten sollten keinen Gewinn mehr aus dem landwirtschaftlich reichen Gebiet ziehen können.
General Sheridan erhielt den Befehl, alles planmäßig zu vernichten, so daß selbst eine Krähe, die das Tal überfliegen würde, ihre Verpflegung mitnehmen müßte.
Er verfügte über 48 000 Mann, einschließlich 6400 Mann Kavallerie. Early hatte inzwischen Verstärkungen erhalten, so daß er der Union 25 000 Mann entgegenwerfen konnte – später waren es nur noch 19 000 Soldaten. Sheridan ging daran, seine Armee zu reorganisieren und die Moral aufzurichten. Am

General Sherman und sein Stab nach der Eroberung von Atlanta.

19. 9. 1864 kam es bereits zur Schlacht von Opequonon Creek bei Winchester, und die Konföderierten mußten sich bei einem Verlust von 4600 Mann geschlagen geben. Schon drei Tage später siegten die Unions-Truppen bei Fisher's Hill erneut über die Konföderierten. Während Early sich weiter in das Tal zurückzog, setzten die Nordstaatler ihr Zerstörungswerk fort. Gegen Mitte Oktober 1864 war die Vernichtung abgeschlossen. Die Union bezog anschließend Stellung bei Cedar Creek – 35 km südlich von Winchester.

Hier griff Early plötzlich am 19. 10. 1864 an, und es gelang ihm, die Unions-Truppen in die Flucht zu schlagen. Sheridan kam gerade von Washington zurück, als er auf die zurückflutenden Soldaten stieß. Er riß sie wieder mit sich an die Front – Sheridan war bei seinen Soldaten sehr beliebt, denn er tauchte immer zur rechten Zeit an den gefährlichen Stellen auf –, und in einem Gegenangriff wurden die Konföderierten vollkommen vernichtet. Die Gefahr war endgültig gebannt. Zurück blieben nur noch 1100 konföderierte Soldaten mit sechs Geschützen, die am 2. 3. 1865 von Brigadegeneral George A. Custer ausgeschaltet wurden.

Nach der Besetzung von Atlanta durch Sherman überlegten beide Seiten, welcher Schritt der nächste sein würde. Sherman ließ Atlanta von allen Zivili-

Sherman gelang es, unter ständiger Umgehung der konföderierten Befestigungslinien und schweren Kämpfen, immer näher an Atlanta / Georgia heranzukommen. Die Stadt wurde Mitte Juli 1864 eingeschlossen, und am 20. 7. 1864 kam es zur Schlacht von Atlanta. Hier Palisaden und spanische Reiter in den Vorstädten von Atlanta.

Auch hier zerstörte man Gleisanlagen.

sten räumen, um aus der Stadt einen militärischen Stützpunkt zu machen. Diese Maßnahme verzieh ihm die Bevölkerung von Georgia nie.
General Hood beabsichtigte, durch Abschneiden der Verbindungslinien Shermans mit Chattanooga ihn zum Rückzug oder zu seiner Verfolgung zu bewegen. Am 5. 10. 1864 kam es daraufhin bei Allatoona nördlich von Atlanta zur Schlacht, aber die Konföderierten erreichten ihr Ziel nicht und mußten zurückgehen. Hood marschierte nach Süden weiter, um Sherman zur Räumung von Atlanta zu zwingen, der aber nicht daran dachte. Hoods Plan bestand darin, den Tennessee zu überschreiten und anschließend nach Norden vorzustoßen. Er wollte dadurch Tennessee wieder für den Süden gewinnen, um weiterhin von Nashville aus in Kentucky einzudringen. Die Operation war kühn angelegt, aber aus reiner Verzweiflung geboren und ein großer strategischer Fehler.
Sherman wiederum glaubte, daß es keinen Zweck hätte, Georgia besetzt zu halten und die Verbindungslinien unter Verlusten zu verteidigen. Er beabsichtigte nicht, Hood zu folgen, außerdem würde die Armee unter General Thomas genügen, Hood aufzuhalten und zu schlagen. Er machte deshalb Grant den Vorschlag, unter Zurücklassung aller nicht lebensnotwendigen Dinge zur Küste nach Savannah zu marschieren, das Land total zu vernichten – die Armee sollte sich selbst verpflegen – um damit den Konföderierten zu beweisen, daß sie nicht mehr in der Lage wären, Land und Leute zu beschützen, sondern von der Gnade oder Ungnade der Unions-Armeen abhingen.
General Grant stimmte nach anfänglichem Zögern diesem kühnen Plan am 2. 11. 1864 zu. Sofort machte sich Sherman an die Durchführung dieser Operation. Die Verwundeten und Kranken wurden nach Chattanooga geschickt sowie alle nicht zu den Kampftruppen gehörenden Soldaten. Gleichfalls verzichtete man auf die Ausrüstung, die die Armee nicht auf ihrem Marsch mitnehmen konnte. Am Abend des 18. 11. 1864 blieben 68 000 Veteranen zurück, die sich mit 65 Geschützen, 2500 mit Munition und Verpflegung beladenen Wagen und 600 Ambulanzwagen zum Vormarsch rüsteten. In Atlanta selbst wurde alles zerstört, die Stadt ging in Flammen auf.
Am 15. 11. 1864 begann man den berühmten »Marsch der verbrannten Erde« zur Küste.

Letzte Kriegshandlungen zur See

Lieutenant Waddell befehligte den CS Hilfskreuzer ›Shenandoah‹, der die amerikanische Walfangflotte in der Arktis noch nach Beendigung des Krieges vernichtete.

Das Ende des Krieges zur See

Der letzte und dritterfolgreichste Hilfskreuzer der Südstaaten war die ›Shenandoah‹, ein Segler mit Hilfsmotoren. Im Jahre 1864 hatten die Konföderierten das Schiff von den Engländern erworben.
Am 8. 10. 1864 verließ die ›Shenandoah‹ London, um angeblich nach Bombay zu segeln, doch ging es nach Funchal auf Madeira. Hier lag bereits der Dampfer ›Laurel‹ mit der erforderlichen Ausrüstung, und am 19. 10. 1864 stellte Lieutenant J. I. Waddell den Hilfskreuzer in Dienst. Die ›Shenandoah‹ verdrängte 1152 Tonnen bei einer Geschwindigkeit von 9 Knoten. Die Bewaffnung setzte sich zusammen aus vier 20 cm-Geschützen, zwei 32-Pfündern und zwei 12-Pfündern.
Der Kommandant hatte jedoch mit Schwierigkeiten zu kämpfen, genügend Besatzungsmitglieder anzuwerben, denn zu dieser Zeit wollte niemand mehr sein Leben für die Südstaaten einsetzen.

Noch am Tage der Indienststellung verließ der Hilfskreuzer Funchal und nahm Kurs auf den Pazifik, um in der Arktis die amerikanische Walfangflotte zu vernichten. Am 30. 10. 1864 brachte man das erste Schiff auf, und bis zum Jahresende versenkte die ›Shenandoah‹ weitere sechs Fahrzeuge im Südatlantik. Am 25. 1. 1865 traf der Hilfskreuzer in Melbourne / Australien ein, wo dieser bis zum 18. 2. 1865 blieb. Im Südatlantik erzielte Waddell keine Erfolge mehr, denn die meisten amerikanischen Walfänger waren inzwischen gewarnt worden. In Lea Harbour auf Ascension vernichtete die ›Shenandoah‹ vier Walfänger, und aus den erbeuteten Papieren ging hervor, wo sich die anderen Boote aufhielten.
Am 13. 4. 1865 (am 9. 4. 1865 hatte General Robert

◁ *Am 5. 8. 1864 kam es in der Mobile Bay zu einem schweren Gefecht zwischen dem CS Ironclad ›Tennessee‹ und den US-Kriegsschiffen unter Rear-Admiral Farragut. Die großkalibrigen Geschosse der Monitore beschädigten die ›Tennessee‹ so schwer, daß sie die Flagge streichen mußte.*

CS Hilfskreuzer ›Shenandoah‹. Nach abenteuerlicher Kaperfahrt längs der sibirischen Küste erfuhr der Kommandant am 2. 8. 1865, daß bereits seit Monaten der Bürgerkrieg beendet war.

Der 585 Tonnen große CS Hilfskreuzer ›Chickamauga‹ lief am 28. 10. 1864 unter Lieutenant J. Wilkinson aus und brachte auf dieser einen Operation (bis 19. 11. 1864) mehrere Prisen auf.

E. Lee bereits bei Appomattox Court House kapituliert) nahm das Schiff Kurs auf die Kurilen, und nach einem Monat steuerte der Kreuzer weiter nach Norden. In den USA herrschte große Aufregung über die ›Shenandoah‹, da man wußte, daß sie die Walfangflotte zerstören wollte. Schon am 21. 5. 1865 war der Kreuzer im Ochotskischen Meer und stieß sechs Tage später auf den ersten Walfänger. Dann ging es weiter entlang der sibirischen Küste, aber im Sachalin-Packeis mußte die ›Shenandoah‹ aufgeben und verließ am 14. 6. 1865 wieder das Ochotskische Meer. Zwei Tage darauf stand der Hilfskreuzer in der Bering-See und am 22. 6. 1865 vor Kap Nawarin, als die ersten Yankee-Walfänger ausgemacht wurden. Die Jagd begann sogleich, und die Überraschung gelang vollkommen. Bis zum 28. 6. 1865 vernichtete die ›Shenandoah‹ insgesamt 21 Schiffe, so daß ihr auf dieser Unternehmung 33 Schiffe mit einem Wert von 1 361 983 Dollar in die Hände fielen.

Am 5. 7. 1865 verließ Wadell das Gebiet und lief auf die US-Westküste zu. Am 2. 8. 1865 erfuhr er, daß der Bürgerkrieg längst beendet sei, was Waddell auch schon von den Walfängern gehört hatte, aber einfach nicht wahrhaben wollte. Jetzt kam es für Lieutenant Waddell darauf an, nicht als Pirat den Kriegsschiffen der Union in die Hände zu fallen. Ungesehen und ungehindert erreichte auch der Hilfskreuzer am 6. 11. 1865 Liverpool. England ließ Offiziere und Mannschaften trotz der Proteste Washingtons frei.

Zwei weitere erfolgreiche konföderierte Hilfskreuzer waren noch ›Tallahassee‹ und ›Chickamauga‹. Die ›Tallahassee‹ von 500 Tonnen und mit drei Geschützen bewaffnet operierte unter Commander John Taylor Wood im August 1864 vor der Küste von Neu-England. Dem Kreuzer fielen 23 Schiffe zum Opfer. Die Operation der ›Tallahassee‹ dauerte nur 19 Tage, denn die US-Regierung verhinderte, daß sie in Kanada mehr als 100 Tonnen Kohlen übernehmen konnte, so daß das Schiff notgedrungen nach Wilmington zurücklaufen mußte.

Die ›Chickamauga‹ (685 Tonnen, drei Geschütze) lief am 28. 10. 1864 unter Lieutenant J. Wilkinson aus, um ebenfalls auf der Höhe von New York Handelskrieg zu führen. Der Kreuzer brachte nur vier Schiffe auf, aber die Aufregung darüber war in der amerikanischen Schiffahrt groß.

Während des Krieges rüsteten die Konföderierten insgesamt 12 Hilfskreuzer aus, die aber trotz abenteuerlicher Fahrten und großer Erfolge nicht die Erwartungen erfüllten, daß die Union aufgrund ihres Erscheinens die Blockade aufgeben würde, um diese lästigen Handelsstörer auszuschalten. Aber obwohl diese Hilfskreuzer nur 5% der Handelsflotte des Nordens versenkten, waren die Auswirkungen beträchtlich. Wegen des Auftretens der Südstaaten-Hilfskreuzer fuhr fast die Hälfte der Schiffe der Union unter fremder Flagge. Viele Handelsschiffe wagten sich nicht mehr auf See. Aber der Handel der Union blühte weiter und stieg immer mehr an, denn die neutrale Flagge blieb weiterhin geschützt. Die amerikanische Handelsmarine sollte sich erst während des Ersten Weltkrieges wieder von den erlittenen Verlusten und dem Schock erholen und ihre frühere Bedeutung zurückgewinnen.

Blockadebrecher

Ebenfalls von Romantik und Abenteuertum umweht sind die Fahrten der Blockadebrecher.
Es war unmöglich, daß die Kriegsschiffe der Union die gesamte Küste der Konföderation hermetisch überwachten. Die Blockade beschränkte sich deshalb hauptsächlich auf die wichtigsten Häfen des Südens, wie Wilmington/North Carolina, Charleston/South Carolina, Mobile/Alabama, New Orleans und Galveston in Texas, da nur diese von tiefergehenden Schiffen angelaufen werden konnten.

In den Jahren 1863/1864 wurde in Frankreich für die Konföderierten der 900 Tonnen große, hochseefähige Ironclad ›Stonewall‹ gebaut. Erst am 6. 5. 1865 erreichte das Kriegsschiff Nassau und wurde im Juli an die USA übergeben. Hier liegt die ›Stonewall‹ am Potomac.

Später verfügten die Konföderierten nur noch über Wilmington, Charleston und Mobile, nachdem New Orleans erobert worden war. Besonders Wilmington war günstig gelegen und gut geschützt. Forts sicherten die Einfahrt in die Flußmündung, was die Blokkade erschwerte.
Die erfolgreichste Zeit für die Blockadebrecher waren die Jahre 1863 und 1864. Gewaltige Gewinne wurden erzielt. Vor allem englische Firmen beteiligten sich an dem risikoreichen Geschäft. Hauptumschlagplatz für die Güter waren Bermuda und Nassau, von wo die Blockadebrecher versuchten, die Bewacherlinien der Union zu durchbrechen. Es handelte sich später um speziell für diese Zwecke gebaute Fahrzeuge mit niedriger Silhouette, großer Geschwindigkeit und Tarnanstrich.
Gelang den Schiffen der Durchbruch, mußten sie wieder versuchen, an den US-Kriegsschiffen vorbei Nassau mit Baumwolladung und Tabak zu erreichen. Eine glückliche Fahrt brachte einen unermeßlichen Gewinn für die Eigentümer. Wenn ein Dampfer z. B. 800 Ballen Baumwolle geladen hatte, lag der Verdienst bei 420 000 Dollar. Selbst die Besatzungen erhielten eine beträchtliche Summe für eine abenteuerliche Fahrt, z. B. der Kapitän 5000 Dollar in Gold und die Matrosen je 250 Dollar.
Da das Profitstreben die Hauptursache der Blockadefahrten war, brachten die Schiffe hauptsächlich nur Luxusgüter nach dem Süden, um diese mit großem Gewinn zu verkaufen. Die Konföderation sah sich daher gezwungen, ab 1864 Laderaum auf den

Wrack eines konföderierten Blockadebrechers vor Sullivan's Island/South Carolina.

Blockadebrechern für militärische Güter zu beschlagnahmen. Diese Maßnahme wurde aber viel zu spät getroffen, um noch das Schicksal des Südens abwenden zu können.

Die US-Marine errichtete im Laufe des Krieges ein immer engmaschigeres Netz, um diese Blockadefahrten zu unterbinden. Es gelang, während des Krieges 295 Dampfer, 44 Segler und 683 Schoner aufzubringen oder zu zerstören. Diese Schiffe hatten eine Ladung mit einem Wert von etwa 24,5 Millionen Dollar an Bord. Rechnet man die gestrandeten Schiffe hinzu, vernichteten die Blockadeschiffe Fahrzeuge im Wert von insgesamt 31,5 Millionen Dollar. Da die Konföderation über keine Seemacht verfügte, war sie nicht in der Lage, die Blockade mit militärischen Mitteln zu brechen. Sie versuchte es daher mit Propaganda über die Illegalität der Blokkade und Erfolglosigkeit derselben.

Aber die Wirklichkeit sah anders aus. Die Wirtschaft des Südens wurde durch die Blockade schwer in Mitleidenschaft gezogen. Die Goldreserven wurden durch die teuren Importe aufgezehrt. Folglich blieb nur die Baumwolle als Exportartikel oder Tauschobjekt, aber auch diese reichte nicht aus, obwohl mehrere Millionen Baumwollballen ausgeführt werden konnten.

Die Preise im Süden stiegen infolge der Blockade ins unermeßliche. Die Gegenstände des täglichen Bedarfs waren nicht erhältlich oder nur zu unerschwinglichen Preisen zu bekommen. Die konföderierten Soldaten verfügten zwar bis zum Ende des Krieges über genügend Waffen und Munition, litten

aber sonst an allem Notwendigen. Uniformen und Decken gab es kaum. Die graue Uniform verschwand fast völlig; die Stoffe mußten mit Walnußfarbe gefärbt werden, so daß man in den letzten Jahren von den »Braunen« anstelle der »Grauen« sprechen muß.
Der erste moderne Wirtschaftskrieg trug wesentlich zum Zusammenbruch des Südens bei. Alle Anstrengungen der Konföderation, die Blockade mit militärischen Mitteln aufzuheben, vor allen Dingen durch Hilfskreuzer und Ironclads, schlugen fehl. Sie waren von vornherein zum Scheitern verurteilt. Der Materialüberlegenheit des Nordens konnte man nichts entgegensetzen.

Farraguts Schiffe im Kampf mit dem Ironclad ›Tennessee‹, der am 5. 8. 1864 die Flagge strich.

Eroberung von Mobile

Mobile lag etwa 20 Seemeilen oberhalb der Bucht gleichen Namens. Fort Morgan und Fort Gaines schützten den Zugang zur Bucht. CS-Admiral Buchanan übernahm den Befehl zur Verteidigung, als der Norden sich zur Eroberung rüstete.
Zwischen den beiden Forts und der 450 m breiten Durchfahrt brachte er Unterwasserhindernisse an und ließ außerdem ein Minenfeld legen. Der 1273 Tonnen große Ironclad ›Tennessee‹ mit sechs Geschützen verlegte am 17. 5. 1864 nach Mobile, um gegen die US-Kriegsschiffe eingesetzt zu werden, falls diese den Durchbruch durch die Sperrforts wagen sollten. Aber außer diesem Panzerschiff verfügte der Süden nur noch über drei hölzerne Kanonenboote, die keinen großen Kampfwert besaßen. Admiral Farragut führte die Kriegsschiffe der Union an. Dieser plante wie bei seinen früheren Unternehmen, an den Befestigungen vorbeizulaufen, da er in dieser

Der berühmte 2900 Tonnen große US-Kreuzer ›Hartford‹ nahm als Flaggschiff unter Admiral Farragut an der Eroberung von New Orleans im April 1862 teil. Während des Vicksburg-Feldzuges unter General Grant lag die ›Hartford‹ auch vor der Festung. Weiteren Ruhm erlangte der Kreuzer während der Schlacht von Mobile Bay am 5. 8. 1864.

Taktik die besten Chancen für einen Erfolg und Durchbruch sah.
Am 1. 8. 1864 traf Brigade-General R. S. Granger mit 2400 Soldaten ein, um Fort Gaines anzugreifen. Admiral Farragut verfügte jetzt über 18 Kriegsschiffe, darunter vier Monitore; sein Flaggschiff war die berühmte und bewährte ›Hartford‹.
Am 5. 8. 1864 setzten sich um 05.30 Uhr die Schiffe in zwei Kolonnen in Marsch und liefen auf die Einfahrt zu. Nach einer Stunde begannen die Monitore mit der Beschießung, dann die anderen Kriegsschiffe. Jetzt steuerte der Ironclad ›Tennessee‹ mit den drei Kanonenbooten auf die hölzernen Schiffe der Union zu. Die Monitore änderten ihren Kurs, wobei die ›Tecumseh‹ auf eine Mine lief und sofort unterging. In dem Gefecht mit dem Ironclad wurden die US-Kriegsschiffe leicht beschädigt, aber die ›Tennessee‹ konnte den Durchbruch der Fahrzeuge unter Admiral Farragut nicht aufhalten. Auch die ausgelegten Minen erfüllten nicht ihren Zweck. Um 08.45 Uhr erschien die ›Tennessee‹ erneut, und die Monitore nahmen das Gefecht an, das eines der härtesten des Bürgerkriegs war. Die Kreuzer rammten mehrmals das Panzerschiff, richteten aber keinen Schaden an. Die 28- und 38-cm-Geschütze der Monitore beschädigten den Ironclad so schwer, daß er kapitulieren mußte.
Die Kriegsschiffe setzten die Beschießung der Forts wieder fort, die am 21. 8. 1864 die weiße Fahne zur Übergabe hißten. Damit war Mobile abgeriegelt, so daß keine Blockadebrecher mehr den Hafen anlaufen konnten. Die Stadt Mobile selbst wurde jedoch erst am 21. 3. 1865 von der Union besetzt.

Verbrannte Erde

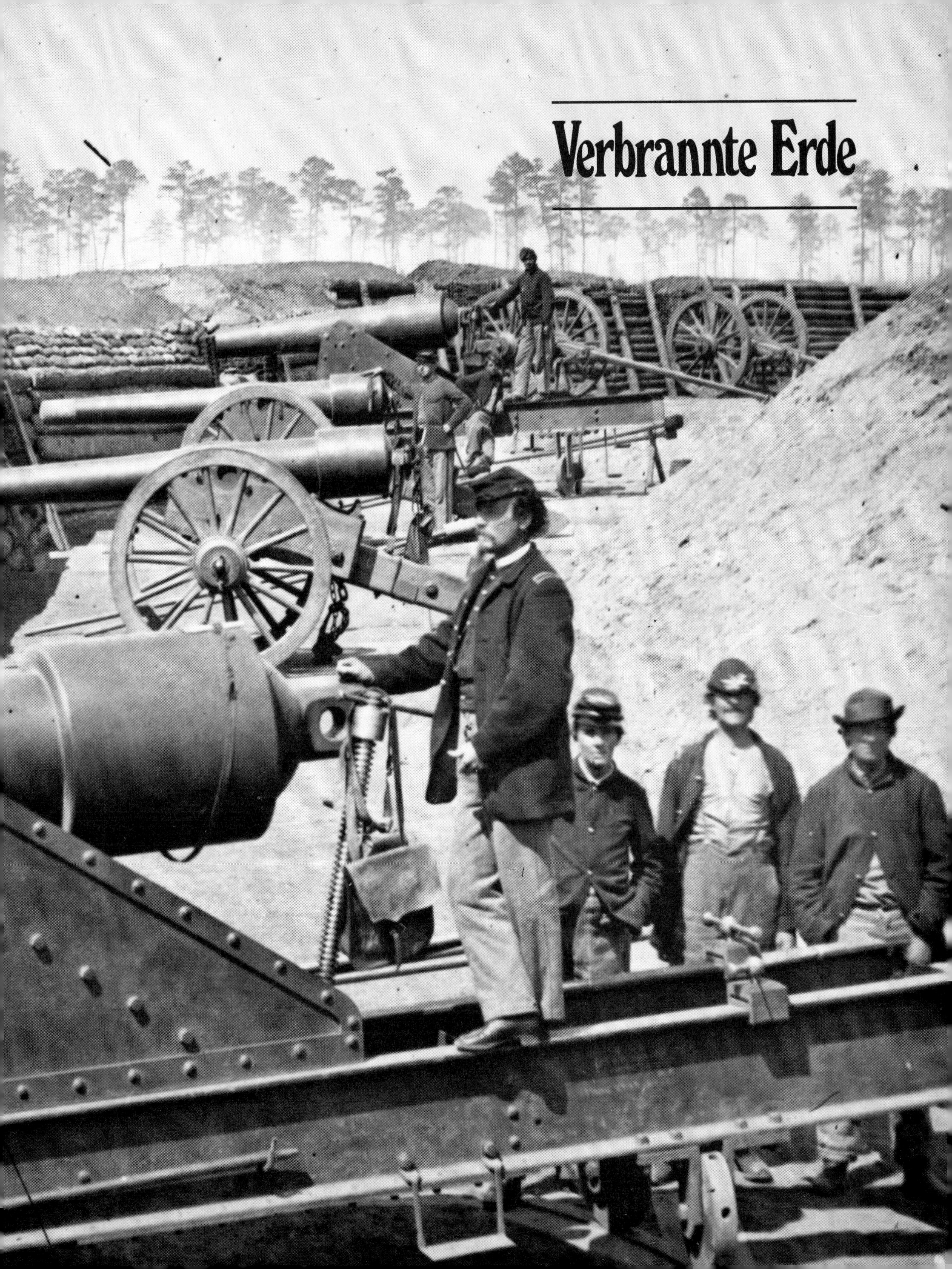

◁ *Schwere Artillerie von Fort Brady am James.*

Shermans Marsch zum Atlantik

Die Konföderierten konnten Shermans Vormarsch nicht mit nennenswerten Kräften aufhalten. Die Armee marschierte in einer Breite von 100 km durch das Land, und die Soldaten kamen sich wie auf einem Spaziergang vor. Alles wurde zerstört, was dem Süden irgendwie von Nutzen sein könnte, so Brücken, Eisenbahnanlagen, Fabriken, Scheunen, Farmen usw. Da die Armee sich selbst verpflegte, wurden jeden Morgen Abteilungen ausgeschickt, um Lebensmittel zu requirieren. Die Soldaten lebten im Überfluß, denn man organisierte mehr, als man verbrauchen konnte. Diese Lage nutzten Marodeure sowohl von der Union als auch von den Konföderierten aus, um auf ihre Kosten zu kommen. Diese dunklen Elemente stahlen, plünderten und raubten, sobald sich dazu eine Gelegenheit bot. Sherman hätte dies durchaus unterbinden können, doch handelten die Plünderer wiederum in seinem Sinn, Georgia zu vernichten.

Die Konföderierten waren machtlos, obwohl General Hood versuchte, durch einen Einfall in Tennessee Sherman von seinem Marsch abzuhalten. Aber in diesem Stadium des Krieges besaß die Union eine derartige Übermacht, daß sie auf Shermans Armee verzichten konnte.

General Hoods Armee wird vernichtet

Am 19. 11. 1864 setzte sich die konföderierte Armee mit ungefähr 54 000 Mann nach Norden in Marsch in Richtung auf Nashville.

General John M. Schofield mußte sich vom Süden Tennessees langsam vor den anrückenden Südstaatlern zurückziehen. Bei Spring Hill wäre es Hood und seiner Kavallerie beinahe gelungen, Schofields Armee den Rückmarsch abzuschneiden. Doch konnte die Union die Konföderierten unter Forrest abdrängen und aus der Falle entkommen. General Hood hatte sich eine große Chance entgehen lassen, die Unions-Armee zu schlagen.

Am 30. 11. 1864 richtete sich Schofield zur Verteidigung bei Franklin ein. Noch am Nachmittag griff der über seine bisherigen Mißerfolge ärgerliche General Hood die gut ausgebauten Stellungen der Union frontal mit 38 000 Mann an, aber bei einem Verlust von 6300 Mann – darunter fünf Generale – mußte er den nutzlosen Kampf abbrechen. Die Union verlor insgesamt 2300 Mann. In der Nacht zog sich Schofield weiter auf Nashville vor der an Zahl überlegenen konföderierten Armee zurück. General Hood folgte ihm hart auf den Fersen.

Nashville war eine der größten Befestigungen der Union, und ein Angriff auf die Stadt war aussichtslos. General Hood lagerte mit seiner Armee südlich der Stadt und wartete. Worauf er eigentlich hoffte, wußte er wohl selbst nicht, denn seine Situation war ausweglos. Die Stadt stürmen konnte er nicht, ebenfalls nicht weitermarschieren, aber auch nicht wieder nach Süden zurückgehen. Seine Lage war hoffnungslos und zum Scheitern verurteilt. Der Vorstoß war ein großer Fehler der Konföderierten gewesen, denn ein Rückzug mußte unweigerlich in eine Katastrophe enden, zumal die konföderierten Soldaten zu ihrem General kein Vertrauen mehr hatten.

In Washington war man inzwischen besorgt darüber, daß eine konföderierte Armee so weit im eigenen Land stand und General Thomas anscheinend zögerte, die Konföderierten anzugreifen. Grant wollte bereits Thomas absetzen und sich selbst um die anscheinend kritische Lage bei Nashville kümmern. Schneestürme machten einen Angriff der Unions-Armee zunächst unmöglich, aber am 15. 12. 1864 griff Thomas an und schlug die Konföderierten zurück. Am folgenden Tag setzte er seinen

Gefallener konföderierter Soldat während der Schlacht von Spotsylvania am 19. 5. 1864.

Angriff fort, und zum ersten Mal während des Bürgerkriegs vernichtete die Union eine konföderierte Armee vollkommen.

Sherman in Savannah

In der Zwischenzeit hatte Sherman seinen Marsch zur Küste ungestört fortgesetzt. In Washington machte man sich Gedanken, da man nicht wußte, wo sich die Armee aufhielt und ob sie Erfolg hatte, aber Grant beruhigte immer wieder den Präsidenten. Am 9. 12. 1864 stand die Union in der Nähe von Savannah, und am 13. 12. 1864 wurde an der Mündung des Ogeechee-River das Fort McAllister erobert, um einen Stützpunkt an der Atlantik-Küste zu haben und um Verbindung mit der Marine aufzunehmen. Savannah wurde von etwa 15 000 Mann unter Generalleutnant W. J. Hardee verteidigt, der sich aber zurückzog, um nicht von seinen Verbindungslinien abgeschnitten zu werden. Sherman hatte sich die Gelegenheit entgehen lassen, Hardee und seine kleine Armee aufzureiben, und ließ ihn entkommen.
Am 21. 12. 1864 marschierten die Soldaten der Union in die Stadt ein. General Sherman übergab sie Präsident Lincoln als Weihnachtsgeschenk.

Generalmajor John McAllister Schofield hatte maßgeblichen Anteil an dem Erfolg der Union in Georgia. Ihm unterstand die Ohio-Armee.

Eroberung von Fort Fisher

Zu den größten amphibischen Operationen der US-Marine während des Bürgerkrieges rechnete man die Einnahme von Fort Fisher. Wilmington, bis zum Ende des Krieges der bedeutendste Hafen für die Blockadebrecher, konnte nicht bezwungen werden, wenn man nicht die Mündung von Cape-Fear in Besitz nahm. Die Konföderierten hatten seit 1862 an der Nordostspitze der Mündung Fort Fisher erbaut, das zu den stärksten Forts der Südstaaten gehörte. Aufgrund der Ausdehnung und Anlage galt Fort Fisher als nahezu uneinnehmbar. Es war nicht möglich, nur mit Kriegsschiffen die Befestigungen niederzukämpfen, da hier die Gewässer zu eng und zu gefährlich waren. Zusammen mit einer Landungsoperation bestand jedoch eine Chance zur Ausschaltung dieses gewaltigen Bollwerkes. Es dauerte allerdings bis Ende 1864, ehe der Norden ernsthaft an eine Landung dachte, zumal mit dem Fall von Wilmington auch General Lee von sämtlichen weiteren Zufuhren abgeschnitten wäre.
Am 12. 10. 1864 übernahm Admiral David D. Porter den Befehl über die Atlantic Blockading Squadron und begann sofort damit, die erforderlichen Schiffe für die Beschießung und Landung zusammenzuziehen. Marineminister Welles setzte alles daran, damit das geplante Unternehmen ein Erfolg würde.
Den Befehl über die Landungstruppen übernahm Generalmajor Benjamin F. (Ben) Butler, der jedoch die Operation weiter hinauszögerte. Er glaubte, durch ein mit Pulver beladenes Schiff Fort Fisher ausschalten zu können. In der Nacht vom 23. zum 24. 12. 1864 flog die mit 253 Tonnen Pulver beladene ›Louisiana‹ in die Luft, aber nicht Fort Fisher, in dem man nicht einmal die Explosion bemerkte.
Am 24. 12. 1864 begannen die Monitore und alle anderen Kriegsschiffe – es war die größte Schiffsansammlung des Krieges – mit der Beschießung. Anderntags landeten die Truppen oberhalb von Fort Fisher, blieben aber im Abwehrfeuer der Konföderierten liegen. Trotz des schweren Bombardements waren die Befestigungsanlagen immer noch intakt. General Butler schiffte daraufhin die Soldaten wieder ein und lief nach Hampton Roads. Seiner Auffassung nach konnte man Fort Fisher nur nach einer langen Belagerung stürmen. Er wurde sofort seines Kommandos enthoben.
Die Kriegsschiffe unter Admiral Porter hatten in den

Kasematten von Fort Fisher, das gegen Ende 1864 das Ziel einer großen Landungsoperation der Union war.

Das gewaltige und als uneinnehmbar geltende Fort Fisher, das den Blockadebrecher-Hafen Wilmington/North Carolina schützte, fiel am 15. 1. 1865. Hier ein Teil der zerstörten Geschützstellungen.

zwei Tagen mehr als 20 000 Granaten verfeuert (ca. 600 Tonnen), aber das Fort selber hatte kaum Beschädigungen davongetragen – nur drei Geschütze waren ausgefallen.

Generalmajor A. J. Terry erhielt nun den Befehl über die Truppen, und am 12. 1. 1865 nahmen 44 Schiffe, darunter die schwerbestückten Monitore, so lange die ihnen zugewiesenen Ziele unter Feuer, bis sie tatsächlich ausgefallen waren. Selbst während der Nacht setzten die Monitore mit ihren großkalibrigen Geschützen das Bombardement fort, das bis zum folgenden Tag andauerte. Am Morgen des 15. 1. 1865 gingen außerdem noch 2000 Matrosen und Marine-Infanteristen an Land, um die Fortanlagen von der Seeseite her einzunehmen. Sie wurden beim ersten Sturm unter großen Verlusten zurückgeworfen, aber Colonel William Lamb, Kommandant der Festung, nahm an, daß gerade hier der Hauptangriff erfolgen würde. Er zog deshalb Verstärkungen zur Seeseite heran. General Terry war es deshalb möglich, von der Landseite ins Fort einzudringen, und gegen Abend war die Union im Besitz der uneinnehmbaren Festung. Anderntags sprengten die Konföderierten alle weiteren Befestigungsanlagen und räumten das gesamte Fort. Kanonenboote der Union liefen sogleich in den Kanal nach Wilmington und brachten mehrere Blockadebrecher auf. Wilmington wurde am 22. 2. 1865 mit Unterstützung der Marine eingenommen.

Kämpfe auf dem James

Auf dem James kam es zu Anfang des Jahres 1865 nochmals zu Gefechten mit konföderierten Ironclads. Die Panzerschiffe ›Virginia‹, ›Richmond‹ und ›Fredericksburg‹ sowie sechs Kanonenboote und zwei Torpedoboote (Davids) griffen am 23. 1. 1865 vor City Point, dem großen Nachschublager der Potomac-Armee vor Petersburg, an, um die hart bedrängte konföderierte Armee zu entlasten. Mit Ausnahme des Ironclads ›Fredericksburg‹ gelang es aber keinem der Schiffe, die Sperren zu durchbrechen. Artillerie der Union und am folgenden Tag ein Monitor nahmen die konföderierten Einheiten unter Feuer. Trotz schwerer Beschädigungen konnten die Konföderierten entkommen. Nach dem Fall von Richmond wurde die James-Flotille, die Rear-Admiral Raphael Semmes befehligte, gesprengt.

Letzte Kämpfe im Jahre 1864

Das Jahr 1864 ging zu Ende, und allen war klar, daß der Krieg nicht mehr lange dauern würde. Die Konföderierten konnten den siegreichen Unions-Truppen keine intakten Armeen mehr entgegenwerfen, um Shermans Marsch von Savannah nach Norden aufzuhalten; General Lee wurde von Grant in Petersburg festgehalten.
In Tennessee bereiteten sich 12 000 Mann Kavallerie der Union auf einen Vormarsch nach Alabama vor. Die Kavalleristen waren mit den modernsten Repetier-Gewehren ausgerüstet, die an Feuerkraft alle bisherigen Handfeuerwaffen übertrafen.
Die Konföderation bestand zu diesem Zeitpunkt nur noch aus Carolina und dem Süden von Virginia.

Eine Lokomotive der US Military Railroad bei City Point. Von hier führte eine besondere Eisenbahnlinie bis zu den Gräben vor Petersburg, um Munition, Verpflegung usw. heranzubringen.

Unerwartete Kapitulation

◁ *Am 2. 4. 1865 mußten die Konföderierten ihre Hauptstadt Richmond räumen. Anderntags marschierte die US-Kavallerie in die Stadt ein, die während der Evakuierung teilweise in Brand gesteckt worden war.*

Das Ende des Krieges

Am 11. 2. 1865 setzte sich Sherman mit 60 000 kampferprobten Veteranen nach Norden in Marsch. In North Carolina sollte sich General Schofield mit 23 000 Mann mit ihm vereinigen. Die Konföderierten riefen Johnston zurück, um mit ungefähr 40 000 Mann Sherman aufzuhalten, aber sie besaßen nicht mehr die erforderliche Kampfkraft und Reserven. In Richmond erkannte man die Gefahr und ernannte am 3. 2. 1865 General Robert E. Lee zum Oberbefehlshaber aller Streitkräfte. Aber auch er konnte das Blatt nicht mehr wenden.

Der Süden hoffte, daß Sherman in South Carolina durch die vielen kleinen Flüsse, die im Winter Hochwasser führten, sowie sumpfige Gebiete und schlechte Straßen aufgehalten werden würde. Aber unter seinen Soldaten kamen viele von der Grenze, die mit diesen Problemen bestens vertraut waren. Sie ließen sich durch diese Hindernisse nicht aufhalten, so daß der Vormarsch ungestört weiterging.

South Carolina litt furchtbar unter den Plünderungen und Brandschatzungen der Soldaten, denn nach ihrer Meinung hatte dieser Staat den Krieg begonnen und sollte ihre Rache spüren.

In Richmond wurde im März 1865 die Bewaffnung der Neger beschlossen, eine Maßnahme, die jedoch viel zu spät kam. Außerdem versuchte die konföderierte Regierung, in London und Paris die Anerkennung durch Abschaffung der Sklaverei zu erreichen. Aber England und Frankreich dachten zu diesem Zeitpunkt nicht daran, denn die Konföderation stand unmittelbar vor dem Zusammenbruch.

Präsident Davis streckte Friedensfühler nach der Union aus. Am 3. 2. 1865 trafen sich auf einem

Am 28. 2. 1864 konferierte Präsident Lincoln an Bord des Dampfers ›River Queen‹ bei City Point mit den Generalen Grant und Sherman. Rechts Rear-Admiral Porter. Auf dieser berühmten Konferenz brachte Lincoln seinen Wunsch zum Ausdruck, den Krieg mit so wenig Blutvergießen wie möglich zu beenden und nach dem Krieg eine milde Politik gegenüber den besiegten Südstaaten einzuschlagen.

Shermans Truppen besetzten am 17. 2. 1865 Columbia, die Hauptstadt von South Carolina. In der folgenden Nacht ging die Stadt in Flammen auf. Wer die Schuld daran trägt, ist bis heute nicht einwandfrei geklärt.

Dampfer der Union bei Hampton Roads die Konföderierten Alexander Stephans, Vize-Präsident, R. M. T. Hunter, z. Zt. Präsident des Senats, und Richter John A. Campbell, mit Präsident Lincoln und Außenminister Seward. Lincoln war zu keinen Konzessionen bereit. Erst mußten die konföderierte Armee aufgelöst und im Süden die Autorität der Union wiederhergestellt werden, dann könnte über Frieden gesprochen werden. Es gab nur die bedingungslose Kapitulation. Präsident Lincoln war liberal in seinen Ansichten, und er dachte an keine Bestrafung oder andere repressive Maßnahmen. Dagegen saßen im Kongreß von Washington viele Heißsporne, die Unterdrückungsmaßnahmen wünschten. Das Treffen blieb ohne Ergebnis. Die Konföderierten mußten bis zum bitteren Ende militärisch niedergerungen werden.
Sherman setzte seinen Vormarsch weiter fort. Am 17. 2. 1865 besetzte er Columbia, die Hauptstadt von South Carolina. Am gleichen Tag räumten die Südstaatler auch Charleston, das bisher von der Seeseite nicht eingenommen werden konnte. Auf Fort Sumter wehte seit dem 14. 4. 1865 wieder das Sternenbanner, das unter Anwesenheit von Generalmajor Robert Anderson gehißt wurde.
Von Columbia zog Sherman nach North Carolina, wo keine großen Verwüstungen angerichtet wurden.

Von Petersburg nach Appomattox Court House

Die Linien der Union vor Petersburg erstreckten sich in einem großen, 65 km langen Halbbogen, wobei das nördliche Ende bei Richmond lag, und dann bis zum Südwesten von Petersburg auslief, um hier die Eisenbahnverbindungen zu unterbrechen. General Lee glaubte noch eine Chance zu haben, die Unions-Armee zu schlagen. Er wollte versuchen, sich unbemerkt von Grant zu lösen, sich dann mit Johnstons Truppen in North Carolina zu vereinigen und anschließend Sherman anzugreifen und später wiederum Grant in Virginia.
Besonders ausgewählte Truppen sollten das Zentrum der Union angreifen, so daß Grant seinen linken Flügel schwächen müßte, um die Eisenbahnlinien zu schützen und nicht abgeschnitten zu werden. Die Konföderierten hofften, die Mitte zu durchbrechen und dann nach Süden abzumarschieren. Die Rechnung ging schon deshalb nicht auf, denn um

Bombensichere Unterstände hinter den vordersten Linien bei Petersburg.

Richmond und Petersburg standen 105 000 Mann etwa 60 000 Konföderierten gegenüber.
Am 25. 3. 1865 stürmten im Morgengrauen die Südstaatler unter General John B. Gordon zum letzten Mal. Sie eroberten Fort Stedman, kamen auch bis zur Eisenbahnlinie, aber dann war die Offensivkraft gebrochen. Die Verteidigungsstellungen der Union waren zu stark, und gegen Mittag waren die Konföderierten wieder in ihren Gräben.
Grant hatte unterdessen eingesehen, daß es unmöglich war, die in ebenfalls gut ausgebauten Stellungen sitzenden Südstaatler frontal anzugreifen, selbst bei einer zahlenmäßigen Überlegenheit seiner Armee.

Generalmajor Richard Stoddert Ewell (1817 – 1872) gehörte zu den fähigsten Generalen unter Lee. Obwohl er schwer verwundet war, kämpfte Ewell hart und entschlossen. Am 6. 4. 1865 mußte er mit seiner Armee kapitulieren.

Die Ruinen von Richmond. Mit dem Fall der konföderierten Hauptstadt kam das Ende des blutigen Krieges in Sicht.

Statt dessen dehnte er seine Belagerungslinien weiter nach Westen aus, so daß weniger konföderierte Soldaten die Stellungen halten mußten. Lee wurde jetzt gezwungen, entweder die Stellungen bei Petersburg aufzugeben oder sich zur Schlacht zu stellen, die er aber angesichts der gewaltigen Übermacht der Union nicht mehr gewinnen konnte.

Am 31. 3. 1865 stürmte die Union den rechten Flügel der Konföderierten, wurde aber, wie nicht anders zu erwarten war, blutig zurückgeschlagen. Seit dem 26. 3. 1865 war Sheridan mit 12 000 Mann Kavallerie vom Shenandoah-Tal zur Potomac-Armee gestoßen und rückte auf Dinwiddie Court House vor, wo sich zwischen beiden Seiten heftige Kämpfe entspannten. Von hier ging Sheridan nach Five Forks vor, um die Eisenbahnverbindungen nach Süden zu unterbrechen. Gelang es, Five Forks zu halten, dann schob sich die Unions-Armee zwischen Lee und Johnston, und Petersburg und Richmond mußten geräumt werden. Am 1. 4. 1865 griff hier Sheridan die Konföderierten unter General George Pickett an, die vernichtend geschlagen wurden. Die Union machte 3200 Gefangene.
Nun ergriff Grant seinerseits auch die Initiative. Er durchbrach am 2. 4. 1865 das Zentrum der Südstaatler bei Petersburg. In den Kämpfen fiel der berühmte CS-General A. P. Hill. Noch am gleichen Abend räumte man Richmond und Petersburg, die Regierung floh, während Lee mit noch 40 000 Mann nach Westen marschierte, um eine Vereinigung mit Johnston herbeizuführen. Er konnte aber nicht mehr nach Süden abdrehen, da ihm Sheridan den Weg versperrte und nach Westen zu marschieren zwang. Die konföderierte Armee zog nur noch in ihrem unerschütterlichen Glauben an Lee weiter, denn von einer Organisation konnte keine Rede mehr sein. Verpflegung erhielten die abgekämpften Soldaten nur selten. Bei Sayler's Creek griff die Union am 6. 4. 1865 die Nachhut der Südstaatler an und zerstörte darüber hinaus die Munitions- und Proviantwagen. General Ewell kapitulierte mit 4000 Mann sowie 2000 Mann unter Anderson. Die konföderierte Armee bestand praktisch nicht mehr. Lee verfügte in diesen Tagen über weniger als 30 000 Mann.

Pontonbrücke der Union über den Appomattox bei Petersburg (Mai 1865).

Am 9. 4. 1865 hatte die Union die konföderierten Truppen bei der kleinen Ansiedlung von Appomattox Court House überholt und eingeschlossen. Lee war der weitere Vormarsch verwehrt; an eine Vereinigung mit Johnston war nicht mehr zu denken. Es gab keine Chance, gegen die Union auch nur noch einen kleinen Teilerfolg zu erringen. Nicht mehr als die Hälfte der Südstaatler hatten Waffen und Munition. Sie waren am Ende ihrer Kraft.

Als am Morgen des 9. 4. 1865 die Konföderierten zum letzten Mal die Unions-Truppen angriffen, die im Augenblick unterlegen waren, da noch nicht alle Einheiten herangerückt waren, erschienen diese plötzlich auf dem Gefechtsfeld. Der Angriff wurde daraufhin eingestellt und Lee die Lage gemeldet. Als nun die Union vorstürmen wollte, erschien ein Parlamentär der Konföderierten mit der weißen Flagge. Grabesstille herrschte auf dem Schlachtfeld, und die Soldaten konnten es nicht fassen, daß der Krieg zu Ende war.

General U. S. Grant und Robert E. Lee trafen sich daraufhin in einem der Wohnräume des Hauses von Mr. Wilmer McLean in Appomattox Court House. Es lag jetzt an Lee, entweder einfach die Armee aufzulösen und einen Guerilla-Krieg zu führen oder zu kapitulieren. Aber Lee sah die schrecklichen Folgen voraus, die ein Heckenschützen-Krieg mit sich bringen würde. Auch Grant glaubte, daß mit dem Ende der Feindseligkeiten der Südstaatler wieder als treuer Bürger der Union Anerkennung finden würde und müßte. Seine Bedingungen waren daher einfach: die Soldaten sollten ihre Waffen niederlegen und ihr Ehrenwort geben, nicht mehr zu kämpfen. In diesem Fall konnten sie nach Hause zurückkehren, um dort am Aufbau der Union mitzuhelfen. Taten sie dies, dann würden sie von den Bundesbehörden nicht verfolgt werden. Insgesamt legten 28 356 Offiziere und Mannschaften nach einer letzten Parade die Waffen nieder.

In North Carolina war es noch vom 19. bis 21. 3. 1865 zwischen Johnston und Sherman bei Bentonville zur Schlacht gekommen, aber auch hier konnten die Konföderierten das Schicksal nicht mehr zu ihren Gunsten ändern. Als Johnston von Lees Übergabe hörte, wußte auch er, daß es für ihn keinen Ausweg mehr gab. Am 18. 4. 1865 kapitulierte er daher mit 37 047 Mann.

In den noch der Konföderation verbliebenen Teilen war an eine Fortführung des Kampfes nicht mehr zu denken. In Alabama besetzte die US-Kavallerie einen Ort nach dem anderen. Mobile fiel, und nur noch westlich des Mississippi stand eine konföderierte Armee.

Am 4. 5. 1865 kapitulierte General Richard Taylor für Mississippi und Alabama und Kirby Smith am 26. 5. 1865 für die Armee westlich des Mississippi. Präsident Davis und sein Kabinett wollten nach Westen über den Mississippi, um den Krieg fortzuführen. Es war allerdings zwecklos, und das Kabinett löste sich angesichts der aussichtslosen Lage auf. Präsident Davis geriet am 10. 5. 1865 bei Irwinsville in Georgia in Gefangenschaft und wurde nach Fort Monroe gebracht.

Ende und Neuanfang

Die Kriegshandlungen waren beendet, aber für Präsident Lincoln stellte sich jetzt das Problem, wie der Frieden verwirklicht werden könnte. Er war der Überzeugung, daß beide Seiten am Kriegsausbruch schuldig wären, wie auch verantwortlich für die hierdurch entstandenen Kosten. Daraus folgerte Lincoln, daß beide Parteien sich auch den Sieg teilen müßten. Der Friede mußte seiner Meinung nach so geschlossen werden, daß sowohl der Norden als auch der Süden etwas gewinnen würden. Bei einem derartigen Frieden dachte man auch nicht an die Bestrafung der Südstaatler, was Lincoln schon immer abge-

lehnt hatte. Allerdings gab es keine Wiederherstellung der durch den Krieg aufgehobenen Institutionen wie die der Sklaverei.
Lincoln wünschte, daß sich die konföderierten Armeen einfach auflösten und die Soldaten nach Hause gingen. So früh wie möglich sollte eine zivile Regierung in den abgefallenen Staaten eingesetzt werden. Es würde aber schwierig sein, diese Staaten erneut in die Union aufzunehmen oder die zivilen und politischen Rechte wiederherzustellen. Zur Lösung aller dieser Probleme gehörte großes politisches Verständnis und Gefühl, und Lincoln beabsichtigte deshalb nicht auf seine Rechte zur Bewältigung dieser Fragen zu verzichten.
Doch die Ermordung von Präsident Lincoln machte diesen Überlegungen – die sehr liberal waren – ein Ende. Der Schauspieler Wilkes Booth erschoß ihn am 14. 4. 1865 im Ford's Theater in Washington, und der Präsident erlag am anderen Tag seinen schweren Verletzungen.

General Robert E. Lee vor dem Eingang seines Hauses in Richmond. Das Photo machte der berühmte Kriegsphotograph Mathew Brady einige Tage nach der Kapitulation von Lee.

Mit dem Tod Lincolns kamen die radikalen Republikaner an die Macht, die genau das Gegenteil von dem wollten, was Lincoln plante. Der neue Präsident, Andrew Johnson, war von Männern umgeben, die nur an Bestrafung und Rache dachten. Im Norden wurde daher die Nachricht verbreitet, daß Lincoln von den Agenten Jefferson Davis' ermordet worden wäre, was absolut nicht den Tatsachen entsprach – ganz abgesehen davon, daß durch den Tod Lincolns sich die Lage für den Süden nur noch verschlechterte. Besonders Kriegsminister Stanton verstand es, die düstere Stimmung durch den feigen Mordanschlag auszunutzen und so zu lenken, daß für die nächsten Jahre Norden und Süden in Bitterkeit und Mißachtung lebten. Die Wiederaufbau-Periode begann, aber mit vielen Ungerechtigkeiten, vor allen Dingen ohne dauernde Lösung des Negerproblems. Dieses schob man kurzerhand beiseite und ignorierte es.

Das Haus in Appomatox Court House, wo sich Grant und Lee am 9. und 10. April 1865 trafen.

Folgen des Krieges

Die Verluste in diesem Krieg waren erschreckend hoch, obwohl exakte Zahlen nicht zur Verfügung stehen, da die Konföderation keine verläßlichen Statistiken erstellte.
In den Schlachten fielen 67 058 Soldaten der Union, während die Zahlen für die Konföderierten zwischen 80 und 90 000 schwanken. Ihren Verwundungen erlagen 43 021 Soldaten des Nordens. Gewaltig ist je-

Dieses Foto vom April 1865 bei Petersburg zeigt treffend das trostlose Bild in den Südstaaten nach Ende des Bürgerkrieges.

doch die Zahl derer, die an Krankheiten starben: 224 586 Mann, während man für die Konföderierten auf etwa 160 000–180 000 kommt.

Im Bürgerkrieg war es gefährlicher, ins Lazarett eingeliefert zu werden, als in die Schlacht zu ziehen. Von einer medizinischen Behandlung in unserem Sinn konnte man noch nicht sprechen. Man tat wohl sein Bestes, aber selbst das genügte nicht. Die wenigsten Ärzte wußten, wie sich Wunden infizierten oder wie Krankheiten entstanden. Die Behandlung war folglich auch dementsprechend. Wurde ein Verwundeter verbunden, mußte nach Ansicht der damaligen Ärzte die Wunde eitern. Eine Sterilisation war unbekannt, die chirurgischen Instrumente wurden nur einfach abgespült.

Es wundert daher nicht, daß in den Armee-Lagern unbeschreibliche sanitäre Verhältnisse herrschten und Typhus, Lungenentzündungen, Malaria, Ruhr usw. die Soldaten beider Seiten zu Tausenden dahinrafften. Trinkwasser schien so lange gut zu sein, wie man nicht den Fäulnisgeruch wahrnahm. Krankenschwestern gab es in den ersten Kriegsjahren nicht, denn man hielt es nicht für passend, daß Frauen Männer pflegten.

Es gab jetzt zwar keine Sklaverei mehr, und die Neger konnten über ihr Schicksal frei entscheiden, doch gehorchten sie nur neuen Herren. Ihre Lage änderte sich nicht wesentlich, denn wirtschaftlich blieben sie weiterhin schwach, und um ihre Ausbildung für das Berufsleben kümmerte sich niemand.

Die Demokratie in den USA war bewahrt worden, aber schon wenige Jahre nach dem Krieg hatten z. B. die großen Eisenbahnmagnaten eine größere und weitaus gefährlichere Machtkonzentration in ihren Händen als vormals der Süden durch Sklavenbesitz.

Die Kriegskosten waren höher als die des Ersten Weltkriegs. Die Anleihen und Steuern der Union beliefen sich auf nicht weniger als drei Milliarden Dollar, hinzu kamen 2,8 Milliarden Zinsen. Die Konföderation hatte 2 Milliarden Dollar Anleihen aufgenommen. Die wirtschaftliche Grundlage des Südens war nahezu vollständig vernichtet. Die Gesamtverluste für beide Seiten beliefen sich auf etwas über 20 Milliarden Dollar. Bis ins 20. Jahrhundert mußte die Last des Bürgerkrieges abgetragen werden.

Der Wiederaufbau des Südens (1865 bis 1877) und die Aufnahme der abgefallenen Staaten in die Union schufen böses Blut, denn die radikalen Republikaner dachten nur an eine Bestrafung der Rebellen. Bis 1870 dauerte es, ehe die letzten Bundesstaaten wieder in die Union aufgenommen wurden. Den Süden verbitterte man durch die Schaffung von fünf Militärdistrikten; die Generale setzten ihre Anordnungen mit den Spitzen der Bajonette durch.

Die weiße Bevölkerung des Südens wurde außerdem gezwungen, nicht nur die 14. Ergänzung zur Verfassung anzuerkennen, wonach die Neger die gleichen Bürgerrechte wie die Weißen besaßen, sondern auch die 15. Ergänzung, in der den Negern das Wahlrecht zugestanden wurde. Da die meisten

Schwarzen weder lesen noch schreiben konnten, nutzten Glücksritter (in den USA carpetbaggers genannt) deren Lage aus, um mit Hilfe der schwarzen Stimmen neue Regierungen im Süden zu errichten. Diese Regierungen, in denen auch die schwarzen Analphabeten saßen, waren mehr oder weniger korrupt und inkompetent. Sie verschwendeten Geld und erhoben Steuern, die die Weißen ruinierten. Der Süden wurde noch ärmer, als er es durch die Kriegsfolgen bereits war.
Schließlich wehrte sich die weiße Bevölkerung des Südens gegen dieses System durch Gewalt (Ku Klux Klan) und durch Einschüchterung. Die alte politische Maschinerie der Demokratischen Partei erwachte wieder zu neuem Leben und eroberte mit friedlichen Mitteln die Staatsgewalt in den Bundesstaaten des Südens.

Im Jahre 1877 wurden die letzten Bundestruppen aus Louisiana, Florida und South Carolina zurückgezogen. Eine Folge der Herrschaft des Nordens über den Süden war die Entstehung des Rassenproblems, des Rassenhasses und der wirtschaftlichen Schwächung der Schwarzen in Nordamerika. Die Lösung dieser Frage ist in den USA bis heute noch nicht gelungen.

Charleston erlitt durch die Beschießung mit Monitoren schwere Beschädigungen.

Literatur

Allgemeine Werke

Victor Austin: La Guerre de Sécession. Paris 1961. Deutsche Ausgabe: Der Amerikanische Bürgerkrieg in Augenzeugenberichten. Düsseldorf 1963.
Alan Baker, The Civil War in America (London 1961)
Pierre Belperron, La guerre de sécession 1861–1865 (Paris 1973²)
Henri Bernard, La guerre de sécession des Etats-Unis 1861–1865 (Brüssel 1973)
Mark M. Boatner, The Civil War Dictionary (New York 1959)
Bruce Catton, The Centennial History of the Civil War, 3 dln (Garden City, N. Y. 1961–1965)
Bruce Catton, This Hallowed Ground (Garden City, N. Y. 1956)
Bruce Catton, The Penguin Book of the American Civil War (London 1967)
Robert Cruden, The War that never ended (Englewood Cliffs, N. J. 1973)
Ernest Dupuy and Trevor N. Dupuy, The Compact History of the Civil War (New York 1960)
Philip Haythornthwaite: Uniforms of the American Civil War 1861–65. Deutsche Ausgabe: Uniformen des Amerikanischen Bürgerkrieges. München 1977
Robert H. Jones, Disrupted Years: the Civil War and Reconstruction Years (New York 1973)
E. B. Long, The Civil War Day by Day: an Almanac 1861–1865 (Garden City, N. Y. 1971)
Ralph Newman and E. B. Long, The Civil War Digest (New York 1960)
Roy F. Nichols, The Stakes of Power, 1845–1877 (New York 1961)
Peter J. Parish, The American Civil War (London 1975)
James G. Randall and David Donald, The Civil War and Reconstruction (Boston 1969²)
James A. Rawley, Turning Points of the Civil War (Lincoln, Neb. 1965)
Emory M. Thomas, The American War and Peace 1860–1877 (Englewood Cliffs, N. J. 1973)

Der Bürgerkrieg im Bild

John C. Blay, The Civil War, a pictorial Profil (New York 1958)
Lamont Buchanan, A pictorial History of the Confederacy (New York 1951)
Bruce Catton, American Heritage picture History of the Civil War (New York 1960)
David Donald (ed.), Divided we fought: a pictorial History of the War 1861–1865 (New York 1952)
Alexander Gardner, Photographic Sketch Book of the Civil War (New York 1959)
James D. Horan, Mathew Brady: Historian with a Camera (New York 1955)

Renée Lemaître, La guerre de sécession en photos (Brüssel 1975)
Hirst D. Milholen and J. Johnson, Best Photos of the Civil War (New York 1961)
Fletcher Pratt, Civil War in Pictures (Garden City, N. Y. 1957)
Bell I. Wiley and Hirst D. Milholen, They who fought here (New York 1959)

Die Ursachen des Bürgerkriegs

Avery O. Craven, The Coming of the Civil War (New York 1957²)
Jean Heffer, Les origines de la guerre de sécession (Paris 1971)
Edwin C. Rozwenc (ed.), The Causes of the American Civil War (Boston 1972²)
Kenneth M. Stamp (ed.), The Causes of the Civil War (Englewood Cliffs, N. J. 1974²)
Hans L. Trefousse (ed.), The Causes of the Civil War (New York 1971)

Politik und Diplomatie

Lynn M. Case and Warren F. Spencer, The United States and France: Civil War Diplomacy (Philadelphia 1970)
E. Merton Coulter, The Confederate States of America 1861–1865 (Baton Rouge, La. 1950)
Glyndon G. van Deusden, William Henry Seward (New York 1967)
Don E. Fehrenbacher (ed.), The leadership of Abraham Lincoln (New York 1970)
Norman A. Graebner, The enduring Lincoln (Urbana, Ill. 1959)
Reinhard H. Luthin, The real Abraham Lincoln (Englewood Cliffs, N. J. 1960)
Allan Nevins, The Statesmanship of the Civil War (New York 1953)
Frank L. Owsley, King Cotton Diplomacy: Foreign Relations of the Confederate States of America (Chicago 1959²)
Rembert W. Patrick, Jefferson Davis and his Cabinet (Baton Rouge, La. 1944)
James G. Randall and Richard N. Current, Lincoln the President, 4 dln (New York 1945–55)
James A. Rawley (ed.), Lincoln and Civil War Politics (New York 1969)
J. W. Schulte Nordholt, Abraham Lincoln (Arnhem 1959)
Hudson Strode, Jefferson Davis, 3 dln (New York 1955–1964)
F. E. Vandiver, Their tattered Flags (New York 1970)

Die Generale des Bürgerkriegs

Ned Bradford, Battles and Leaders of the Civil War (New York 1956)
Bruce Catton, Grant moves South (Boston 1960)
Bruce Catton, Grant takes Command (Boston 1969)
Freeman Cleaves, Meade of Gettysburg (Norman, Okla. 1960)
J. F. C. Fuller, Grant and Lee: a Study in Personality and Generalship (London 1933)
Warren W. Hassler, George B. McClellan: the Man who saved the Union (Baton Rouge, La. 1957)
Richard Harwell, R. E. Lee (New York 1961)
Basil H. Liddell Hart, Sherman: Soldier, Realist, American (New York 1929)
F. A. Lord, Lincoln's Railroad Man: Herman Haupt (Rutherford, N. J. 1969)
James L. McDonough, Schofield: Union General in the Civil War and Reconstruction (Tallahassee, Fla. 1972)
Frank E. Vandiver, Mighty Stonewall (New York 1957)
Ezra J. Warner, Generals in blue: Lives of the Union Commanders (Baton Rouge, La. 1964)
Ezra J. Warner, Generals in gray: Lives of the Confederate Commanders (Baton Rouge, La. 1959)
T. Harry Williams, Lincoln and his Generals (New York 1952)
T. Harry Williams, P. G. T. Beauregard: Napoleon in gray (Baton Rouge, La. 1955)

Der Krieg zur See

Bern Anderson, By Sea and by River: The Naval History of the Civil War (New York 1962)
Robert Carse, Blockade: The Civil War at Sea (New York 1958)
Hamilton Cochran, Blockade Runners of the Confederacy (Indianapolis 1958)
Frank R. Donavan, Ironclads of the Civil War (New York 1964)
Virgil C. Jones, The Civil War at Sea, 3 dln (New York 1960–62)
Charles L. Lewis, David Glasgow Farragut, 2 dln (Annapolis, Md. 1941–43)
Clarence E. Macartney, Mr. Lincoln's Admirals (New York 1956)
James M. Merrill, The Rebel Shore: the Story of Union Sea Power in the Civil War (Boston 1957)
John D. Milligan, Gunboats down the Mississippi (Annapolis, Md. 1965)
R. S. West, Mr. Lincoln's Navy (New York 1957)

Sozial- und Wirtschaftsgeschichte

Robert C. Black, The Railroads of the Confederacy (Chapel Hill, N. C. 1952)
Alfred H. Bill, The beleaguered City: Richmond 1861–1865 (New York 1946)
Clement Eaton, The Waning of the old South Civilization (Athens, Ga. 1968)
Emerson David Fite, Social and Industrial Condition in the North during the Civil War (New York 1950)
John H. Franklin, The Emancipation Declaration (New York 1963)
Bray Hammond, Sovereignty and an empty Purse: Banks and Politics in the Civil War (Princeton 1970)
Benjamin Quarles, Lincoln and the Negro (New York 1962)
Benjamin Quarles, The Negro in the Civil War (Boston 1953)
Charles W. Ramsdell, Behind the Lines in the Southern Confederacy (Baton Rouge, La. 1944)
George W. Smith and Charles Judah (ed.), Life in the North during the Civil War: a Source History (Albuquerque 1966)
Thomas Weber, The Northern Railroads in the Civil War 1861–1865 (New York 1952)
Richard C. Todd, Confederate Finance (Athens, Ga. 1954)
Bell I. Whiley, The Plain People of the Confederacy (Baton Rouge, La. 1943)

Niederlage und Sieg

Bruce Catton, A Stillness at Appomattox (Garden City, N. Y. 1953)
Henry S. Commager (ed.), The Defeat of the Confederacy (Princeton 1964)
Avery O. Craven, Reconstruction: the Ending of the Civil War (New York 1969)
David Donald (ed.), Why the North won the Civil War (Baton Rouge, La. 1960)
Martin E. Mantell, Johnson, Grant and the Politics of Reconstruction (New York 1973)
Kenneth M. Stamp, The Era of Reconstruction 1865–1877 (New York 1965)
Richard Taylor, Destruction and Reconstruction (New York 1955)
Charles H. Wesley, The Collapse of the Confederacy (Washington 1922)
Bell I. Wiley, The Road to Appomattox (Memphis 1956)

Bildnachweis

Library of Congress, Washington: 2, 4/5, 6/7, 10/11, 17, 18/19, 24, 25, 32, 33, 34, 35, 36(u), 37, 38/39, 50, 51, 54, 56, 57, 58, 59, 61, 65(o), 68/69, 71, 73, 76, 78, 80, 82, 83, 84/85, 86(o), 96/97, 98, 99, 100, 103, 107, 108/109, 110, 111, 112, 113, 114, 115, 116, 119, 120, 121, 122, 125, 127, 128, 130, 131, 137, 140/141, 142, 143, 144, 145, 146/147, 150, 151, 152, 154, 155

Richards Studio, Amsterdam: 15, 66, 72, 79, 118

National Archives, Washington: 16, 26, 27, 52/53, 55, 94, 105

Naval Photographic Center, Washington: 22/23, 36(o), 40, 41, 42, 44, 46, 47, 48, 62, 70, 74, 86(u), 87, 88, 89, 90, 91, 92, 93, 95, 102, 104, 126, 132/133, 134, 135, 136, 138, 139, 148

Iconografisch Bureau, Den Haag: 64